KB203748

설파란 무엇인가

설교란 무엇인가

지은이 **정용섭**
펴낸이 정애주

편집 송승호 이현주 한미영 황교진 김기민 김준표 오은숙 유진실
미술 김진성 문정인 송하현 최혜영
제작 윤태웅
영업 오민택 차길환 국효숙 이진영 박상신
관리 이남진
총무 정희자 마명진 김은오 윤진숙

펴낸날 2011. 1. 17. 초판 발행
        2011. 2. 25. 2쇄 발행

펴낸곳 주식회사 홍성사
1977. 8. 1. 등록 / 제 1-499호
121-897 서울시 마포구 합정동 369-43
TEL. 02) 333-5161 FAX. 02) 333-5165
http://www.hsbooks.com E-mail: hsbooks@hsbooks.com

ISBN 978-89-365-0844-9
값 11,000원 ※잘못된 책은 바꿔 드립니다.

설교란 무엇인가

정용섭 지음

홍성사.

차례

머리말

지금 한국 교회는 설교의 르네상스 시대에 돌입한 지 한참 되었다고 해도 과언이 아니다. 목회의 성패 여부는 거의 설교로 판가름된다. 한국의 중대형 교회 담임 목사는 모두 설교에서 일가를 이룬 분들이다. 설교 하나로 수천, 수만 명의 교인들이 모이는 교회가 한국에 한둘이 아니다. 뛰어난 설교자로 이름을 내면 전문적인 설교자로 활동할 수도 있다. 한국의 그리스도인들이 보이는 신앙적 특징의 하나는 유명 설교자의 설교에 심하다 싶을 정도로 관심을 보인다는 것이다. 기독교 텔레비전의 프로그램도 설교 방송이 주를 이룬다. 목사 청빙에서도 설교가 가장 중요한 요소다. 설교가 목회 활동에서 이렇게 중요한 자리를 잡은 시대가 기독교 2,000년 역사에 흔하지 않을 것이다. 표면적으로만 본다면 이런 현상은 말씀을 사모하는 한국 그리스도인들의 영성이 결실을 맺은 것이다. 과연 그런가?

홍수에 마실 물이 없다는 말처럼 한국 교회 강단에 설교가 넘쳐 나지만 살아 있는 말씀은 좀처럼 찾아보기 힘들다. 청중들이 환호한다고 해서 그것이 곧 살아 있는 설교는 아니다. 환호로만 말하면 사이비 이단 교주의 설교가 한 수 윗길이다. 그것보다는 성서적으로, 신학적으로 얼마나 옳은 설교를 하느냐가 더 중요하다. 그것이 바로 신탁(神託, oracle)에 충실했던 구약의 예언자 전통과 하나님 나라에 온전히 자신을 맡긴 탓에 십자가 처형까지 마다하지 않은 예수님의 전통에 서는 것이 아니겠는가. 이런 원칙이야 누구나 알고 있지만 목회 현장에서는 그런 원칙만을 고집하기 어렵기도 하다. 아무리 옳은 설교를 해도 청중이 모이지 않으면 아무 소용없는 게 아니냐 하는 질문, 그리고 옳은 설교를 누가 어떻게 판단할 수 있느냐 하는 질문이 가능하다. 이런 질문에 대한 나름의 대답이 이 책의 내용이다.

이 책에 실린 글은 '설교 비평' 작업 이후 〈기독교사상〉에 기고한 글과 신학대학교 및 목사 모임에서 행한 특강을 기초로 한 것이다. 그 원고를 다듬어 2008년과 2009년에 기독교 잡지 〈월간목회〉에 연재했다. 그 연재물을 다시 다듬어 책을 내게 되었다. 16강 '나의 설교 준비'는 홍성사 편집진의 제안을 받아들여 이번에 새로 썼다. 이 책은 처음부터 전체 주제를 계획해서 쓴 것이 아니기 때문에 짜임새에 빈틈이 보이며, 반복되는 대목도 나올 것이다. 또한 이 책은 설교학에 관한 전문 서적도 아니다. 나는 그런 글을 쓸 만한 역량이 없다. 설교에 대한 개인의 신학적 반성이라고 보면 좋겠다.

2011년 1월 1일
환성산 아랫동네 하양에서
정용섭 목사

제
1
강

설교, 가능한가?

"설교가 뭐꼬?"

아주 단순한 화두처럼 보이지만 이것을 토대로 생각해야 할 주제는 끝이 없을 정도로 많다. 어쩌면 신학 전체와 연관된다고도 볼 수 있다. 설교는 기본적으로 하나님의 말씀을 청중에게 전하는 행위인데, 그렇다면 우선 하나님의 말씀이 무엇인지 정확한 인식이 필요하다. 일반적으로 말하는 하나님의 말씀이 성서를 말하는지, 성서 안의 계시를 말하는지 세밀한 구분도 필요하다. 여기서 말씀은 근본적으로 언어(로고스)인데, 언어가 무슨 근거로 하나님의 말씀인지 언어철학적 훈련이 없다면 우리는 하나님의 말씀 안으로 깊이 들어갔다고 볼 수 없다. 그뿐만이 아니다. 하나님의 말씀이 청중에게 전달되려면 성서 주석과 역사 해석이 필요하며, 그것과 연관해서 철학적 해석학이 어떻게 진행되는지에 대한 이해도 필수적이다. 종말론적으로 우리에게 다가오는 하나님 나라가 일반 역사학과 어떤 연관이 있는지 모른 채 종말론적 설교는 가능하지 않다. 구원은 무엇이며, 하나님 나라는 무엇인가? 그것이 오늘의 시간과 공간에 대한 물리학적 인식과 어떻게 연관되는가? 성서를 참된 깨우침으로 읽고 지난 2,000년 기독교 역사에 온몸으로 접근하는 설교자라면 자신이 감당해야 할 문제들이 얼마나 다층적이고 심층적인지 어렴풋이나마 알 것이다. 그런 세계로 들어가는 것이 설교자의 영성이며, 설교자의 가장 중요한 과업도 청중을 그런 세계로 안내하는 일이다.

제1강의 제목은 '설교, 가능한가?'이다. 설교 행위 앞에서 진지한 태도를 보이는 설교자라면 이 제목이 무엇을 암시하는지 이미 이심전심으로 눈치 챘을 것이다. 이것은 기본적으로 설교자의 인식이 제한적이라는 걸 가리킨다. 질그릇이 토기장이의 모든 생각을 분명하게 이해할 수 없듯이 우리는 하나님의 말씀과 계시를 실증적으로 이해할 수 없다. 어떤 궁극적인 세계를 거울로 보는 것 같다는 바울의 진술은 겸양이나 엄살이 아니라 인간의 인식론적 실존에 대한 명백한 통찰이다. 인식론적 한계만이 아니라 설교 행위의 도구가 언어라는 사실도 여기 연루된다. 불립문자(不立文字)라는 말이 있듯이 언어는 무언가 궁극적인 것을 전달하기에는 매우 제한적이다. 성서 기자들이 하나님께 이름을 붙이지 말라고 한 이유도 이름이 대상을 이름이라는 범주에 가두기 때문이다.

이런 점에서, 하나님의 말씀을 전해야 한다는 당위(Sollen)와 하나님의 말씀을 알지 못한다는 불가능성(Unmöglichkeit) 사이에 설교자가 자리한다는 칼 바르트의 진술은 타당하다. 특히 불가능성이라는 지적에 귀를 기울이라. 전적타자(totaliter aliter)인 하나님을 우리의 주관적 인식으로는 따라잡을 수 없다는 말이다. 성서가 가리키는 하나님은 예상을 뛰어넘어 활동하시는 분이다. 어떤 방식으로도 그분을 완벽하게 표상할 수 없다. 이런 상황에서 하나님과 그의 통치를 선포하는 행위라는 게 가능한지 질문하지 않을 수 없다. 나는 《설교의 절망과 희망》에서 설교 행위의 이러한 엄중성을 다음과 같이 설명한 적이 있다.

> 헬라신화에 등장하는 시지푸스는 신의 노여움을 받아 무거운 바위를 산 위로 밀고 올라가는 징벌을 받았다고 한다. 그가 힘들여 바위를 정상까지 끌어올린 그 순간에 바위는 다시 굴러 떨어지곤 했다. 그걸 뻔히 알면서도 다시 바위와 씨름해야 할 시지푸스의 운명에서 까뮈는 인간 실존의 부조리를 보았다.
>
> 평생 하나님의 말씀을 선포해야 할 목사의 운명도 시지푸스의 그것과 같다. 말씀의 심연으로 몰입되는 황홀한 경험도 주어지지만, 동시에 한 발짝 잘못 디디면 나락으로 떨어질 것 같은 백척간두(百尺竿頭)에 내몰리기도 한다. 그런 상황에서도 목사는 다시 말씀을 붙들고 끝없는 순례의 길을 가야 하니, 그의 실존을 어찌 부조리라고 말하지 않을 수 있겠는가. 말씀 앞에서의 아득함과 청중 앞에서의 막막함은 아는 사람만이 알리라.
>
> 우리 설교자를 절대 고독으로, 거꾸로 절대 자유로 몰아가는 설교는 도대체 뭔가? 하나님의 존재론적 구원 사건을 은폐의 방식으로 계시하고 있는 성서 텍스트는 도대체 무엇이란 말인가? 하나님을 본 자는 죽는다는데, 바로 그 하나님의 존재와 통치를 손가락으로 가리켜야 할 설교자의 운명이란 도대체 무엇이란 말인가? 영적으로 어린아이 같은 우리가 짊

어지기에는 설교라는 짐이 너무 무겁지 않은가? 진리의 영인 성령의 도우
심이 없다면 우리는 당장 질식하고 말지 않겠는가?(정용섭, 《설교의 절망과
희망》, 대한기독교서회, 2008, 5쪽)

이와 달리 설교 행위를 소풍 나온 듯이, 산보하듯이, 아니면 노래방에
놀러온 것처럼 즐기는 설교자도 적지 않다. 하나님의 말씀을 선포한다는
사명감이든, 영혼 구원을 향한 강렬한 열정이든, 또는 청중을 자신의 말
로 사로잡을 수 있다는 자신감이든 경우가 다르기는 하지만, 이런 입장
에서는 설교자의 실존적 고민은 별로 엿보이지 않고, 대신 신바람이 차
고 넘친다.

약간 옆으로 나가더라도 한번 짚어야겠다. 한국 교회에서는 한 설교자
가 주일에 두세 번씩, 심하게는 대여섯 번씩 설교하는 경우가 있는데, 그
게 과연 바람직한지 잘 모르겠다. 교인 수가 너무 많아서 주일 공동예배
횟수를 늘린 탓에 어쩔 수 없는 일이기는 하지만, 그리고 본인은 그런 설
교 행위를 아주 만족스러워할 수도 있겠지만 설교의 엄중성을 실감하지
못한다는 사실의 방증일지 모른다. 가능하면 한 번에 주일 공동예배가
소화되는 규모의 교회 크기를 유지하는 게 좋으며, 특별한 경우라 하더라
도 두 번 정도로 만족하는 게 좋지 않을까. 설교 행위가 하나님의 배타적
인 통치를 향해 영적 촉수를 예민하게 움직이는 예술(art)이 아니라 청중
을 말로 사로잡는 기술(technology)로 떨어질 위험성이 없지 않기에 하는
말이다. 설교 행위의 엄중성을 빗대어 볼 수 있는 예를 들겠다.

베르디의 〈레퀴엠〉과 클라우디오 아바도

클라우디오 아바도가 지휘하고 베를린 필하모니와 스웨덴 라디오 합
창단 및 네 명의 독창자들이 함께 연주한 베르디의 〈레퀴엠〉(Messa da
Requiem)을 DVD로 감상할 기회가 있었다. 이 연주는 베르디 서거 100주
년을 기념해서 독일 베를린 필하모니 연주회장에서 2001년 1월 25일과
27일 양일에 걸쳐 연주된 실황 녹화였다. 클라우디오 아바도의 지휘 모
습에서 강렬했던 장면은 두 가지다.

첫째, 그는 84분에 이르는 그 대곡을 악보 없이 시종일관 동일한 에너
지를 유지하면서 지휘했다. 연주회장에 많이 가보지 않아서 뭐라 잘라 말
할 수는 없지만 이렇게 긴 곡을 악보 없이 연주한다는 게 신기해 보였다.
그것이 가능한 이유를 나름으로 해석하면 다음과 같다. 베르디의 〈레퀴
엠〉에서 다양한 소리를 내는 음들은 고유한 길을 가고 있다. 이 길은 아
마추어에게는 닫혀 있고, 그것을 알아보는 전문가에게만 열려 있다. 아바
도는 베르디가 닦아 놓은 길을 자연스럽게 따라갔을 뿐이다. 그는 눈을
감고도 따라갈 수 있었을 것이다. 여기서 고유한 '길'에 주목하라. 그 길
이 아니면 안 되는 바로 그 길을 말한다. 위대한 작곡가의 작품에는 바로
그런 소리의 길이 분명하게 제시되어서 그 길을 아는 사람이라고 한다면
아바도처럼 감동적으로 연주할 수 있는 반면, 음악을 잘 모르는 사람이
마음대로 그려 놓은 악보에는 음악의 제 길이 무시되기 때문에 아무리 뛰
어난 지휘자라 하더라도 암기 연주는 아예 불가능하다. 설교자는 이렇게
성서의 '고유한' 길을 아는 사람이어야 한다.

둘째, 아바도는 연주가 끝난 뒤에 무려 30초 동안 꼼짝하지 않고 그대

로 서 있었다. 상상해 보라. 격정적으로 연주되던 음악이 끝나고, 어린아이들의 "그대로 멈춰라!" 놀이처럼 모든 게 정지된 상태를 말이다. 음악에 너무 깊이 빠져든 탓에 갑자기 호흡곤란 증세가 나타난 게 아닐까, 악보를 갑자기 까먹은 게 아닐까 하는 생각이 들 정도로 화면에 비친 아바도의 표정은 고통스러워 보이기까지 하였다. 그런데 더 이상한 것은 청중석도 숨소리까지 들릴 정도로 조용했다는 사실이다. 연주가 끝났을 때 청중이 마지막 음의 여운을 느끼기 위해 몇 초 기다리는 경우는 있지만, 이번처럼 긴 시간 동안 꼼짝하지 않고 그대로 멈춰 있는 경우는 거의 보지 못했다. 그러니 사고가 난 게 아닌가 생각할 수밖에 없었던 것이다. 그런데 그게 아니었다. 30초가 지나고 아바도가 윗도리를 살짝 잡아당기며 옷매무새를 고치자 곧 청중은 우레와 같은 박수를 끝없이 보내기 시작했다.

아바도가 연주를 끝내고 그렇게 오랜 시간 동안—연주회장에서의 30초는 정말 긴 시간인데—멈춰 있었던 이유는 음악의 세계와 현실의 세계 사이에 놓인 어떤 틈 때문이 아닌가 생각된다. 지휘자가 베르디의 〈레퀴엠〉이 지시하고 있는 세계로 들어갔다가 빠져나오기가 힘들었다는 말이다. 독서삼매에 빠져든 다음에는 한동안 멍할 수밖에 없는 경험과 비슷하다. 이런 예술적 경험은 한편으로는 고통이며, 다른 한편으로는 기쁨이다. 고통인 이유는 예술의 세계와 현실의 세계 사이를 넘나들기가 어렵기 때문이며, 기쁨인 이유는 현실 너머의 절대적인 세계를 맛볼 수 있기 때문이다. 사이비 예술가는 고통도 없고, 따라서 참된 기쁨도 없다. 그런 이들은 예술적 감동 없이 청중의 환호나 돈에만 반응할 뿐이다. 도대체 베르디의 〈레퀴엠〉이 가리키는 세계가 오늘의 현실과 무엇이, 또 어떻게 다르기에 아바도가 그럴 수밖에 없었을까?

지휘자와 설교자는 여러 면에서 비슷한 길을 간다. 지휘자는 악보와 직면하고 있으며, 설교자는 성서 텍스트와 직면하고 있다. 지휘자는 악보를 해석해야 하며, 설교자는 성서를 해석해야 한다. 지휘자는 소리를 통해 청중과 대화하며, 설교자는 언어를 통해 청중과 대화한다. 전자는 악보의 숨은 세계를 드러내야 하며, 후자는 성서의 숨은 세계를 드러내야 한다. 악보와 성서 텍스트의 관계는 다시 언급할 기회가 올 테니 여기서 접고 아바도가 경험한 베르디의 〈레퀴엠〉 안으로 한 발짝 더 들어가자.

베르디의 〈레퀴엠〉은 '영원한 안식'(Requiem aeternam)과 '주여, 불쌍히 여겨 주소서'(Kyrie eleison)로 시작해서 다시 '영원한 안식'과 '주님, 저를 구원하소서'(Libera me, Domine)로 끝난다. '진노의 날', '비통의 날', '세상은 먼지가 되리라', '심판자가 심판하노라', '아무도 심판에서 벗어나지 못하리라', '주님이 모든 죽은 자들의 영혼을 지키시리라', '하나님의 영광이 천지에 가득하네', '높은 곳에 호산나' 등등의 합창과 중창이 중간중간 울려 퍼진다.

첫 구절인 '키리에 엘레이송'(Kyrie eleison), 즉 '주여, 불쌍히 여겨 주소서'는 죽음에 직면한 인간이 하나님께 드릴 수 있는 가장 정직하고 절실한 기도다. 우리의 삶은 아무리 성실하게 살았다고 하더라도 궁극적인 진리 앞에서 부끄러울 뿐이지 않은가. 이것은 막연하게 "당신은 죄인이야" 하는 엄포가 아니라 삶의 진면목을 꿰뚫어 본 이에게서 나올 수밖에 없는 진솔한 고백이며 자기 실존에 대한 명백한 진단이다. 우리는 평생 분노하고, 자기에게 집중하며, 남을 판단한다. 우리의 선한 의지조차도 경우에 따라 파괴적으로 작용한다는 사실을 인정하지 않을 수 없다. 그러니 어찌 마지막 순간에 불쌍히 여겨 달라는 기도를, 나를 구원해 달라

(Libera me, Domine)는 기도를 드리지 않을 수 있겠는가.

도대체 무엇으로부터, 어디를 향한 구원이란 말인가? 우리는 무슨 말로 죽은 자의 영혼을 위로할 수 있단 말인가? 이게 바로 〈레퀴엠〉의 토대인 묵시 사상, 또는 묵시문학의 핵심이다. 구약성서에 면면히 흐르며, 신약성서의 종말론에 직접 영향을 끼친 묵시 사상은 기본적으로 이원론적이다. 현재 우리가 살고 있는 이 세상이 곧 해체되고 질적으로 전혀 다른 세상이 다가온다는 이 묵시 사상에 따르면 구원은 현재가 아니라 미래의 세상에서 구현된다. 여기서 중요한 건 현재와 미래의 질적인 단절이다. 그 미래의 세상은 현세에서 어떤 것으로도 존재 유비(analogia entis)가 불가능할 만큼 다르다. 이사야도 하나님의 생각이 우리 생각과 하늘과 땅처럼 다르다고 말했다(사 55:11). 요한계시록 기자가 이 세상의 마지막과 새로운 세상에 대한 묘사를 극단적인 상징 언어로 표현할 수밖에 없었던 이유도 바로 여기에 있다. 나팔 소리 같은 큰 음성으로 말한 이에 대한 묘사는 다음과 같다.

> 몸을 돌이켜 나에게 말한 음성을 알아 보려고 돌이킬 때에 일곱 금 촛대를 보았는데 촛대 사이에 인자 같은 이가 발에 끌리는 옷을 입고 가슴에 금띠를 띠고 그의 머리와 털의 희기가 흰 양털 같고 눈 같으며 그의 눈은 불꽃 같고 그의 발은 풀무불에 단련한 빛난 주석 같고 그의 음성은 많은 물 소리와 같으며 그의 오른손에 일곱 별이 있고 그의 입에서 좌우에 날선 검이 나오고 그 얼굴은 해가 힘있게 비치는 것 같더라(계 1:12-16)

마지막 심판이 임하기 전 재난의 시기에 많은 사람들을 죽여야 할 기

마병의 모습은 다음과 같다.

> 이같은 환상 가운데 그 말들과 그 위에 탄 자들을 보니 불빛과 자줏빛
> 과 유황빛 호심경이 있고 또 말들의 머리는 사자 머리 같고 그 입에서는
> 불과 연기와 유황이 나오더라 이 세 재앙 곧 자기들의 입에서 나오는 불
> 과 연기와 유황으로 말미암아 사람 삼분의 일이 죽임을 당하니라 이 말
> 들의 힘은 입과 꼬리에 있으니 꼬리는 뱀 같고 또 꼬리에 머리가 있어 이
> 것으로 해하더라(계 9:17-19)

위의 끔찍한 장면과 달리 새 예루살렘은 아름답게 표현되어 있다.

> 그 성의 성곽의 기초석은 각색 보석으로 꾸몄는데 첫째 기초석은 벽옥이
> 요 둘째는 남보석이요 셋째는 옥수요 넷째는 녹보석이요 다섯째는 홍마
> 노요 여섯째는 홍보석이요 일곱째는 황옥이요 여덟째는 녹옥이요 아홉
> 째는 담황옥이요 열째는 비취옥이요 열한째는 청옥이요 열두째는 자수
> 정이라 그 열두 문은 열두 진주니 각 문마다 한 개의 진주로 되어 있고
> 성의 길은 맑은 유리 같은 정금이더라(계 21:19-21)

위의 묵시문학을 오늘의 현실과 완전히 동떨어진 표상이라고, 즉 공상
과학 영화처럼 괴기스러울 뿐이지 실제로는 아무런 근거가 없다고 생각
하는 사람이 있겠지만 결코 그렇지 않다. 지금 우리 손에 들어오지 않았
다는 한 가지 이유로 비현실적이라고 단정 짓는다면 세상을 피상적으로
보는 것이다. 요한은 현실 너머에 숨어 있는, 아직 현실로 나오지는 않았

지만 분명히 오고 있는 어떤 세계를 바라보았다. 설교자는 이런 심층적 현실 경험이 주어졌는지 심각하게 질문해야 한다. 그런 통찰이 없다면 설교는 허공을 치는 것이다.

평신도는 물론이고, 적지 않은 설교자도 성서의 묵시적 표상을 오해할 때가 많다. 보통 두 가지 극단으로 나타난다. 한편으로는 문자의 차원에서 사실로 받아들이거나, 다른 한편으로는 비현실적인 것으로 폄하하는 것이다. 이런 양극단은 모두 묵시 사상과 종말 개념에 대한 오해와 이 생명의 현실에 대한 맹신에서 벌어진 것이다. 이런 문제를 촘촘하게 살피려면 사실(fact)과 현실(reality)을 구별해야 한다. 사실을 겉으로 드러난 진리라고 한다면 현실은 그 내면에 담긴 진리이다. 라틴어로 바꾼다면 전자는 크로노스(chronos)이고 후자는 카이로스(kairos)이다. 독일어로 바꿔 말하면, 전자는 히스토리(Historie)이고 후자는 게시히테(Geschichte)이다. 성서는 단순하고 피상적인 사실에 머물지 않고 그것 너머의 궁극적인 현실을 가리킨다.

조금 더 구체적인 설명이 필요하다. 현재 드러난 생명현상만을 참된 현실이라고 보는 세계관은 그렇게 분명한 게 아니다. 이렇게 생각해 보자. 물이 위에서 밑으로 흐르는 건 사실이며 현실이지만, 지구를 벗어나기만 하면 그게 완전히 허물어진다. 지구에서만 통용되는 현상을 궁극적인 현실이라고 주장할 수는 없는 노릇 아닌가. 우리는 식물과 동물로 생명체를 구분하지만, 그것도 그렇게 확실한 게 아니다. 반은 동물이고 반은 식물인 생명체가 불가능하다고 할 수 없다. 지금 이 세상에는 토끼가 있고, 또 거북이가 있을 뿐 토끼와 거북이 중간쯤 되는 동물은 없지만, 그렇다고 영원히 없을까? 스피노자와 하이데거에게 중요했던 "왜 존재하는 것은 존재하고, 무는 없는가?" 하는 질문을 끝까지 붙들어야 한다. 요한계시록에 등장하는 세계는 현실에는 없지만 언젠가는 있을 현실에 대한 묵시적 통찰이다. 말하자면 사실이 아니라 현실에 속한다. 아직은 존재하지 않지만 참된 현실인 그것 때문에 오늘 이 세상이 이렇게 존재한다고 말할 수 있다. 이것이 바로 기독교의 종말론적 세계 이해이다.

그렇다. 설교자 앞에 놓인 성서는 지금 존재하는 세계와 아직 존재하지 않는 세계를 총체적으로 통치하시는 하나님을 우리에게 계시한다. 특히 아직 드러나지 않은 종말론적 하나님 나라야말로 오늘의 현실을 가능하게 하는 근원적인 생명의 능력이다. 설교자들은 이렇게 엄청난 세계를 청중에게 전하는 사람들이다. 얼마나 놀라운 일인지, 얼마나 당혹스런 일인지! 클라우디오 아바도처럼 베르디의 〈레퀴엠〉에서 쉽사리 빠져나오지 못하는 영적 체험이 없다면 우리는 하나님 말씀을 실제로 경험하지 못한 사람일지 모른다. 키리에 엘레이송!

부활의 현실 안으로!

생각이 다른 사람도 있을 것이다. 설교자는 영감에 의존하는 예술가나 시인이 아니라 성령의 감동에 의존하는 사람이 아니냐고 말이다. 설교 행위는 청중을 예술적, 혹은 철학적인 경지로 끌어내는 것보다는 예수 잘 믿고, 성실하게 신앙생활을 하도록 인도하는 게 아니냐고 말이다. 나는 기본적으로는 동의한다. 설교 현장에서 일반인이 접근하기 힘든 고도의 영적 고담준론이 쏟아진다면, 그건 설교가 아니라 교양 강좌에 불과할 것이다. 설교는 케리그마를 간결하고도 확실하게 제시하는 게 우선이다. 그러나 여기서 설교자가 놓치지 말아야 할 영적 국면이 있다. 케리그마를 전하는 사람은 일단 그것의 심층, 그리고 심층에 이르는 길을 확보하고 있어야 한다. 그것을 알고 전하는 사람의 설교와 모르고 전하는 사람의 그것은 전혀 다르다. 양쪽 모두 일반적인 신앙 용어를 사용하기 때문에 구분하기가 쉽지 않지만, 실제로는 전혀 다른 설교라고 할 수 있다. 전자는 서울을 직접 다녀온 사람이고, 후자는 남에게 전해 들은 사람으로 비교될 수 있다.

안타깝지만 기독교 신앙의 근본을 표면적으로만 이해할 뿐 속사연을 충분히 이해하지 못하는 설교자가 적지 않다. 더 안타까운 일은, 모르면 모를수록 더 대중성을 확보한다는 사실이다. 오늘 한국 교회 강단에서 선포되는 설교가 얼마나 창조적이지 못하고 상투적인지 보면 이를 확인할 수 있다. 이를 확인하기 위해 이제 케리그마 중의 케리그마라 할 부활을 오늘 설교자가 어떤 식으로 받아들이는지, 그 심층이 열리고 있는지 질문하겠다.

한국 교회가 부활절에만 연합 예배를 드리는 이유는 예수의 부활 사건을 그만큼 중요하게 생각하기 때문일 것이다. 좋은 현상이다. 부활은 부활절만이 아니라 주님의 부활을 기리는 모든 주일의 중심이라는 점에서 설교자들은 여기에 몰입해야 한다. 가능하다면 모든 주일 공동예배의 설교는 부활 메시지로 끝맺어도 좋다. 그런데 예수가 부활했다는 구호는 큰소리로 외쳐지고, 신자들의 반응은 선정적이라 할 정도로 강조되고 있지만 부활의 현실(reality)은 별로 진지하게 다루어지지 않는다. 그 이유는 설교자가 부활 개념을 정보로만 알 뿐 실질적으로는 알지 못한다는 데 있다. 부활 개념을 정보로만 알지 실질적으로 알지 못한다는 기준은 다음과 같다. 부활 개념을 정보로만 아는 사람은 그것에만 머물러 있을 뿐, 확장되는 질문으로 들어가지 못한다. 실질의 차원에서 아는 사람은 그것에 유기적으로 연관된 신앙적 주제로 자유롭게 들어갈 수 있다. 부활 개념은 예수님이 새로운 생명으로 변화된 사건이며, 우리도 예수님을 통해 그렇게 변화될 것이라는 명제에만 머무는 게 아니라 더 넓고 깊은 주제로 들어간다는 것이다. 영, 영원, 생명, 종말과 연관해서 부활의 실질을 생각하고 대답하게 된다는 말이다. 죽었다가 다시 사는 것을 부활이라고 생각하는 사람이 많은데 이런 생각은 부분적으로만 옳으며, 근본적으로는 틀렸다. 생명이 죽음으로 끝장나는 게 아니라는 점에서는 옳지만, 생물학적 몸으로 다시 돌아오는 게 아니라는 점에서는 틀렸다. 부활에 대한 가장 간단한 대답은 영적인 참된 생명으로의 변화다. 예수는 바로 그런 생명으로 변화되신 분이며, 우리는 예수를 믿음으로 그런 몸으로 변화될 사람들이다. 그런 변화를 통해 무상하지 않은 영생을 얻는다.

위에서 제시된 간단한 대답을 모르는 사람은 많지 않을 것이다. 그러나 그것으로 부활 문제가 끝나는 게 아니다. 그것은 궁극적인 모든 문제와 깊숙이 연관된다. 그런데 중요한 문제는 그런 궁극적인 문제가 아직 완료된 게 아니라는 사실이다. 생명을 아직 실증의 차원에서 아는 게 아니라면 부활도 마찬가지다. 부활 생명과 직결되는 영, 영원, 생명, 창조, 종말 같은 실체를 아직 정확하게 모르는 마당에 어찌 부활에 관해 완결된 대답을 제시할 수 있다는 말인가. '모른다'는 말에 오해가 없기를 바란다. 이것은 기독교 신학과 신앙이 불가지론에 떨어져도 좋다는 뜻이 아니라 종말론적으로 열려 있다는 의미이다. 종말에 이르지 못한 인간이 딱 부러지게 말할 수 없는 것이 이것만이겠는가? 하나님 나라, 종말, 죽음, 구원,

삼위일체 등등 거의 모든 기독교 교리가 여기 해당한다.

오늘 한국 교회 강단의 비극은 적지 않은 수의 설교자가 기독교 신앙의 근본을 모르면서도 알려 하지 않는다는 사실이다. 더 비극적인 것은 모른다는 사실조차 모르거나, 인정하지 않는다는 것이다. 구호만 세련되게 외칠 뿐이다. "예수 믿고 구원받습니다. 믿습니까? 아멘!" 부활절을 맞을 때마다 대개의 설교자들은 그렇게 외쳤을 것이다. "예수께서 부활하셨습니다. 우리도 믿음으로 부활합니다. 믿습니까? 아멘!" 부활의 영성은 접어두고, 부활했다는 구호만 나팔수처럼 외치거나 적용만을 추구한다는 말이다. 이런 방식으로 부활 영성은 깊어질 수 없다. 부활절 칸타타와 세족식과 특별 전도집회의 성과를 올린다 하더라도 놀라운 생명의 신비로 들어가지 못하는 한 부활 영성으로 들어간다고 말할 수는 없다.

부활 영성이 부활 설교와 무슨 관계가 있다는 것인지 혼란스러워 하는 분들을 위해 내가 전했던 부활절 설교를 한 토막 소개하겠다. 고넬료의 집에서 행한 베드로의 설교가 본문(행 10:34-43)이다. 베드로의 입을 통해 초기 기독교가 변증하고 있는 케리그마의 핵심은 39-41절이다.

> 우리는 유대인의 땅과 예루살렘에서 그가 행하신 모든 일에 증인이라 그를 그들이 나무에 달아 죽였으나 하나님이 사흘 만에 다시 살리사 나타내시되 모든 백성에게 하신 것이 아니요 오직 미리 택하신 증인 곧 죽은 자 가운데서 부활하신 후 그를 모시고 음식을 먹은 우리에게 하신 것이라(행 10:39-41)

우리에게 익숙한 내용이다. 부활 신앙의 본질에 해당하면서도 놓치기 쉬운 진술은 부활한 예수가 "모든 백성에게 하신 것이 아니요 오직 미리 택하신 증인 곧 죽은 자 가운데서 부활하신 후 그를 모시고 음식을 먹은 우리에게"(41절) 나타나셨다는 구절이다. 이 본문만이 아니라 예수의 부활 현현에 관한 신약성서의 모든 보도에 따르면 그것은 신문 기사나 기록영화처럼 모든 사람들이 확인할 수 있는 객관적인 사건이 아니라, 예수를 믿거나 믿게 될 소수의 사람들만 경험한 특별한 사건이었다.

예수 부활의 실체가 무엇이기에 이렇게 일부에게만 현현된 것인지 궁금하기 짝이 없다. 이런 문제가 전혀 궁금하지 않다면, 부활에 대해서 더 이상 질문할 필요가 없다고 생각하는 설교자가 있다면 그는 성서의 깊이로 들어갈 줄 모르는 사람이다. 다시 질문하자. 예수가 부활했다는 사실만을 선포하지 않고 모든 사람에게 나타나지 않았다는 사실을 베드로가 굳이 밝힌 속사연은 무엇일까? 사도들과 초기 기독교 공동체가 이렇게 객관적 실질을 확보할 수 없었던 예수 부활에 운명을 걸었다는 것은 무슨 의미인가? 좀더 솔직히, 구체적으로 질문하자. 부활한 예수는 왜 총독 빌라도와 제사장 가야바에게 나타나지 않았을까? 나타나지 않은 것과 나타나지 못한 것 중 무엇이 실체적 진실인가? 만약 부활한 예수가 그런 종교·정치 지도자들과 유대 민중 앞에 나타났다면 그들은 예수를 메시아로 믿었을까? 이런 질문에 실증적인 대답을 찾기는 힘들다. 왜냐하면 부활 현실은 우주적인 유일회적 사건으로서, 결국 종말론 지평으로 열린 궁극적 생명의 현실이기 때문이다.

나는 부활 자체를 강의하려는 게 아니다. 기독교 진리를 전하겠다고 나선 설교자들이 실제로는 기독교 신앙의 토대와 그 영적 깊이를 몰라서 결국 성서 텍스트를 피상적으로 다룬다는 사실을 짚는 것뿐이다. 이왕 부활 문제를 꺼냈으니 요점만이라도 다시 한 번 정리하겠다. 부활은 인간이 계량(計量)하거나 개량(改良)할 수 없는 생명의 깊이에 닿아 있는 하나님의 특별한 계시 사건, 구원 사건이다. 여기서 생명의 깊이를, 생명의 신비를 보지 못한다면 우리는 부활에 다가갈 수 없다. 생명에 '깊이'가 있다는 말을 이상하게 생각하지 말라. 세상도 깊고, 사물도 깊으며, 역사도 깊다. 개인의 삶도 우주만큼 무겁고 깊다. 설교자는 그 아득한 깊이를, 그래서 현묘(玄妙)하다고 할 수밖에 없는 그 깊이를 볼 수 있어야 한다. 설교는 근본적으로 생명에 대한 아찔한 경험에서 나온다는 사실을 아는 분들은 알리라.

해석학적 요청

베르디의 〈레퀴엠〉과 성서의 부활 신앙을 중심으로 설교자의 자리가 얼마나 엄중한지를, 그래서 얼마나 위태로운지를 설명했다. 이런 사실을 인정하지 않거나 인식조차 못하는 경우 설교는 우리의 예상을 뛰어넘어 통치하는 하나님이 아니라 청중의 종교적 욕구에만 민감해질 것이다. 이는 마치 유행가 가수가 음악의 존재론적 세계는 외면한 채 대중들의 반응에만 집착하는 것과 비슷하다. 내용이 부실하면 무늬에만 신경을 쓰기 마련이지 않은가. 이런 일들은 한국 교회 강단에서 일상적으로 일어나고 있다. 청중의 종교적 열정은 차고 넘치되 성령의 활동은 위축되는 게 아닐는지 심히 염려스럽다. 이게 쓸데없는 노파심이었으면 좋겠다.

오늘의 설교자들이 전반적인 사태를 정확하게 인식하지 못하고, 문제의식이 현저히 떨어질 뿐만 아니라 시행착오를 반복하는 이유는 한두 가지가 아니겠지만, 성서 텍스트에 대한 무관심이 가장 본질적인 게 아닐까 한다. 예를 들어 산을 옮길 만한 믿음이 있더라도 사랑이 없으면 아무것도 아니며, 재산을 모두 남에게 나눠 주거나 자기 몸을 불사르게 내어 준다 하더라도 사랑이 없으면 아무것도 아니라는 바울의 진술을(고전 13:3) 보자. 일반적으로 재산을 나눠 주고 몸을 내주는 것을 사랑이라고 생각하는데 바울은 그렇지 않다고 주장한다. 우리의 헌신적인 삶과 사랑을 대립시킨다. 바울이 말하는 이 사랑을 정확하게 이해하지 못하면 엉뚱한 설교를 하게 될 것이다. 사랑을 우리가 행할 수 있는 어떤 능력쯤으로 보고 청중들에게 사랑하라고 닦달할 것이다. 바울의 이 사랑은 우리가 노력해서 행할 수 있는 삶의 경지가 아니라 오직 하나님에 의해서만 생명의 현실로 나타나는 그분의 존재 방식이다.

오늘 설교자들은 전 재산을 나눠 주듯이, 몸을 불사르게 내어 주듯이 열정을 다하여 설교하지만, 사랑이 없는 상태가 아닌지 질문해야 한다. 의도와 생각과 목표가 너무 과도해서 하나님의 다스림이 개입될 여지가 없는 상태 말이다. 매주일 생명을 걸듯이 설교하는 분들에게 기분 나쁘게 들릴지도 모르겠지만 한마디만 더 하자. 오늘 하나님의 통치에는 전혀 관심이 없고 단지 청중을 자신의 뜻대로 움직이겠다는, 그래서 교회를 부흥시키겠다는 선의의 욕망에 사로잡힌 건 아닌지 돌아볼 일이다. 계몽적인 어투를 용서하시라.

자신의 몸을 불사르게 내어 주는 것보다는 사랑이 우선한다는 바울의 가르침을 우리 설교자들에게 적용한다면, 청중보다는 성서 텍스트를 향한 관심이 우선해야 한다. 더 나아가 성서 텍스트 해석에 몰입해야 한다. 클라우디오 아바도가 베르디의 〈레퀴엠〉을 해석했듯이, 부활에 대한 성서 본문을 해석해야 했듯이 설교자는 그 해석에 매달릴 수밖에 없다. 그래야만 예상과 판단을 넘어서 개입하시는 하나님의 생명 활동과 신비에 마음을 열 수 있다. 해석은 무슨 해석이냐, 그냥 말씀을 순수하게 믿으면 모든 게 해결된다고 생각할 분들이 있겠지만, 이런 문제들이 믿음으로 해결될 수 있다면 오죽 좋겠는가? 사이비 이단에게서도 발견하듯이 믿음 만능주의는 기독교 신앙을 독선이나 광신으로 몰고 갈 가능성이 높다. 고된 작업이라 하더라도 하나님의 존재론적 구원 통치와 그 신비를 담은 성서 텍스트 안으로 들어가는 일을 게을리하지 말아야 한다. 그것이 곧 해석이다.

　도사연하면서 그럴듯하게 말은 하지만 성서 텍스트 안으로 들어간다는 건 만만한 일이 아니다. 여기서 악순환이 일어난다. 성서 텍스트 안으로 들어가지 못하고 표면에서만 머뭇거리다 보니 하나님의 존재 신비를 모르고, 하나님의 존재 신비를 모르니 성서 텍스트의 놀라운 세계로 들어가지 못한다. 어느 쪽의 해결이 우선적이냐 하는 질문은 닭이 먼저냐, 달걀이 먼저냐 하는 것처럼 무의미하다. 두 세계를 함께 열어 가야 하는데, 일단 설교 현장에서는 성서 텍스트 안으로 들어가는 길을 선택할 수밖에 없다. 그것이 곧 해석의 문제다. 해석의 문제라는 게 도대체 무슨 뜻인가?

　진지하게 생각해 보라. 성서 기자들과 성서의 전승에 참여한 사람들은 삶에서 무엇을 경험했으며, 하나님의 구원 통치를 어떻게 인식했는가? 그들은 무슨 생각으로 여리고 성과 아이 성 주민들을 전멸시키는 것이 하나님의 명령이라고 생각했을까? 신약 공동체는 무엇에 근거해서 하나님 나라를 선포한 예수님을 바로 그 하나님 나라로 인식하고 믿을 수 있었을까? 질문이 없으면 대답도 없으니 진리의 차원에서 성서 텍스트를 향해 꾸준히 질문해야 한다. 질문과 대답 찾기가 바로 해석이라고 할 수 있다. 이런 과정을 통해 성서 텍스트의 놀라운 세계를 조금이라도 맛볼 것이며, 그런 맛보기가 심화하면 해석의 깊이로 들어가지 않겠는가.

나름 그런 길을 걸어 왔다고 생각하지만, 솔직하게 말하면 아직 요원하다. 요원할 뿐만 아니라 불가능한지 모른다. 이사야, 예레미야, 바울, 요한의 영적 경지를 충분하게 따라가지 못할 뿐만 아니라 아무리 노력해도 그것은 불가능할 것 같은 예감이 든다. 가짜 시인이 위대한 시인의 시를 어찌 다 안다 하겠는가. 조수미 같은 초일류 성악가에게나 가능한 모차르트의 오페라 〈요술피리〉에 나오는 아리아 '밤의 여왕'을 흉내 내는 초보 성악가, 또는 1만 개의 퍼즐 조각 앞에 서 있는 초등학생의 처지와 비슷하다.

그 이유는 나의 신학적 사유와 영성이 미숙하다는 사실만이 아니라 성서 텍스트가 은폐되어 있다는 사실에 있다. 베르디의 〈레퀴엠〉 악보에는 베르디의 소리 경험이 은폐되어 담겨 있는 것과 같다. 소리 자체가 아니라 소리를 가리키는 기호가 악보이듯이 성서 텍스트도 그런 차원의 기호라는 말이다. 기호가 실질을 담아 내는 방식인 그런 은폐성을 우리 같은 평범한 사람들이 얼마나 뚫을 수 있겠는가. 그래도 어쩔 수 없이 설교를 감당해야 한다는 설교자의 운명이라니, 두렵지 않은가.

성서 텍스트를 해석해야 한다는 말과 그것이 은폐되어 있다는 말이 모순처럼 들릴지 모르겠다. 이것은 모순이라기보다는 변증법적 긴장 관계다. 성서 텍스트의 고유한 세계 안으로 들어가는 해석 행위를 통해 인식론적 한계를 절실하게 깨달아 하나님의 구원 통치를 바르게 기다릴 수 있으며, 은폐성을 직면할 때 해석학적 요청을 만나게 된다. 최고봉이 당장 보이지 않는다 하더라도 바로 앞에 있는 작은 봉우리를 하나씩 정복해 나가는 산악인처럼 설교자들은 성서 텍스트의 궁극적인 세계 앞에서 좌절하더라도 앞에 있는 성서 텍스트를 부단히 해석해 나가는 노력을 게을리하지 말아야 한다. 그런 과정을 통해 진리의 영인 성령이 우리에게 말을 건다는 신비로운 경험을 하게 될 것이다. 그때 설교가 가능한 게 아닐까.

신탁의 담지자

지금까지 내용이 어떤 독자에게는 소통이 가능한 말로 들렸겠지만, 다른 독자에게는 오히려 막히는 말로 전달되었을지 모른다. 앞의 분들께는 아무 말도 보탤 게 없지만, 뒤의 분들께는 약간의 설명이 필요하다. 그분들을 세분화하면 두 유형으로 나뉜다. 하나는 지금까지의 내용이 원칙적으로 옳다 하더라도 교회 현실이 그걸 허용하지 않는다는 것이다. 일리가 있다. 하나님의 존재론적 통치에만 전적으로 의존하는 설교는 실용적 요청에 일방적으로 기울어진 한국 교회 현장에서 쓸모가 없을지 모른다. 더구나 잡무가 너무 많다는 사실도 설교자들로 하여금 설교의 엄중성에 귀를 기울이지 못하게 하는 원인이다.

다른 하나는 이런 말이 뜬구름 잡는 것 같다는 것이다. 그렇게 들렸다면 그것은 전적으로 내 생각과 글쓰기가 서툰 탓이다. 그러나 방향만은 분명하게 제시되었다고 생각한다. 핵심은 이것이다. 설교는 인간의 행위가 아니라 하나님의 행위에 관련된다는 것이다. 설교는 그래서 예언자의 신탁과 같은 그 무엇이다. 우리 입장에서 설교는 불가능하지만, 하나님의 입장에서는 가능하다는 말이 된다. 우리는 신탁의 담지자로서 설교의 가능성이 있을 뿐이다. 여기 피리가 있다고 하자. 피리가 스스로 소리를 낼 수는 없다. 소리가 난다면 피리가 아니라 바람의 존재론적 능력이다. 설교자는 피리이고, 하나님은 바람이다. 우리가 억지로 소리를 내려고 하면 설교는 불가능하겠지만, 바람이 통과하게 자기를 온전히 비우면 설교는 가능하다.

그렇다. 요점은 바로 이것이다. 비움의 영성! 무엇을 어떻게 비우는가? 이어지는 내용에서 그것을 구체적으로 말하려고 한다. 이것은 다시 채움의 영성과 직결된다. 무엇을 어떻게 채우는가? 자아를 버리고 성령에게 철저히 의존하는 설교자에게서 이 비움과 채움의 날카로운 변증법은 어떻게 작동되는가? 독자들은 나름의 답이 있을 것이다. 과연 그것이 옳은지, 얼마나 옳은지 함께 검토해 보자. "설교가 뭐꼬?"라는 화두는 바로 그것을 목표로 하고 있으니 말이다. 맺는말은 이렇다. 생명의 신비로 찾아오시는 성령님께 온전히 사로잡힐 때 우리는 비록 제한적이나마 창조 능력인 '말씀'(다바르)의 이끌림을 받는 설교자가 될 것이다.

앞 강에서는 설교의 불가능성과 가능성의 변증법적 긴장에 대해 언급했다. 하나님의 말씀을 선포하는 설교 행위 앞에서 설교자들의 태도가 너무 안이하다는 지적이었다. 이런 안이성으로 설교자들이 매너리즘에 빠지게 되었고, 결국 목사가 확보해야 할 설교의 고유한 카리스마가 훼손되기에 이르렀다. 오죽했으면 평신도의 설교권이 주장되고 있겠는가? 이것은 교회론과 은사론의 근본적인 오해에서 왔다. 평신도 설교권의 근거로 제시되는 루터의 만인 제사장설은 사죄의 능력이 교회를 통해서만 주어진다는 당시 로마 가톨릭교회의 주장을 거부하고 하나님이 신자에게 직접 주신다는 사실을 강조하려는 가르침이었지 평신도 설교권의 정당성을 변호하는 게 아니다. 지금 목사의 설교 독점권을 주장하려는 게 아니라 목사에게 주어진 설교의 카리스마가 훼손된 이유를 설명하려는 것이다. 그것은 평신도가 침범할 수 없는 고유한 영적 능력을 설교의 안이성 때문에 목사가 상실했다는 데 있다. 마치 외과 의사가 수술 능력을 인정 받지 못해서 간호사가 직접 수술을 집도하겠다고 나서는 형국과 비슷하다. 구체적으로 오늘 한국 교회 강단, 무엇이 문제인지 검토하자.

하나님 계시의 존재론적 우위성

어느 때부터인가 현대 설교학의 주요 관심이 청중에게 쏠리기 시작했다. 수요자 중심의 설교, 귀납법적 설교, 스토리텔링 등등 설교학에서 중요하게 거론되는 용어가 이 사실을 가리킨다. 이런 노력은 설교가 청중을 소외시킨 채 일방적으로 선포되었다는 반성에서 출발한다. 이런 지적은 일단 옳다. 전통적 설교는 청중들의 실제적인 삶과 영적인 상황을 외면한 채 기독교 교리를 수직적으로 전달하는 경향이 없지 않았다. 이런 방식의 설교는 청중에게 설교에 대한 부정적인 인식을 심어 주고, 따라서 외면받을 수밖에 없었다. 이를 극복하려면 청중의 눈높이에 맞춘 설교를 해야 한다는 현대 설교학자들의 주장은 한국 교회 강단의 현실에 대한 정확한 분석이며, 이로 인해 한국 교회 강단이 나름 활기를 찾았고, 이른바 스타 설교자들이 배출되기도 했다.

그러나 이 주장은 부분적으로만 옳다. 전통적 설교에서 설교자와 청중 사이에 영적인 소통이 일어나지 않는다는 지적은 옳지만, 원인 분석과 처방은 옳지 않다. 그들의 분석과 달리 한국 교회와 설교에서 청중은 언제나 주인공 대접을 받았다. 교회 성장이 교회의 가장 중요한 존재 이유로 자리한 한국 교회에서 청중이 외면받는 일은 일어나려야 일어날 수 없다.

청중과의 관계에서 벌어지는 문제는 주로 커뮤니케이션 기술이나 설교자의 강압적 태도였다. 부정확한 발음, 불분명한 요지, 산만한 내용 전개, 부적절한 예화 사용 말이다. 이런 것들은 설교의 중심 요소가 아니기 때문에 개선된다고 해서 설교의 위기가 극복되지는 않는다. 한국 교회에서 설교 훈련 프로그램이 계속 생산되는데도 설교의 위기가 극복되는 조짐이 보이지 않는다는 사실이 그 방증이 아니겠는가. 다시 강조하거니와 기술적인 처방으로 청중을 설교 행위로 끌어들이고, 설교의 위기를 극복할 수 있을 것처럼 말하는 주장은 핵심을 잘못 짚은 것이다.

전통적 설교가 청중과의 소통에 장애를 일으키는 훨씬 근원적인 이유가 있다. 설교자가 성서의 계시 사건 안으로 들어가지 못했기 때문이다. 설교자 자신이 성서 계시를 듣지 못하는데 무엇을 전한다는 말인가? 언어가 말을 거는 경험을 하지 못한 시인이 어떻게 시를 쓴다는 말인가? '생명의 신비에 대한 역사적 경험을 켜켜이 간직하고 있는 성서 텍스트'와의 진정한 만남이 없는 설교자의 설교가 청중들의 영혼에 공명을 일으키겠는가? 문제의 핵심은 설교자와 청중이 아니라 설교자와 성서 텍스트의 소통이다. 설교자가 성서와 하나님의 통치, 그 구원 현실에 눈을 떴다면 전하기만 하면 된다. 그런 설교는 청중의 상황을 일일이 고려하지 않아도 영적 소통을 일으킨다. 소통을 제고하려고 커뮤니케이션 이론이나 연설법, 수사학, 또는 대형 프로젝터를 비롯한 각종 시청각 교재를 이용하는 것은 설교 행위에서 부수적인 기능에 불과하다. 설교 행위에서 청중에 대한 고려는 별로 중요하지 않다.

이런 주장이 청중을 무시하는 기존 설교 행태로 회귀하자는 것이 아니냐는 오해를 받을지 모르겠다. 예언자와 예수에게도 청중이 있었는데 오늘의 설교자들에게 청중이 필요 없다는 것은 말이 안 된다. 하나님의 계시는 허공을 향하지 않고, 구체적인 현실에서 살아가는 사람을 대상으로 한다는 사실에서 보더라도 당연히 세심하게 배려해야 한다. 더구나 설교가 고도의 대중전달 능력을 요구한다는 점에서 청중이 처한 삶의 자리를 정확하게 읽고 판단하며, 전달 방법론을 개발하는 일은 아무리 강조해도 부족할 것이다. '하나님 계시의 존재론적 우위성'을 강조하는 것이지 청중을 완전히 무시하라는 뜻이 아니다. 설교 행위에서 하나님 계시의 존재론적 우위성이 왜 중요한가?

많은 설교자들이 오해하는 대목이 바로 성서에 담지된 하나님의 계시를 본인들이 확보했다고 착각하는 데 있다. 그래서 전달하는 방법론에 치중한다는 것이다. 그건 큰 착각이다. 그들은 하나님 계시의 존재론적 우위성이 무엇인지 진지하게 생각하지 않은 채 그것을 아는 것처럼 포즈를 취할 뿐이다. 그래서 평생 치열하게 붙들어야 할 칭의가 끝났으니 성화를 이루어야 한다고 강요한다. 설교에서 하나님 계시의 존재론적 우위성을 추구한다는 것은 모양을 바꾸는 게 아니라 설교의 패러다임을 바꾸는 것이다. 청중에게서 성서 텍스트와 하나님께로, 소유에서 존재로 설교의 중심을 옮기는 것이다.

설교의 중심을 설교자와 성서 계시가 아니라 설교자와 청중의 관계에 놓으려 한 현대 설교학의 청중 중심주의는 강단의 문제를 해결하기보다는 악화시켰다. 전제의 오류는 처방과 결과의 오류를 불러오기 마련이다. 한국 교회 강단을 포퓰리즘이 철저하게 지배한다는 사실이 그 방증이다. 오늘 우리 강단에서 하나님의 계시와 케리그마는 실종되고 대중의 종교적 감수성만 넘쳐나지 않는가. 예수의 십자가와 부활 중심의 복음은 대중이 선호하는 상품이 되고 말았으며, 설교는 그것을 포장하는 기술로 전락했다. 알게 모르게 상품 논리가 한국 교회 강단을 바벨론 포로로 삼고 있다.

설교의 대중 추수주의와 상품 논리가 왜 나쁜가 하고 생각할 수 있다. 복음은 거룩한 상품이 아닌가, 가능하면 많은 사람이 복음을 듣고 이해하고 받아들여서 교회에 나온다면 그것이 설교의 근본 목표가 아닌가 하고 말이다. 이런 주장에 내재된 논리는 다음과 같다. 첫째, 복음은 이미 잘 알려져 있으니 이제 필요한 일은 대중에게 쉽게 전달하는 것이다. 둘째, 연예와 오락 문화에 노출된 현대 기독교인들에게 복음을 실용적으로 전달하려면 대중 추수적 접근이 필요하다. 셋째, 이게 가장 중요한 것인데, 아무리 대중 추수적인 모습을 보인다 하더라도 복음이 전달되기만 하면 충분하다. 개그를 하든지, 버라이어티 쇼를 하든지 청중을 예수에게 인도하기만 하면 된다고 말이다. 이런 논리를 무조건 옳다고 생각한다면 할 말이 없다. 유진 피터슨의 경고로 내 생각을 대신하겠다.

> 북미의 신앙은 근본적으로 소비자 중심의 신앙이다. 미국인들은 하나님을 하나의 생산품 정도로 여긴다. 자신들의 생활을 윤택하게 하고 더 잘 살 수 있도록 돕는 그런 존재 정도로 생각한다. 그러한 시각을 가지고 있으므로, 미국인들은 마치 소비자처럼 가장 좋은 제품을 찾기 위해 쇼핑을 한다. 목회자들은 자신들이 무슨 일을 하고 있는지 거의 인식하지도 못한 채 거래를 시작하고, 최대한 사람들의 마음을 끌 수 있는 외관으로 하나님이란 상품을 포장한다.(유진 피터슨, 《성공주의 목회 신화를 포기하라》, 좋은씨앗, 2002, 56쪽)

종교적 여흥을 넘어서

문제는 설교만이 아니다. 예배 자체가 청중의 종교적 호기심을 만족시키는 방향으로 나아간다는 데 문제의 심각성이 있다. 한국 교회에 한 트렌드로 자리한 '열린예배'가 대표적이다. 여기에 관심을 둔 목회자들이나 예배학자들은 기존 예배의 엄숙주의가 청중을 소외시킨다고 생각한다. 청중을 예배에 깊숙이 끌어들이려 여러 방식으로 예전(禮典) 형식을 타파하기 시작했다. 그 내용은 자세하게 언급하지 않겠다. 기존 예배도 예전적이지 못했을 뿐만 아니라 여전히 청중 중심적이라는 점에서 열린예배만 지탄의 대상으로 삼을 필요도 없다. 그러나 분명한 것은 열린예배와 그런 경향을 따르는 대개의 예배가 청중의 은혜와 영적 만족이 아니라 온전히 삼위일체 하나님께 영광을 돌린다는 예배의 본질을 크게 훼손시킨다는 것이다. 이런 예배의 문제를 조금 더 설명하면 설교의 포퓰리즘과 상품 논리를 이해하는 데 도움이 될 것이다.

예배학자 마르바 던은 《고귀한 시간 '낭비'》에서 '하나님 중심성'이 예배의 핵심 개념이라고 했다. 이 하나님 중심성은 '하나님 계시의 존재론적 우위성'과 비슷한 것으로, 청중 중심주의와 대립적인 개념이다. 예배에서 하나님이 중심이라는 것은 누구나 인정할 것이다. 그렇지만 마르바 던이 사는 미국의 많은 교회를 비롯해 한국의 많은 교회가 이걸 놓치고 있다. 표면적으로는 하나님을 중심에 놓는 것처럼 보이지만 내면적으로는 청중이 그 자리를 대신 차지하고 있다. 이게 무슨 뜻인지 알 만한 분들은 알리라.

마르바 던은 하나님 중심성의 중요성을 두 가지로 나누어 설명한다. 첫째, 하나님을 예배의 중심에 두면 그의 임재를 표현할 무한한 가능성이 발견된다. 하나님은 한 분이지만 그분에 대한 우리의 경험은 다양하기 때문에 얼마든지 다양한 방식으로 예배를 드릴 수 있는데, 핵심은 하나님이 과연 그 중심에 자리할 수 있는가이다. 이 문제를 너무나 쉽게 생각하는 사람들이 있다. 아무리 세련된 예배 양식을 갖추고, 종교적 교언영색이 쏟아진다 하더라도 하나님을 예배의 중심에 둔다는 사실을 확증해 주지는 못한다. 예컨대 대표 기도를 맡은 분이 "영원자존하시며 무소불위하신 만군의 여호와 하나님!"으로 시작하는 고상한 기도를 드리면서도 속으로는 청중들의 마음을 감동시키는 데 신경을 썼다면 결코 하나님 중심의 기도가 될 수 없다.

둘째, 하나님 중심의 예배와 삶이 유지되면 쓸데없는 다툼에서 벗어난다. 옳은 지적이다. 교회 안의 온갖 추문과 욕망은 그 중심에 하나님이 존재하지 않으시고 활동하시지 않는다는 사실을 가리킨다. 한국 교회가 양적으로 크게 부흥했다 하더라도 이렇게 극심한 교회 분열 현상을 보인다는 것은 하나님 중심성이 근본적으로 손상되었다는 증거이리라. 하나님 중심성이 손상된 예배를 마르바 던은 패스트푸드인 '버거킹'과 같다고 묘사했다.

버거킹은 '스피드'라는 것 외에 또 어떤 필요를 채워주는가? 우리의 예배가 버거킹과 같다면, 우리가 하나님의 백성으로서 취해야 할 습관과 의식, 관습과 태도를 어떻게 형성하겠는가? 예를 들어 우리는 고귀한 시간 낭비, 깊은 묵상, 경외심에 찬 침묵, 힘든 교리에 대한 숙고, 음악적 깊이, 많은 성서 구절 암송, 참 하나님과의 탄탄한 친밀함, 교회의 연속성, 진정한 공동체, 진실된 회개, 슬픈 탄식, 십자가를 지는 훈련, 시간을 초월한 진리, 거룩의 아름다움, 신실한 선과 같은 것을 어떻게 가르치겠는가? 우리의 예배가 버거킹과 같다면 과연 우리는 이런 것들을 배울 수 있겠는가?(마르바 던, 《고귀한 시간 '낭비'》, 이레서원, 2004, 105쪽)

'버거킹 예배'가 한국 교회에서 그대로 재현된다고 해도 과언이 아니다. 목회자들은 삶과 역사의 깊이와 신비를 생각하기 싫어하고, 시트콤과 개그 프로그램에 길들여진 현대인의 구미에 맞는 예배를 드리려 노심초사하고 있다. "소비자가 왕이다"라는 경제 구호가 예배와 설교 현장에서도 진리로 통하는 실정이다. 어떤 설교자는 청중을 한 번은 웃겨야 한다고 주장하기도 한다. 오늘의 설교는 일종의 종교적 여흥으로 진화, 변질, 적응되는 중인지 모른다. 이런 현상이 포퓰리즘의 근본 성격이다.

설교의 여흥적 요소를 극대화한 설교자는 J 목사다. 그의 설교는 설교의 희화화이며, 더 나아가 설교자의 자학이다. 개그맨이 청중의 관심을 끌기 위해 익스트림 개그를 구사하듯이 J 목사도 그런 방식으로 대중성을 확보했다. 설교의 내용은 형해화(形骸化)하고 사람을 즐겁게 만드는 온갖 재료, 정보, 기술만 그 자리를 지배할 뿐이다. 청중의 호응을 설교 행위의 유일한 기준으로 삼아 온 한국 강단에 J 목사가 출현한 것은 아주 자연스러운 일이 아니겠는가. 성장이 멈추거나 뒷걸음질 치는 한국 교회가 J 목사 같은 사람을 통해서 힘을 받을 수 있다면 그것도 하나님의 뜻이라거나, 웃기기는 하지만 복음에서 벗어나지 않으니 큰 문제는 없다고 보는 사람들이 있을 것이다. 들리는 말로는 불신자들 중에서도 J 목사처럼 설교하면 교회에 나오겠다고 말하는 사람들이 있을 정도이다.

우리는 이런 현상을 조금 더 정확하게 조금 더 긴 안목으로 봐야 한다. 지난 10년 동안 개신교에 대중을 몰고 다니는 스타 설교자는 많이 등장했지만 로마 가톨릭교회가 70%나 급성장한 반면 한국 교회는 정체 내지는 마이너스 성장에 머물렀다는 사실이 무엇을 가리키는가. 여러 요소가 복합적으로 작용하겠지만 설교가 여흥으로 기울어짐으로써 말씀의 신비가 사라졌다는 사실도 중요한 이유일 것이다. 개신교회가 현재와 같은 설교 행태를 유지한다면 10년 후에는 절대 숫자에서도 로마 가톨릭교회에게 밀릴 것이다. 이 자리에서 J 목사의 설교만 꼬집어서 비판하려는 것은 결코 아니다. 정도의 차이가 있을 뿐, 기본적으로 대중 추수주의에 매몰되어 있다는 점에서 우리 모두는 다를 게 하나도 없다.

한국 교회의 현실이 녹록지 않다는 사실은 분명하다. 청중은 무조건 재미있는 설교에만 귀를 기울인다. 통속적 일일 드라마에 완전히 길들여진 그들이다. 상황이 그렇다면 어찌해야 하는가? 현실이 아무리 척박하더라도 안주하기보다는 뚫고 나가야 하지 않겠는가. 구약의 예언자들은 오늘 설교자들의 정신적 뿌리라 할 수 있는데, 참된 예언자들은 대중에게 외면받더라도 신탁에 집중했다. 신약의 바울도 마찬가지다. "이제 내가 사람들에게 좋게 하랴 하나님께 좋게 하랴 사람들에게 기쁨을 구하랴 내가 지금까지 사람들의 기쁨을 구하였다면 그리스도의 종이 아니니라"(갈 1:10). 결정적으로, 예수가 십자가에 처형당했다는 것은 그가 대중적인 지지를 획득하지 못했다는 의미이기도 하다. 예언자와 사도들의 전통에 근거하고, 궁극적으로 예수의 운명에 절대적으로 의존하는 설교자라 한다면 대중적인 지지를 처음부터 포기해야 하지 않을는지.

대중적인 지지를 완전히 배척하라는 말은 아니다. 설교자의 영적 중심이 어디에 놓여야 하는가를 말하는 중이다. 이것이 지금까지 강조한 핵심이다. 설교를 할 때 청중이 아니라 하나님께만 집중해야 한다는 것이다. 그래야 설교자의 영성이 살아난다. 투르나이젠의 말에 귀를 기울이자.

> 설교는 인간을 이해하는 일이 아니라 하나님을 이해하는 일이 행해지는 사건이다. 교회에서 중요한 것은 한 사람이 다른 사람들에게 대답하는 것이 아니라 모든 인간이 모든 인간적인 것에 등을 돌리고 하나님께 대답하는 것이다. 따라서 청중의 심리를 읽으려고 하거나, 이른바 인간 이해를 위해서는 이제 모든 노력을 그만두기로 하자. 다른 사람에게 새로운 생활체험을 불러일으킬 목적으로 강단 위에서 생활 체험을 이야기하는 일(다른 사람의 것이거나, 자신의 것이거나를 불문하고)이나 신앙 체험을 이야기하는 것을 그만두자. 설교에서는 그것이 아니라 하나님 인식, 하나님의 선포가 행해져야 한다.(루돌프 보렌, 《설교학 실천론》, 박근원 옮김, 대한기독교서회, 2002, 139쪽에서 재인용)

투르나이젠의 진술에 전적으로 동의한다. 설교자는 청중에 대한 지나친 관심을 거두어들여야 한다. 청중의 영혼 구원이 염려되는가? 염려를 거두라. 그것은 성령의 배타적인 사건이다. 우리는 그들의 영혼을 책임질 능력이 없다. 성서 텍스트의 놀라운 세계를 모른다는 사실을 감추려 청중에게 과도하게 집중하는 게 아닐는지. 때로는 아부하고, 때로는 닦달하면서 말이다. 조금 심하게 말했지만, 이건 사랑이 아니라 의처증이나 의부증과 같은 임상병리학적 현상이다. 병리적 현상을 사랑이라고 확신하듯 우리 설교자들도 자기의 행태를 영혼 구원에 대한 순수한 열정으로 확신할지 모른다. 이로 인해 한국 교회 강단은 본질에서 흔들리고 있으며, 깊은 상처를 입었다. 겉으로는 설교의 르네상스처럼 보일지 몰라도 실제로는 위기이다. 그게 무엇인지 세 가지만 짚겠다.

예화 과잉

예화 과잉이 첫 번째 상처이며, 위기이다. 예화 과잉은 보편적인 현상이며, 더 나아가 설교학자들이 예화의 활용도를 강조하는 탓에 왜 문제인지조차 잘 드러나지 않는 것 같다. 여기서 예화 사용 자체를 문제 삼는 것은 아니다. 예화가 설교에서 차지하는 긍정적인 요소를 부정할 사람이 누가 있겠는가. 다만 과유불급이란 말이 있듯이 예화가 시도 때도 없이 남용되며, 이로 인해 결국 복음이 위축된다는 사실을 지적하는 것뿐이다. 더 근본적으로는 예화 사용이 결국 설교를 기술의 차원으로 떨어뜨린다는 사실을 지적하려는 것이다. 천천히 이 문제로 들어가 보자.

일단 설교에서 예화의 비중이 지나치게 높다. 예화를 위해 본문이 있다는 생각이 들 정도로 설교에서, 특히 대중적인 목사들의 설교에서 예화가 많다. 예수님도 하나님 나라를 이야기 방식인 '비유'로 설명하셨지만 우리가 설교에서 사용하는 예화는 그것과 구분되어야 한다. 예수님의 비유는 그것 자체가 이미 완성된 설교이지만 우리의 예화는 설교를 보충하는 수단에 불과하다. 신학대학교 설교학 공부 시간에 예화를 전혀 사용하지 않고 설교를 준비하는 방법을 실험적으로라도 가르치는 것이 좋을 것 같다. 헬무트 틸리케는 신앙 용어를 일절 사용하지 않고 일상용어만으로 설교문을 작성하도록 학생들을 연습시켰다고 한다.

또 하나의 문제는 사용되는 예화가 주로 미국 사회와 연관되어 있다는 사실이다. 예컨대 L 목사의 설교집 《지금은 다르게 살 때입니다》에 나오는 열다섯 편의 설교 중에서 열한 편이 서양에서 벌어진 예화로 시작된다. 기계적이다 싶을 정도로 예화로 시작하는 것도 문제지만, 일단 청중의 관심을 끌어들이겠다는 테크닉으로 이해한다 하더라도 한국 사람을 대상으로 한 설교에서 왜 미국 이야기만 하는지, 정말 이해하기 어렵다. K 목사의 경우도 다를 게 없다. 그의 설교에서 받은 인상을 그대로 인용하겠다.

> 이왕 말이 나온 김에 곽 목사 식의 설교 준비가 얼마나 쉬운지 가르쳐드리겠다. 가장 중요한 작업은 예화모음이다. 감동적인 국내외 이야기를 수집하라. 우화, 동화, 영화, 드라마, 휴먼 스토리, 성공담, 과학정보, 독후감, 신기한 동물의 세계, 최신 뉴스, 연예 이야기 등등, 끝이 없다. 마음만 먹으면 이런 정보들은 간단히 얻을 수 있다. 중대형 교회 목사라고 한다면 설교 도우미를 쓸 수도 있다. 한 주일에 20편의 괜찮은 이야기를 수집한 다음에 설교 주제에 맞는 것만 추려내라. 곽 목사의 설교 유형에 맞추려면 10편 정도면 충분하다. 그 이야기를 자연스럽게 엮은 다음에 적당한 위치에 성경 구절을 쑤셔 넣으면, 그것으로 설교준비 끝이다. 설교의 성패는 이제 입담에 달려 있다.(정용섭, 《설교의 절망과 희망》, 대한기독교서회, 2008, 33쪽)

위에서 제기한 문제가 예화 사용의 양적인 부분이었다고 한다면, 지금 설명하는 문제는 질적인 부분이다. 이 질적인 부분이 훨씬 심각하다.

첫째는 예화의 진부성이다. 상투적이고 진부한 예화가 강단에서 남발된다는 사실을 부정할 사람은 별로 없을 것이다. 예수님을 믿은 뒤에 술·담배를 저절로 끊었다거나 못된 습관을 고쳤다는 이야기를 예화로 사용하기도 한다. 〈리더스 다이제스트〉나 〈샘터〉 같은 책이 자주 이용된다. 록펠러의 십일조 이야기는 단골 메뉴다. 이런 예화가 설교의 중심에 자리한다면 기독교 영성도 진부성을 면치 못할 것이다.

둘째는 예화의 선정성이다. 강단에서 사용되는 예화의 많은 부분이 선정적이고 자극적이다. 믿지 않은 집으로 시집간 여자가 온갖 핍박을 이겨 내고 믿음을 지켰다는 이야기, 타 종교를 냉소적으로 바라보는 이야기, 자학적인 이야기들이 교회에서 예화로 사용된다. J 목사는 자신이 악마와 싸운 이야기나 병을 고친 이야기를 자연스러운 사건처럼 전하는데 이렇게까지 말한다.

> 전에 느낄 수 없었던 영감이 떠오르기 시작했습니다. 강단에서 설교를 하고 난 다음, 머릿속에 앉은뱅이가 나았다든지, 절름발이가 나았다든지, 귀머거리가 나았다는 것이 알려집니다. 어떻게 알려지는지는 나도 모릅니다. 그러나 병 낫는 사람의 모습이 환히 떠오릅니다. 성령과의 교제가 시작되자 많은 병자들이 낫기 시작했습니다. 일일이 안수하지 못해도 병 낫는 모습을 머릿속에 불러올리면 그 자리에서 다 나아 버립니다.(《설교는 나의 인생》, 서울말씀사, 2005, 176쪽)

신유 은사를 아무리 강하게 받았다 하더라도 안수도 없이 머릿속에서 떠올리는 영상만으로 병이 치료되었다는 주장은 기독교 신앙을 선정적으로 만들 위험성이 높다. 내 성서 지식이 미천한 탓인지 모르나 사도들이 이렇게 병자를 치료했다는 보도를 읽어 보지 못했다. 오해가 없기를 바란다. 이런 경험의 사실성 여부를 판단하려는 게 아니라 이런 종류의 예화가 자칫 청중의 선정적 호기심만 자극할 수 있음을 지적한 것이다.

셋째는 일반화의 오류다. 특별한 사건을 일반적으로 일어날 수 있는 사건처럼 전하는 것은 일반화의 오류다. 어느 야외 집회 때 소나기가 내려서 집회를 계속할 수 없는 상황이었는데 기도를 했더니 비가 갑자기 그쳤다거나, 교회당을 짓다가 결제할 돈이 없어서 공사가 중단될 위기에 놓이자 하나님께 무릎 꿇고 기도했더니 불현듯 외국의 사업가가 돈을 보냈다는 식의 예화가 그런 것들이다. 이런 예화를 신자들이 일반적인 것으로 받아들인다면 기독교 신앙은 보편타당성을 상실하고 말 것이다.

진부성, 선정성, 일반화는 구별되기는 하지만 연관된 문제다. 한편으로는 진부하고, 다른 한편으로는 선정적인 이야기들이 일반적인 삶의 내용으로 다루어지고 있다. 이런 문제들은 일시적으로, 부분적으로 설교 행위의 역동성을 제고할지 모르지만 근본적으로는 설교 행위에 상처를 내고 말 것이다. 그 이유는 설교가 의존하는 성령이 진리의 영이라는 데 있다. 그 진리는 결코 보편성을 파괴하지 않는다. 보편적 진리를 가로막는 예화의 과잉은 설교를 보편적 진리에서 소외시킨다. 이런 설교를 어찌 건강하다고 할 수 있겠는가.

오늘 강단에서 예화가 과잉 생산되는 이유는 복잡하게 생각할 필요 없이 포퓰리즘에 근거한 설교 편의주의에 있다. 설교 내용이 부실하더라도 감동을 일으키는 예화 한 편을 전하기만 하면 반응이 뜨겁다는, 속된 말로 "잘 먹힌다"는 현실에서 예화 사용은 숙명적인 유혹이다.

그러나 다른 한편으로 설교자가 성서 텍스트의 세계를 깊이 이해하지 못한다는 사실이 훨씬 근본적인 문제다. 그런 사람이 선택할 수 있는 길은 자신이 아는 작은 세계를 장광설로 부풀리는 것뿐인데, 그런 소기의 목표에 어울리는 수단이 바로 예화이다. 예화에 치우친 설교 구조를 유지한다면 성서가 담지한 구원과 계시의 신비를 청중이 만나는 일은 없을 것이다. 예화 과잉은 우민화의 지름길이다.

감상주의

감상주의는 강단의 두 번째 상처이며, 곧 위기이다. 성서 텍스트를 구도자적인 자세로 깊이 해석함으로써 설교를 심화하는 작업은 소홀한 반면, 이미 주어진 신앙적 형식을 효과적으로 전하기 위해 청중의 감정과 심리를 이용하는 작업에는 엄청난 수고를 기울인다는 뜻이다. 예화가 청중의 감수성을 자극한다는 점에서 감상주의는 예화 과잉과 서로 통하는 요소다.

이 글의 흐름, 또는 전체적인 핵심을 눈치 채지 못한 독자를 위해, 또한 앞으로의 원활한 읽기를 위해 한 가지 사실을 짚고 넘어가야겠다. 그것은 바로 위에서 언급한 성서 텍스트의 깊이로 들어가기와 설교 심화 작업이다. 설교는 '성서 계시의 존재론적 능력'에 집중되어야 한다. 하나님의 말씀은 스스로 계시의 존재론적 토대를 확보하고 있기 때문에 인간학적 기술을 첨가하지 않아도 계시로서 부족함이 없다는 말이다. 따라서 설교 행위는 기술(technology)이 아니라 과학(science)이다. 독일 철학자 가다머의 말로 바꾼다면 설교 행위는 방법(Methode)이 아니라 진리(Wahrheit)다.

그 진리, 즉 헬라어 '알레테이아'의 속성은 어원적으로 탈(脫)은폐의 길을 간다. 진리는 숨어 있는 것을 스스로 드러내는 능력이라는 뜻이다. 마찬가지로 하나님의 말씀이 선포되는 설교는 우리의 능력이 아니라 계시의 능력이다. 칭의에 필요한 것은 우리의 행위가 아니라 믿음인 것처럼 설교에 필요한 것은 우리의 기술적인 행위가 아니라 철저한 성령 의존성이다. 그런데 오늘 설교자들은 계시의 존재론적 능력을 외면한 채 군더더기에 불과한 자신의 인간학적 방법론으로 하나님 말씀에 덧칠을 한다. 그런 행태의 하나가 바로 감성적 '터치'인 감상주의이며, 그 밑바탕에는 포퓰리즘이 있다.

다시 본 줄기로 돌아가자. 설교 행위에 내재된 이 감상주의는 우리 민족의 정서인 한(恨)과 맞물려서 아주 강력하게 작동된다. 이것은 논리적 이성을 초월하는 에너지가 내부에 있기 때문에 교회 생활에서 다른 사람이 이해할 수 없는 막강한 역동성을 발휘하곤 한다. 흡사 십 대 소녀가 노총각 선생을 짝사랑하는 경우라 할는지. 아무런 논리도 필요 없이 무조건적인 힘으로 어떤 대상을 추구한다. 주일 성수부터 시작해서 각종 예배와 기도회, 성서 공부, 새벽 기도회, 십일조 헌금, 각종 조직 등등 한국 교회의 신앙생활은 이런 폭발적인 힘이 아니면 설명하기 힘든 부분이 많다. 설교에도 이런 감상주의가 전반적인 기조를 이루고 있다.

설교의 감상주의는 전달 방식과 내용에서 동시에 나타난다. 본인들은 감동적으로 전달하겠다는 생각에서 그렇게 하겠지만 목소리를 특유한 톤으로 바꾼다거나 고함을 치거나, 심지어는 울먹이기도 한다. 이런 감상주의는 대중에게 강력한 호소력을 발휘할 수 있다. 그러나 설교자는 청중이 아니라 하나님의 말씀에 영혼을 기울여야 한다는 점에서 감정을 최대한 절제해야 한다. 이 차이는 청중의 호응을 절대화하는 유행가 가수와 음악의 존재론적 세계로 침투하는 클래식 가수 사이에서 발견할 수 있다. 진정한 음악가는 감정을 그대로 표출하지 않는다고 한다. 일종의 절제미라 할 수 있다. 그럴 때 청중에게 진정한 의미에서 큰 감동이 전달된다.

설교집 《로마서의 비전》에서 H 목사는 "여러분, 교회 때문에 밤잠을 자지 못하고 교회 때문에 눈물을 흘려 본 적이 있습니까? 너무나 사랑하기 때문에 죽고 싶은 것입니다. 다 주고 싶은 정도가 아니라 죽고 싶은 것이 사랑입니다" 하고 외쳤다. "너무나 사랑하기 때문에 죽고 싶다"는 표현은 어디선가 들어 본 듯하지 않은가? 이루어질 수 없는 사랑 때문에 동반 자살했다는 뉴스에서, 〈이수일과 심순애〉 같은 창극에서, 일본 중년 여성들의 마음을 사로잡았다는 배용준의 드라마 〈겨울연가〉에서 들을 만한 신파조 대사다. 다른 상황이지만, 2002년 부산 아시안게임에 참가한 북한 여자 응원단이 비에 젖는 김정일의 현수막을 보고 눈물을 흘리며 통분해 하던 모습이 연상되기도 한다. 침소봉대하는 식으로 비판하려는 것은 아니다. 이런 감상주의가 그의 설교 전반을 지배하고 있기에 하는 말이다. 결국 그의 설교에서 성서 텍스트의 새로운 세계가 열리는 것을 전혀 경험할 수 없는 것이 문제다.

이런 감상주의가 설교를 지배하면 신자들은 신앙의 깊이에 천착하기보다는 막연한 느낌에 의존하게 된다. 인간은 감정에 쉽게 휩싸이기 때문에 감상주의가 매우 뜨거워 보이기는 하지만 결국은 기독교 신앙을 훼손시킨다. 감정 표현은 말릴 수 없을 정도로 열정적이지만 하나님 나라와 그의 통치에서는 무기력해지는데, 이런 경향은 사이비나 이단에게서 흔히 발견되는 요소다. "들으라!"(쉐마)에 토대를 둔 유대교가 청중의 감정을 축소시키는 대신 신앙 경험을 하나님의 언어 존재론적 신비로 끌어들였다면, 볼거리를 많이 제공한 고대 근동의 다른 종교는 청중을 열광주의로 몰아갔다. 앞에서 언급한 열린예배의 위험성은 여기에 있다. 삼위일체 하나님께만 영광을 돌려야 할 예배에서 청중이 전면으로 등장한다는 것이다. 재미는 있을지 몰라도 하나님께 영광이 되지는 못한다.

도덕주의

감상주의와 격을 달리하는 것 같지만 실제로는 긴밀히 연관된 다른 특징은 도덕주의이다. 성서 텍스트의 중심 주제를 하나님 통치의 존재론적 능력보다는 인간의 행동에 대한 가치론적 판단이라 할 도덕과 윤리에 둔다는 것은 설교자가 청중의 요구에 기울어졌다는 의미가 아니겠는가. 도덕주의적 설교는 무엇이 문제인가?

기복적인 것에 중심을 둔 과거 설교 때문에 기독교인들이 사회에서 지탄을 받았고, 이제라도 기독교인의 바람직한 삶을 보이자는 반성적 차원에서 도덕주의적 설교가 강조되는 것 같다. 도덕적이고 윤리적으로 살아야 한다는 주장 자체는 문제가 아니다. 오늘의 지성적 기독교인들에게는 이런 윤리적 설교가 호소력을 발휘할 수 있다는 점에서도 권장되어야 할지 모르겠다. 그러나 휴머니스트가 되거나 도덕군자가 되기 위해 예수를 믿는 게 아니라는 걸 우선 명확히 직시해야 한다. 거칠게 말해서 두 가지 이유가 있다. 첫째, 도덕적 가치는 설교가 근거할 복음의 본질이 아닐 뿐만 아니라 설교가 지향할 하나님 나라의 근본 가치도 아니다. 둘째, 시대와 상황에 따라 바뀌는 도덕적 가치를 케리그마의 중심에 놓는 것은 바리새인들의 율법주의와 다를 게 없다.

초등학생에게 훈화하듯 설교하는 목사도 적지 않다. 가정의 달인 5월이 되면 '부모에게 효도하자'거나 '올바른 부부관계' 등의 주제로 설교하는 목사들이 있다. 생일을 챙기고, 가능하면 이벤트도 만들라고 조언한다. 이건 근본적으로 설교가 아니다. 왜냐하면 최소한 상식적인 기준에서 살아가는 사람이라면 누구나 극복한 것을 다루기 때문이다. 생명의 신비와 하나님 통치의 새로움을 담은 성서를 삼강오륜 같은 윤리적 명제로 끌어내릴 수는 없다. 이런 설교를 들을 때마다 나는 설교 허무주의에 빠지곤 한다.

오늘의 설교가 도덕주의로 빠지는 이유는 무엇인가? 그런 설교가 청중에게 상당한 설득력을 보인다는 데 있다. 이것을 세분하면 두 가지로 설명할 수 있다. 이 둘은 상반되면서도 그 토대는 동일하다. 하나는 도덕주의 설교가 신자들의 죄책감을 자극한다는 것이며, 다른 하나는 율법적 신앙을 강화한다는 것이다. 한편으로는 죄책감의 불안에서 벗어나지 못하며, 다른 한편으로는 부패한 세상과는 다르다는 도덕적 우월감에 사로잡힌다. 양쪽 모두 건강하지 못하다. 복음은 불안도 아니고 우월감도 아니다. 전적으로 새로운 하나님의 은총으로 들어서는 사건이다.

이런 문제는 예수의 삶에서도 분명하게 드러난다. 예수가 죄인들, 세리들과 어울리면서도 도덕적이고 윤리적인 변화를 요구하지 않았다는 사실이 가장 강력한 반증이다. 예수는 사람을 그 사회의 모범으로 만들려고 한 게 아니라 현실 그대로의 사람, 즉 세리면 세리 그대로, 죄인이면 죄인 그대로 용납하면서 임박한 하나님 나라로 초청했을 뿐이다. 세리나 죄인들과 어울리면서 먹고 마시기를 탐한다고 예수를 비판한 바리새인이야말로 도덕주의적 설교를 일삼은 이들이었다. 다시 말하거니와 예수의 관심은 계몽이나 훈계가 아니라 초청과 수용이었다. 물론 하나님 나라에 초청받았음을 인식한다면 변화될 것이며, 변화되도록 노력하겠지만 그것은 하나님 나라 앞에서 결정적이지 않을 뿐만 아니라, 이 변화라는 것도 윤리적이라기보다는 존재론적인 것이다. 이 말이 기독교인에게 윤리가 필요없다는 의미가 아님은 두말할 필요가 없으리라.

성서도구주의

위에서 짚은 세 가지 문제가 강단의 상처와 위기의 전부가 아니다. 기복주의, 지나친 정치적 색깔 보이기, 역사 허무주의, 성속 이원론, 가부장주의, 성서 문자주의, 반지성주의 등등의 문제도 심각하다. 이미 잘 알려진 요소기에 새삼스레 들출 필요는 없다. 앞서 말한 세 문제는 역설적으로 설교의 장점으로 취급되는 경우가 흔하여 다른 요소에 비해 위험지수가 오히려 높다. 밖으로 드러난 문제라면 고칠 기회가 있지만 은폐되었다면 기회가 아예 봉쇄되었을 테니 말이다.

앞에서 거론된 세 가지 요소가 지나치니까 문제지 적절하면 괜찮다고 생각할 분들이 있을 것이다. 옳은 말이다. 예화와 감성과 도덕성이 없는 설교는 설교라기보다는 신학 논단에 가까울지 모른다. 인간 변화를 위한 요소들이 설교에는 불가결하다. 문제는 이런 요소로 기울기 시작하면 적절한 선에 머물 수가 없다는 것이다. 편식에 기운 아이들은 아무리 타일러도 거기서 벗어날 수 없는 것과 비슷하다. 예화, 감상, 도덕주의는 설교 영성의 편식이라 할 수 있다. 편식하는 아이의 건강이 근본적으로 부실하듯 그 결과는 예상 외로 심각하다.

예상 외로 심각한 그 결과는 무엇인가? 바로 이 사실을 전하기 위해 앞에서 많은 이야기를 한 셈이다. 그것은 성서 도구주의이다. 성서 도구주의는 하나님의 구원 통치를 존재론적으로 담고 있는 성서가 신앙생활에서 도구로 이용되고, 더 나아가서 소비된다는 뜻이다. 이런 성서 도구주의는 포퓰리즘의 당연한 결과다. 청중의 종교적 욕구에 부응하는 것이 지고지선의 목표가 되면 성서는 결국 도구로 떨어질 수밖에 없는 것 아닌가. 이것을 도식적으로 설명하면 다음과 같다. 포퓰리즘에 의해 예화가 과잉되고, 감상주의에 치우치고, 도덕주의에 호소하게 되었으며, 결과적으로 성서가 도구화되고 만 것이다. 결국 포퓰리즘이 성서 도구화와 맞닿아 있는 셈이다.

성서 도구주의가 왜 문제인지, 왜 포퓰리즘과 정비례하는지 실감이 나지 않는 분들이 있을 것이다. 설교가 뭐 대수냐, 재미있게 듣고 은혜 받으면 좋은 설교 아닌가 생각하는 설교자들, 평신도 지도자들이 꽤 될 것이다. 이름을 날리는 설교 명망가들은 거의 이런 방식의 설교에서 나름 일가를 이루고 있다. 성서 텍스트는 구색 맞추기 정도이고 세상살이나 종교 교양, 또는 목회적 관심을 설득력 있게 전하는 노하우 전문가들이다. 그들이 그런 방식으로 대중성을 확보한 것은 분명하지만, 이런 설교는 근본적으로 방향을 잘못 설정한 것이고 외도이다. 성서는 신앙생활에 관한 정보를 알리거나 열거하는 게 아니라 종말론적으로 열린 하나님의 창조와 구원 사건을 중층적으로 담고 있다. 여기서 '열려 있다'는 사실이 중요하다. 이것은 '성서가 말한다'는 뜻이기도 하다. 단순히 말하는 게 아니라 종말론적으로 열린 새로운 세계를 끊임없이 말한다. 그 세계가 얼마나 놀라운지 요한계시록 기자는 묵시로 말할 수밖에 없었다.

설교자에게 가장 중요한 것은 이러한 성서의 '놀라운 세계' 안으로 들어가는 경험이며, 글머리에서 언급한 하나님 계시의 존재론적 우위성을 포착하는 것이다. 그것이 곧 구약 예언자들의 신탁 사건이다(렘 1:9 참조). 성서 사건과의 존재론적 만남이며, 거룩한 두려움인 '누미노제'의 경험이기도 하다. 이런 경험이 없는 설교자에게 성서는 결코 말을 걸지 않을 것이다. 성서의 말을 듣지 못하는 설교자는 언어가 말을 거는 경험이 없어서 절필하거나, 표절을 일삼거나, 겉멋만 부리는 시인처럼 청중의 종교적 감수성에만 영적 촉수를 맞추는 악순환을 반복할 것이다. 이건 설교자 자신에게나 청중에게나 모두 불행한 일이다.

누가 성서의 세계 안으로 들어간 설교자, 혹은 그런 경험이 없는 설교자인가? 누가 판단할 수 있는가? 우리 자신보다 우리를 더 잘 아시는 성령이 꿰뚫어 보겠지만, 자신도 어느 정도는 알고 있을 것이다. 제삼자도 대략 판단할 수 있다. 다음 강에서는 그것에 대해 말하겠다.

　성서의 세계에 들어간 설교자가 누군지를 밝혀보겠다고 했지만 그게 가능한지는 확신이 서지 않는다. 하나님의 구원 통치를 존재론적으로 담지한 성서 안으로 들어간다는 것은 생명의 심층적 차원이라 할 영혼의 공명으로만 가능한데, 제삼자가 개입해서 왈가왈부할 수는 없는 노릇이다. 그러나 진리의 영이신 성령에 의지해 살핀다면 성서와의 영적 소통을 경험하지 못한 설교자의 모습이 어떤지 어느 정도는 따라잡을 수 있다. 마치 바둑에서 수(手)의 세계로 들어간 사람과 그렇지 못한 사람을 구별하는 것이나 음악에서 소리의 세계로 들어간 사람과 그렇지 못한 사람을 구별하는 것, 진짜 시인의 시와 가짜 시인의 시를 구별하는 것과 비슷하다.

　하나님의 말씀을 선포하는 설교 행위가 인간의 예술이나 문학 행위와 똑같다는 말은 아니다. 성령의 일을 인간의 일과 동일시하려는 것도 아니다. 문학적이고 예술적인 감각이 뛰어난 사람이라 하더라도 무조건 설교자로 나설 수는 없다. 신탁 경험을 통해 하나님의 말씀을 선포한 구약의 예언자처럼 다른 이가 간섭할 수 없는 영적 세계를 확보한 설교자의 고유한 행위를 누가 판단할 수 있단 말인가. 내 작업은 설교 행위 자체에 대한 판단이 아니라 말씀의 중심에 발을 내딛지 못한 채 변죽만 울리는 설교자들의 행태를 한 자락이나마 들춰 보겠다는 것이다. 그 옳고 그름의 판단은 독자의 몫이다. 다시 질문하자. 누가 말씀의 변죽만 울리는 설교자인지 어떻게 분간할 수 있는가?

이런 설교자의 특성은 설교의 중심을 기술(노하우)에 둔다는 데 있다. 그들의 정체성은 구도자가 아니라 기술자다. 기술도 필요하기는 하다. 그러나 기술은 기술일 뿐이다. 기술은 포장이지 실체가 아니다. 실체의 맛을 본 사람은 포장에 마음을 두지 않듯이 성서 텍스트의 놀라운 세계를 경험한 설교자는 기술에 치우치지 않는다. 그렇지 못한 설교는 자신의 실상이 드러나는 걸 감추기 위해서라도 더욱 기술에 매달리게 된다. 그러한 현상의 하나가 바로 '나열식' 설교다.

나열식 설교의 전형

나열식 설교는 한국의 많은 설교자에게서 발견되는 설교 방식이다. 신학의 깊이가 충분하지 않던 시절에 신학교를 다니신 분들에게 특징적으로 나타나기는 하지만 젊은 설교자들에게서도 심심찮게 나타난다. 우선 이해를 돕는 차원에서 구체적인 설교를 예로 들어야겠다.

K 목사는 '성도의 영원한 보장'(롬 8:31–39)이라는 설교에서 영원하게 보장된 것을 셋으로 나열한다. 1) 영생의 보장입니다. 2) 영원한 사랑의 보장입니다. 3) 영원한 집의 보장입니다. 이런 세 항목에 적당한 성구와 예화를 연결하는 형식으로 설교가 진행된다. '깨어짐의 원리'(창 32:22–32)에서는 우리가 깨어질 때 다음과 같은 좋은 결과가 나타난다고 증언한다. 1) 새 생명의 역사가 나타납니다(요 12:24). 2) 축복 받는 역사가 일어납니다(창 32:25–29). 3) 향기가 나타납니다(요 12:3). 4) 승리하게 됩니다(삿 7:16). 5) 귀한 그릇이 됩니다. 그의 설교는 이런 구조에서 한 치도 벗어나지 않는다.

L 목사의 설교 '지금은 큰 믿음을 가져야 할 때입니다'의 본문은 마태복음 17장 14–21절이다. 예수님이 측근 제자들과 변화산에 오르셨다가 내려왔을 때 간질병 들린 아들을 둔 어떤 사람을 만났다. 예수님은 간질병 아이를 고치지 못한 제자들에게 믿음이 없다고 책망하신 뒤, 그 유명한 겨자씨 믿음에 대해 말씀하셨다. L 목사는 이 본문에서 아이엠에프를 겪고 있는 우리에게 가장 중요한 문제가 곧 믿음의 회복이라는 매우 원칙적인 주장을 피력하면서, 그 믿음을 회복하기 위해 다음과 같이 세 가지 태도가 필요하다고 주장했다. 첫째, 예수님께 문제를 가져오는 것을 배워야 합니다. 둘째, 우리가 믿음을 회복하려면 예수님만을 온전히 신뢰하는 것을 배워야 합니다. 셋째, 기도와 금식으로 예수님을 바라보는 것을 배워야 합니다.

'지금은 주의 인도를 받아야 할 때입니다'라는 설교의 본문은 그 유명한 동방박사 이야기인 마태복음 2장 1–11절이다. L 목사는 "고통스러운 이 시대에서 우리가 주의 인도를 받으려면 무엇을 해야 하는가" 하고 묻고, 이렇게 대답한다. 첫째, 우리는 주의 비전을 바라볼 수 있어야 합니다. 둘째, 우리는 주의 말씀을 의지하는 것을 배워야 합니다. 셋째, 우리는 주님을 예배하는 사람이 되어야 합니다.

'지금은 우선순위를 분명히 할 때입니다'라는 설교는 예수님께서 제자들에게 무엇을 먹을까, 마실까, 입을까 염려하지 말고 하나님 나라와 그의 의를 구하라고 말씀하신 본문(마 6:25-34)에 대한 해석이다. L 목사는 이 본문에서 삶의 우선순위를 구분할 줄 알아야 된다고 하면서, 이렇게 세 단락으로 설명한다. 첫째, 염려에서 해방되어야 합니다. 둘째, 하나님을 신뢰하십시오. 셋째, 먼저 구할 것을 구하십시오. 위에서 예로 든 세 편 외에도 거의 모든 설교가 이런 나열식으로 구성되어 있다.

L 목사의 설교는 앞서 언급한 K 목사의 설교와 마찬가지로 나열식 설교의 전형을 보이지만 내용적인 면에서는 훨씬 충실하다. K 목사는 성서 본문에서 제목만 발췌하듯이 따와서 자신이 하고 싶은 이야기를 거의 일방적으로 늘어놓는 반면 L 목사는 가능한 성서 본문을 설교에 반영하기 위해 노력한다. 이 차이는 보기에 따라 별게 아닐 수도 있지만 대단히 중요하다. 한 분은 자기 생각에 머물러 있지만, 다른 한 분은 성서에 기대 있다는 점에서 그렇다. 그런데 아이러니하게도 K 목사의 설교는 약간의 신학적인 식견만 있으면 그 조잡성이 쉽게 포착되지만 말씀에 대한 진정성과 전달 방식의 세련미를 확보한 L 목사의 설교는 청중이 설교의 함정을 눈치 채기가 어렵다는 점에서 더 위험할지 모른다. 위 설교에서 아무런 문제의식을 느끼지 않는 이들도 있을 것이다. 과연 그런지 아닌지, 나열식 설교가 왜 문제인지 구체적으로 따져 보자.

긴장감의 훼손

나열식 설교는 용어 자체로만 본다면 한 편의 설교 안에 소주제를 늘어놓는 형식이다. 설교가 이런 형식으로 전개되면 절대 안 된다는 건 아니다. 설교 주제와 본문에 따라 이런 방식이 필요할 때도 있다. 그러나 대부분의 나열식 설교는 논리적 당위와 상관없이 설교 편의주의에 따라 전개될 뿐이다. 주제가 산만하게 분산되고, 나열된 소주제 사이에 있어야 할 긴장감이 훼손된다는 데서 확인할 수 있다. 위에서 예로 든 설교를 다시 분석해야겠다.

'지금은 큰 믿음을 가져야 할 때입니다'에서 L 목사는 간질병에 걸린 아이의 치유 사건을 통해 믿음이 회복되는 방식을 세 가지로 제시했다. 그가 제시한 세 가지 소주제는 나름대로 신앙 성장에 도움을 줄 수 있지만 설교자가 성서 안에서 찾아야 할 참된 믿음이 무엇인가에 대한 근본적인 질문에는 아무런 답을 주지 못한다. 그는 본문의 내면으로 들어가지 않은 채 본문의 진행에 따라 아주 쉬운 답변을 열거할 따름이다. 큰 믿음을 가져야 한다는 설교 주제를 해명하기 위해 그가 제시한 세 가지 작은 주제인 '문제를 예수님에게 가져오자'와 '예수님만을 신뢰하자' 그리고 '기도와 금식으로 예수님을 바라보자'는 설교 제목 자체와 맞먹는 무게를 지닌다. 요령 있는 설교자라면 이 세 가지만이 아니라 '주님에게 불쌍히 여겨 달라고 하자', 또는 '예수님께 꿇어 엎드리자' 하는 식으로 무한정 끌고 나갈 수 있다. 이런 설교는 핵심 주제가 심화되지 못하고 설교자 개인의 신앙적 취향에 따라 슈퍼마켓에서 물건을 진열해 놓듯이 옆으로 확산될 뿐이다.

동방박사를 본문으로 삼은 '지금은 주의 인도를 받아야 할 때입니다'라는 설교에서 L 목사는 동방박사와 같이 주의 인도를 받기 위해 해야 할 일은 세 가지라고 주장한다. 여기서 제시된 작은 주제인 '주의 비전을 바라보는 것'과 '주의 말씀을 바라보는 것'이 무슨 차이와 연관성이 있는지 이해할 수 없다. 동방박사들이 잠깐 별을 보긴 했지만 그 뒤로는 말씀에 의지해서 베들레헴까지 왔다고 주장하는 근거는 또 무엇일까? 이 문제는 본문비평에서 다룰 문제니까 접어둔다 하더라도, 좋은 게 좋다는 식으로 동방박사들처럼 우리도 말씀을 의지하자고 역설하는 것은, 그것 하나만으로는 일리가 있긴 하지만 다른 소주제들과의 연관성이 떨어진다는 점에서 마땅히 있어야 할 설교의 긴장감을 결정적으로 훼손한다. 그의 설명을 그대로 따른다면 주의 인도를 받으려면 비전도 있어야 하고, 말씀도 의지해야 하고, 예배도 드려야 한다는 말이 되는데 이 얼마나 엉성한 논리인가?

'지금은 우선순위를 분명히 할 때입니다'라는 설교에서도 L 목사는 염려하지 말고, 하나님을 신뢰하며, 먼저 구할 것을 구하라고 주장했다. 각각의 소주제와 연결될 만한 본문이 제시되기는 했지만 그 사이의 긴장감은 별로 없다. 이 설교를 따라가다 보면 염려하지 않는 것과 하나님을 신뢰하는 것과 먼저 구할 것이 결국 똑같은 이야기라는 것이 발견된다. 이런 구조의 설교는 동어반복이다. 다른 게 있다면 각각에 등장하는 예화뿐이다. 이런 설교에서는 소주제가 한편으로는 따로 놀고, 한편으로는 제자리에 머물기 때문에 중심 주제를 심층적으로 발전시키지 못한다. 이 설교에서도 한 편의 설교를 일관되게 끌고 나갈 영적 추동력이 현저하게 떨어졌다.

이게 왜 문제인지 비유적으로 설명해 보자. 어느 초등학교 교장 선생님이 조회 시간에 학생들에게 일장 훈화를 했다. 제목은 '모범 어린이가 되자!'였다. 그는 모범 어린이가 될 수 있는 길을 세 가지로 제시했다. 첫째, 아침에 일찍 일어나자. 둘째, 부모님과 선생님 말씀 잘 듣자. 셋째, 공부 열심히 하자. 교회에서 행해지는 설교와 비슷하다고 생각하지 않는가? 설교는 성서 본문을 기초로 한다는 점에서 약간 다른 것 같지만, 이 교장 선생님이 위인들의 어록을 참고한다면 설교와 다를 게 하나도 없다. 모범 어린이가 되는 세 항목이 따로 놀면서, 그 말이 그 말에 불과하다. 이런 훈화를 듣는 어린이들은—내 딸들에게서 그 사실을 확인할 수 있었는데—그것을 '공자 왈'로 듣는다. 내용 자체가 따분하기도 하지만, 나열된 세부 항목이 중심 주제를 깊이 끌어가는 긴장감이 없기 때문이다. 아이들의 긴장감을 유지시키려면 비슷비슷한 항목을 나열할 게 아니라 한 가지에 집중해야 한다. 모범적으로 행동한다는 게 근본적으로 무슨 의미인지, 다른 사람의 칭찬을 받아야만 모범적인 어린이가 되는 것인지, 이 사회가 요구하는 모범 답안만이 참된 가치인지 등등. 이런 과정을 논리적으로 풀어 가야만 어린이들의 생각을 깊은 세계로 끌어들일 수 있다.

설교의 요령

성서의 중심 세계로 들어가기보다 겉으로 드러난 몇몇 진술을 요령 있게 나열하는 설교는 삶의 가장 깊은 차원인 영성이 아니라 가장 낮은 차원인 정보로 성서를 다루는 것이다. 달리 말하면, 기독교 영성을 하나님의 신비로운 구원 통치가 아니라 인간의 종교적 호기심에서 찾는 것이다.

이런 설교가 어떤 방식으로 작성되는지 요령을 확인해 보면 그 실체가, 그 음모가 드러날 것이다.

평소 설교 준비에 부담감을 느끼는 설교자라면 이 대목에 더 세심한 주의를 기울여 주기 바란다. 설교 준비의 부담을 덜어 드리려 한다. 이렇게 허풍을 떠는 이유는 이름난 대중 설교자들의 설교 행태가 일반적으로 이런 요령과 다를 게 없다는 사실을 지적하려는 데 있다. 벌거벗은 채 거리를 활보하는 임금을 향해 "벌거벗었네!" 하고 외치고 싶은 심정이다.

설교자들의 머릿속에는 성서와 신앙 관련 용어, 개념이 수없이 자리 잡고 있다. 기도, 찬송, 믿음, 용서, 사랑, 염려, 전도, 충성, 기쁨, 감사 등등. 목회 경험이 많은 사람은 훨씬 많은 성서와 신앙 정보를 훤히 꿰뚫고 있다. 이런 용어와 개념의 쓰임새를 익히 아는 설교자라면 어떤 성서 본문을 갖고도 적당하게 배열하는 방식으로 어려움 없이 설교를 구성할 수 있다. 일단 아무 제목이나 한번 생각해 보자. '하나님이 기뻐하는 사람'이라는 제목을 본문에서 뽑아 낸 다음 첫째는 기도하는 사람, 둘째는 전도하는 사람, 셋째는 충성하는 사람, 이런 방식으로 얼마든지 설교를 만들어 낼 수 있다. 더 재미있는 현상은 '이' 설교에서 소주제로 쓰인 항목이 '저' 설교의 중심 주제로 등장하고, 이 설교의 중심 주제가 다시 저 설교의 소주제로 떨어지는 현상이 비일비재하다는 것이다.

'충성하자'라는 제목을 잡고, 충성하기 위해 우리는 1) 기도해야 하고, 2) 사랑해야 하며, 3) 감사해야 한다, 이런 식의 설교가 가능하다. 또는 '감사의 삶'이라는 설교 제목 아래 1) 기도하자, 2) 충성하자, 3) 회개하자 등등의 구성으로 나갈 수도 있다. 경우에 따라서는 성서 본문에서 세부 항목을 찾아내기도 하고, 더 많은 경우에는 본문과 상관없이 세부 항목을 설정한 다음 거기에 맞는 성서 구절을 다른 곳에서 인용하곤 한다. 이처럼 신앙 정보를 요령껏 제공하는 설교도 괜찮다고 한다면 매일 열 편도 만들 수 있다.

나열식 설교가 정보 전달 요령에 치우치기 쉽다는 사실은 위에서 예로 삼은 L 목사의 설교 세 편에서 성서 용어와 개념을 점검해 봐도 드러난다. 예수님께 가까이 옴, 신뢰, 기도와 금식, 비전, 말씀 의지, 예배, 염려로부터의 해방, 하나님 신뢰, 먼저 구할 것 등등 대충 이런 것들인데 너무나 익숙한 용어와 개념이다. 그 설교집에 실린 다른 설교에서 다음과 같은 소제목들이 발견된다. 부활 체험, 하늘나라 기업, 유익, 시간 선용, 주의 뜻 분별, 찬송, 감사, 복종, 집의 기초, 승리 등등 오랜 신앙생활과 목회 생활에서 얻은 정보가 필요에 따라 적당하게 나열될 뿐이다.

한국 교회 강단의 특징인 예화 과잉도 그 이유가 여기에 있다. 별 연관이 없는 몇몇 소품을 적당하게 배열하는 것만으로 효과를 기대하기 어려우니까 그럴듯한 예화로 포장할 수밖에 없다는 것이다. 평신도들은 이런 속사정을 모르겠지만 설교자 자신은 분명하게 인식하고 있을 것이다. 이런 방식의 설교는 설교자의 가벼운 경험이 성서 말씀을 압도하면서 결국 성서의 세계를 은폐하고 만다. 설교 작성의 요령만 알면 설교는 참으로 쉽다. 승부는 입담에 좌우될 뿐이다.

오해가 없었으면 한다. 성서와 신앙의 정보 자체를 맹목적으로 부정하는 건 아니다. 영적 현실에 대한 논리적 해명이라 할 신학도 이런 정보 전달 방식이 없으면 불가능한 것처럼 설교 역시 정보가 필요하기는 하다. 문제는 그 정보가 설교자의 영성에 체화(體化)되었는가이다. 종말에 관한 신학적 정보나 인문학적 정보를 설교자의 영성 안에서 명백하게 인식할 수 있다면, 즉 큰 깨우침(돈오, 頓悟)으로 담아낼 수 있다면 그런 정보는 설교의 지평을 심화하는 작업에서 매우 유용하다. 그런데 일반적으로 설교자들이 사용하는 신앙 용어는 충분히 소화되지도 않았고, 목회 효율성을 높이는 도구로만 거의 일방적으로 다루어지기 때문에 인간 구원이라는 우주론적 주제를 다루어야 할 설교가 삶의 요령을 가르치는 교양 강좌로 떨어지고 있다. 그 적나라한 결과가 나열식 설교다.

복음의 깊이에 들어가지 않고 수많은 아이디어와 정보를 늘어놓는 설교는 결국 신자의 신앙을 도식화하고 황폐화한다. 너무나 당연한 결과다. 청소년들이 조선시대 왕들을 연대기적으로 외우면 그 시대의 역사 공부를 마친 것으로 생각하듯이 설교가 온갖 신앙적 처세술을 가르치는 수준에 머무르기 때문에 생명과 존재의 무게는 오간 데 없고 신앙의 도식만 난무하게 된다. 철야 기도, 성서 통독, 교회당 건축, 선교사 파송 등 외면적으로 사회가 놀랄 만큼 교회에서 열정이 나타나지만 실제로 성서의 영적 깊이에 침잠하는 경우는 아주 드물다. 교회 안으로는 극단의 분열을 보이고, 밖으로는 역사 변혁의 에너지로 신앙이 분출되지 못한다는 사실이 그 방증이 아니겠는가.

존재의 신비로!

나열식 설교의 문제 제기를 탐탁지 않게 생각하는 분들도 있을 것이다. 신자들이 그런 나열식 설교에 은혜를 받는다는 게 가장 큰 이유다. 이에 대해서는 이 책에서 논란을 벌이고 싶지 않다. 다만 한 가지만 짚겠다. 신자들이 은혜를 받는 현상은 귀신론의 김기동이나 구원파의 박옥수, 신천지의 이만희, 통일교의 문선명 등에 속한 집단에서도 흔히 나타나니까 그걸 기준으로 옳고 그름을 따질 수는 없다. 대중심리를 이용할 줄 아는 사람들에게 나타나는 일반적인 현상일 뿐이다. 기독교의 설교 행위는 그보다 더 중요하고 본질적인 요소로 판단되어야 한다. 그것은 하나님의 구원 통치이며, 그의 계시이다. 곧 하나님의 존재 신비를 말한다. 성서 텍스트의 놀라운 세계로 들어갔다는 것은 이 존재 신비를 만났다는 뜻이다. 성서에 담긴 하나님의 존재 신비가 망각되고 기독교적인 신앙 연습에 머물게 하는 것은 생명을 살리는 설교가 아니다. 그런 설교는 청중을 하나님의 영에 직면하게 하지 않고 설교자 자신의 주관적인 경험에 묶어 두는 것에 불과하다.

설교에서 하나님의 존재 신비 또는 구원 통치의 신비가 어떻게 망각되는지 L 목사의 설교 '지금은 큰 믿음을 가져야 할 때입니다'를 중심으로 조금 더 살펴보자. 그는 변화산에서 내려온 예수님이 간질 들린 아이를 고친 이야기를 통해 기독교인들이 믿음을 회복하려면 첫째로 문제를 예수님께 가져와야 하며, 둘째로 예수님만을 온전히 신뢰해야 하고, 셋째로 기도와 금식으로 예수님을 바라보아야 한다고 주장했다. 문제를 예수님께 가져와야 한다거나 예수님만을 온전히 신뢰해야 한다는 논리를 이 본문에서 전개하는 것은 성서의 세계를 몰라도 한참이나 모르는 소치다. 기도와 금식으로 예수님을 바라보면 이런 간질병이 치료되며, 믿음이 회복되는가? 성서가 과연 그것을 우리에게 요구하는가?

성서를 이런 식으로 풀기 시작하면 모든 게 이현령비현령으로 해석되는 위험성에 노출된다. 청중은 목사가 그렇다고 하니까 그런가 보다 하고, 내용이 너무나 익숙하니까 무조건 믿음으로 받아들여야 한다고 생각할 것이다. 더구나 설교자가 나름의 신앙적인, 인격적인 진정성을 확보했을 경우에는 청중이 이런 설교의 가벼움과 유혹에 훨씬 쉽게 빠져든다. 이렇게 진부한 명제로 치장하는 설교는 본문의 내면적 현실성(reality)을 보지 못하고 외면에 머무른다는 점에서 가벼움이며, 하나님의 존재 신비가 아니라 인간의 경험과 태도에만 머물게 한다는 점에서 유혹이다.

그렇다면 이 본문에서 하나님의 존재 신비를 읽는 길은 어디에 있을까? 마태복음 기자는 제자들과 아이 아버지의 믿음 유무가 아니라 예수의 믿음에 존재론적으로 담지된 메시아적 징표에 대한 두려움을 이 사건을 통해 진술한다. 간질병 아이를 기적적으로 고칠 만큼 믿음을 회복하자는 것이 아니라 오직 예수에게만 가능한 그 믿음, 간질병 아이가 치유될 정도의 능력이 그에게서만 발현한다는 사실을 전하려는 것이다. 궁극적인 믿음은 오직 예수에게만 있다. 예수님께만 가능한 그런 믿음이 곧 하나님의 존재 신비이며, 그런 예수님을 믿는 것이 세상을 살면서 신앙적으로 만나고 경험하는 하나님의 존재론적 신비다.

그렇다. 성서는 하나님과 예수에게 일어난 사건을 우리에게 전하고 있지 인간에게 일어난 일을 해명하려는 게 아니다. 성삼위일체 하나님이 주체이지 인간이 주체가 아니다. 성서는 인간의 도덕적 책임감과 사회정의를 위한 책임감을 구체적으로 언급하지만, 그런 예언의 선포도 결국은 하나님의 신비 앞에서 인간이 감당해야 할 최소한의 책임이지 인간 자체에 대한 가르침은 아니다. 따라서 설교는 종교적 업적, 도덕적 실천, 사회혁명을 불러일으키는 게 아니라 모든 설계와 계획과 목표를 뛰어넘어 생명의 신비로 찾아오시는 그 하나님을 향해 마음을 열게 하는 작업이다.

기도에 대해 설교한다고 할 때 설교자는 뜨겁게 기도하라거나, 통성기도와 합심 기도로 이 세상을 확 뒤집어 놓자는 식으로 접근해서는 곤란하다. 오히려 절대타자인 하나님을 향해 기도할 수 있는 근거가 무엇인지, 언어를 뛰어넘어 존재하는 하나님과 언어로 소통한다는 게 무슨 의미인지, 기도의 무력성과 당위성이 무엇인지, 기도가 하나님의 존재 신비와 어떤 연관성이 있는지를 성서 텍스트에 근거해 전달해야 한다. 이런 점에서 설교는 신학적이고 해석학적이어야 한다. 이런 설교를 들은 청중은 기도의 신비에 직면할 것이고, 바로 그 대목에서 이제 자기 형편에 따라 기도하게 될 것이다. 누가 시키지 않아도 존재를 내던지듯 오체투지의 태도로 기도할 것이다. 더 나아가 '타자를 위한 존재'의 의미를 근본적으로 인식하고, 그렇게 살려고 스스로 결단할 것이다. 반복해서 말하지만, 설교는 청중으로 하여금 생명과 존재의 신비에 직면하게 하는 것이지 어떤 처방전을 제시하는 게 결코 아니다. 이런 영적 시야와 깊이를 제시하거나 해명할 능력이나 생각이 없기 때문에 설교자는 청중의 심리를 자극하거나 도덕적 실천을 끌어내려고 정보 제공에 목표를 둔다.

설교의 다양성―에세이

나열식이 아니라면 어떤 설교가 바람직할까? 정답은 없다. 사람의 모양이 다르듯이, 생각도 다르고 삶의 경험도 다르듯이 하나의 대답은 없다. 그러나 어떤 방향은 제시할 수 있다. 내가 볼 때 에세이 방식이 가장 좋다. 완전히 소화된 내용을 새로운 언어로 자연스럽게 표현해 내는 글쓰기와 말하기 방식이 에세이이기 때문이다. 예컨대 L 목사가 설교한 '지금은 큰 믿음을 가져야 할 때입니다'라는 주제를 별로 연관성이 없는 여러 소주제로 산만하게 나열할 게 아니라 본문을 중심으로 겨자씨만 한 믿음의 신비가 무엇인지 깊이 파고드는 게 좋다. 설교가 에세이 식으로 전개되면 설교자의 영적인 깊이만큼 성서의 세계가 열릴 것이다.

이런 방식은 설교의 다양성을 위해서도 좋다. 한국 강단에서 선포되는 설교에 변별력이 별로 없는 이유는 성서의 주제에 대한 깊은 사유가 없고 들은풍월로만 신앙 정보를 나열하기 때문이다. 에세이를 쓰듯이 영적인 깊이에서 성서를 풀어낸다면 설교자의 숫자만큼 설교가 다양하고 풍요롭게 될 것이다. 나는 그런 새로운 설교를 듣고 싶다. 새롭지는 않더라도 하나님 나라의 미래를 향한 새로움의 가능성을 담은 설교를 듣고 싶다. 신앙을 충분히 소화한 설교자라고 한다면 그런 세계를 분명히 열어줄 수 있을 것이다.

이렇게 묻자. 우리는 하나님의 구원 통치가 은폐의 방식으로 담지된 성서 텍스트의 놀라운 세계를 경험한 사람들인가? 그렇다면 다행이다. 만에 하나, 그렇지 못하다면 이제라도 용맹정진의 자세로 그 영성의 세계에 들어가는 훈련을 받아야 할 것이다. 그 시작은 나열식 설교 형식을 넘어서는 데 있는 게 아닌지.

제
4
강

성서 텍스트의 침묵

　　루돌프 보렌의 아래와 같은 진술은 우리의 교회 현장과 여러 면에서 차이를 보이는 독일 교회를 대상으로 했지만, 하나님의 말씀을 듣고 청중 앞에 서야 할 설교자의 실존적 자리를 엄중하게 인식하는 사람이라면 귀 기울일 만하다.

　　이 책을 쓰고 있는 동안 놀라운 사실을 하나 발견했다. 그것은 설교에서 성서가 선포되지 않는다는 사실이다. 성서 본문의 침묵과 그 강조점으로부터의 이탈, 성서를 너무 성급하게 접근한 채 그 가운데 언짢은 것들을 덮어 버리거나, 문자의 차원에 집착함으로써 본문과 별로 상관없는 이야기를 길게 끌어가는 설교 행위에서 하나님은 여전히 침묵하고 있는 셈이다. 성서가 설교되지 않는다는 것은 곧 그 책을 덮어 버리는 것과 마찬가지다. 성서가 침묵을 지키는 것이다. 이 침묵을 깨려면 성서 자체가 말을 하게 하고, 그 말씀이 청중에게 전달되어야 한다.(루돌프 보렌, 《설교학 원론》, 근원 옮김, 대한기독교출판사, 2002, 139쪽, 문맥을 따라 조금 고쳤음)

위의 진술이 이상하게 생각되는 분도 있을 것이다. 성서를 본문으로 선택해서 영혼 구원의 복음을 설교한다면 당연히 말씀이 선포되는 거 아니냐, 하고 말이다. 일리 있는 말이다. 어떤 설교가 말씀을 선포하고 어떤 설교가 그렇지 않은지 분간하기도 쉽지 않다. 그러나 성서가 선포되지 않는 설교는 분명히 있다. 극단적인 예를 들면 전도관이나 통일교 또는 신천지와 같은 사이비 이단에게서 이런 현상을 발견할 수 있다. 이들은 자신들이 원하는 성서 구절을 편리한 대로 인용하거나 아전인수로 해석할 뿐이지 성서 자체를 선포하지 않는다. 이들과 격이 다른 정통이라고 자처하는 우리 설교자들 중에서도 성서를, 더 정확히 표현하면 성서의 세계를 선포하기보다는 목회적 필요에 따라 자기 생각을 일방적으로 강요하는 이들이 없지 않다. 이런 일들은 성서의 고유한 세계에 들어간 경험이 없고, 그런 세계가 있다는 걸 인식하지 못하기 때문에 벌어진다.

성서의 은폐성

여기서 성서 텍스트 안으로 들어간다는 게 무슨 뜻일까? 누가 성서 텍스트에 들어간 사람이고, 누가 아닌가? 이미 앞의 글에서 이런 질문을 제기했다. '나열식 설교를 넘어서'는 바로 그것에 대한 해명이었다. 앞으로도 기회가 닿는 대로 다시 짚게 될 것이다. 이 문제를 반복하여 언급하는 이유는 하나님의 말씀을 붙들고 청중과 영적인 투쟁을 벌여야 할 설교자에게 이보다 더 중요한 요소가 없다고 보기 때문이다. 어떤 인문학자가 "세계는 두껍다"고 말했듯이 성서의 세계는 다층적이다. 존재론적이며 종말론적이다. 이런 진술이 무엇인지를 깨우치는 게 우리 설교자들의 가장 시급한 공부다.

예를 들어 보자. 이른바 '탕자의 비유'로 일컫는 누가복음 15장 11-32절은 설교 본문으로 자주 인용되는 구절이다. 많은 설교자가 이 본문으로 청중의 개인적인 죄와 회심을 주제로 설교한다. 청중의 심리를 다룰 줄 아는 설교자면 그들의 죄책감을 자극할 수도 있을 것이다. 이런 설교는 부분적으로만 옳다. 부분적으로만 옳다는 말은 전체적으로는 틀렸다는 뜻이다. 이 본문의 중심 주제는 집을 떠난 둘째 아들이 아니라 그를 기다리는 아버지다. 그 아버지는 하나님이다. 하나님의 구원 통치를 드러내기 위해 일종의 소품으로 등장한 둘째 아들을 중심으로 설교를 구성하는 건 본말을 뒤집는 것이 아닐는지. 본문을 조금 더 따라가자.

두 번째 중요한 인물을 찾는다면 첫째 아들이다. 이 아들은 바리새인과 같은 율법주의자를 대표한다. 본문에서는 아버지의 태도와 첫째 아들의 태도가 대별된다. 한쪽은 죽었다 살아난 둘째 아들을 생각했으며, 다른 한쪽은 재산을 탕진한 동생을 생각했다. 순종적이며 도덕적이고 모범적이었던 첫째 아들이나 방탕했던 둘째 아들이나 아무런 차이 없이 대하는 아버지의 사랑이 이 본문의 첫째 주제며, 자신의 모범적 삶을 기준으로 동생을 재단한 첫째 아들의 업적 의(義)가 둘째 주제다. 회개하고 하나님께 돌아오라고 이 본문으로 설교한다는 것은 청중을 감성적으로 자극할지는 몰라도 성서의 세계로 들어간 설교라고 할 수는 없다. 오해가 없었으면 한다. 이런 해석이 절대적으로 옳다는 게 아니라 성서가 '세계'라는 말을 전하려는 것뿐이다. 고정된 실체가 아니라 오히려 끊임없이 새롭게 말을 거는 하나님의 계시 사건으로서의 세계 말이다.

위의 설명에서 이미 암시되었지만, 성서 텍스트의 '세계'라는 말은 해석학적 개념이다. 성서 언어는 해석을 통해 그 세계를 노출시킨다. 해석학적으로 세계는 사건이기도 하다. 에른스트 푹스나 게르하르트 에벨링 같은 신해석학파의 논리를 굳이 거론하지 않더라도 언어가 사건이라는 건 성서를 비롯한 고전 해석에 관심 있는 사람이라면 누구나 인정할 것이다. 여기 《장자》라는 동양 고전이 있다고 하자. 이 《장자》에는 역사적 인물이었던 장자의 글도 있겠지만, 그의 이름을 빌린 제자나 다른 익명의 저자가 첨부한 글들도 제법 된다. 역사를 통해 하나의 작품이 되면 저자의 영향력에서 벗어나 작품 자체가 '사건'이 되어 어떤 세계를 계속 열어 나간다. 텍스트만이 아니라 그림이나 음악도 마찬가지다. 피아노 연주곡 〈파르티타〉는 바흐가 작곡했지만 그 작품은 역사를 거치면서 바흐가 생각하지 못했던 음악의 세계를 열어 가고 있다. 위대한 피아노 연주자가 나타나기만 하면 그 작품은 바흐의 음악적 범주를 넘어서 음악의 근원적인 세계까지 드러낼 수 있다.

성서 텍스트도 이런 해석학적 관점에서 비슷한 길을 간다. 지금까지 수많은 신학자와 설교자가 성서를 해석했지만 그것으로 성서 텍스트의 정체가 완전히 노출된 것은 아니다. 성서 텍스트는 어거스틴이나 루터의 신학적 업적을 무시해도 좋을 정도로 훨씬 근원적인 종말론적 세계를 담지하고 있다. 그 세계와의 영적 공명이 곧 "성서 텍스트가 말을 건다"는 뜻이며, 따라서 그 세계로 들어가는 것이 설교자에게 필요한 가장 원초적인 영적 경험이다. 우리에게 그런 경험이 있는지.

오늘의 설교자들이 성서의 고유한 세계로 들어가기 힘든 이유는 말씀 계시의 은폐성에 있다. 달을 가리키는 손가락처럼 성서 텍스트가 우리에게 가리키는 궁극적 세계는 기본적으로 은폐성을 본질로 한다. 이창호나 이세돌 같은 프로 바둑 9단의 기보가 아마추어에게는 보이지 않는 것처럼 영적인 세계에서 프로 9단이라 할 성서 기자의 진술인 성서의 세계는 아무에게나 자신의 속내를 내보이지 않는다. 더 정확하게 말해서 노출은 은폐이며, 은폐는 곧 노출이다. 은폐와 노출의 변증법적 방식으로 계시 사건이 발생하기 때문에 그것을 볼 고유한 영적 시각이 없으면 우리는 성서의 세계 안으로 들어갈 수 없다. 성서가 침묵한다는 말이다.

성서가 침묵하는 세 가지 경우

성서가 신학자나 영성의 대가만이 아니라 배움이 없는 사람에게도 얼마든지 이해될 수 있는 하나님의 살아 있는 말씀이라는 사실을 놓친 채 현학에 빠짐으로써 결국 성서의 계시 사건을 왜곡시키는 게 아니냐 하고 불편하게 생각할 분들이 있을 것이다. 옳은 말이다. 신학 훈련이 없는 사람이라도 말씀을 통해 궁극적인 구원을 경험한다는 사실은 아무도 부정할 수 없다. 천재 음악가나 시인이 훈련이 아니라 선천적으로 음악과 시의 세계를 확보하고 있듯이 신앙의 차원에서도 그런 일들이 일어나는 것은 분명하다. 나는 그것을 부정하는 게 아니다. 뭔가를 잘 안다는 선입견과 편견으로 성서의 세계가 닫히는 그 사태를 지적하는 것뿐이다. 불행하게도 한국 교회 강단에는 이런 현상이 일반적이다. 그 현상을 세 가지로 구분하겠다.

첫째는 성서 텍스트와 전혀 상관없는 설교가 그것이다. 주로 '제목 설교' 형식을 취하는 이런 설교에서 성서 텍스트는 무의미하거나 기껏해야 참조용일 뿐이다. Y 목사의 설교는 성서 텍스트와 완전히 독립된 어떤 것들에만 집중되어 있었다. 그는 성서가 말하려는 기초를 무시하고 오직 청중을 '예수천당, 불신지옥' 패러다임으로 몰고 갔다. 그런 상태에서도 청중은 그의 설교에 열광적인 반응을 보였다. 여기서 설교자는 혼란에 빠지지 말아야 한다. 이렇게 청중의 종교적 욕구에만 몰두하는, 그래서 청중을 선동하는 능력이 탁월했던 사이비 설교자는 구약의 예언자 중에도 허다했다.

둘째는 성서 텍스트의 변죽만 울리는 설교가 그것이다. 이른바 '강해 설교' 형식에서 자주 나타나는 이런 설교는 성서 텍스트에 집중하는 포즈를 취하긴 하지만 성서의 정보에 머물 뿐이지 그 세계나 사건 안으로 들어가는 일은 거의 없다. 이런 설교에서는 본문의 지평과 독자의 지평이 고유하게 살아 있으면서도 변증법적으로 융해되어 새 '지평'이 열리는 일이 없다. 비교적 건전한 설교자로 인정받는 사람들에게서도 이런 일이 흔하게 일어난다. 그들은 기껏해야 성서 본문에서 윤리적이고, 근면하고, 건전한 삶을 열정적으로 부르짖을 뿐이지 그 너머의 영적 리얼리티에 좀처럼 이르지 못한다. 이런 설교 행태는 이른바 '큐티'류의 설교에서 흔하게 나타난다.

셋째는 성서 텍스트를 왜곡하는 설교가 그것이다. 이 왜곡은 위에서 제시한 두 가지 경우와 구별된다기보다는 그 결과라고 볼 수 있다. 성서 텍스트에 들어갈 생각이 전혀 없다거나, 그 정보에만 매달리는 사람이 기독교 원리주의에 빠지는 경우 이런 일들이 흔하게 일어난다. 어떤 설교자는 '나사로와 부자' 비유를 본문으로 삼은 설교에서 나사로가 하늘나라의 '야심'을 가졌기 때문에 아브라함의 품에 안겼다고 주장하기도 한다. 성서를 왜곡하는 설교다. 그 본문은 하나님의 구원 행위가 우리의 예상을 뛰어넘는다는 것과 가난한 사람을 향한 부자의 무책임을 경고한다. 특수한 구절을 인용해서 하늘나라에도 상급의 차이가 있다거나, 현실 사회주의를 무조건 반기독교적인 집단으로 매도하거나, 말라기서를 근거로 십일조 헌금을 하지 않는 것은 하나님의 것을 도적질하는 것이라고 몰아붙인다면 견강부회가 아닐는지. 이런 설교 행태에서 성서는 침묵할 수밖에 없다.

교회 조직과 프로그램의 과부하

성서 텍스트가 침묵할 경우 설교자는 어쩔 수 없이 청중과 소통할 수 있는 다른 길을 찾게 마련이다. 말씀이 없으면 행위에 매달리듯 개인이나 공동체도 이런 구조에서 벗어나기는 힘들다. 그 위험성이 곧 교회 공동체의 지나친 조직화이다. 어떤 공동체든 최소한의 조직은 필요하지만 지금 한국 교회에 나타나는 현상은 기독교 영성에서 가장 중요한 성서 텍스트의 침묵으로 생긴 병리적 현상이라는 점에서 우려를 금할 수 없다.

이런 현상 중의 하나가 일정한 세(勢)를 새롭게 얻고 있는 '목장 교회'라는 목회 패러다임이다. 그들은 새신자의 교회 정착률이 떨어진다는 문제 의식에서 출발해 침체기에 들어선 한국 교회의 역동성을 견인해 내겠다는 의도로 이런 방법론을 개발했다. 느슨한 형태로 묶인 현재의 교회 조직을 '밴드'와 '목장'이라는 단단한 관계로 강화해 간다. J 목사의 경우 교회는 '큰 가정'이고, 밴드는 '큰 가정 속의 장성한 가정'이며, 목장은 '큰 가정 속의 새 가정'이라는 개념으로 교회의 조직을 새롭게 다지고 있다. 거의 '다단계 판매조직'에 버금가는, 혹은 그것을 능가할 정도의 조직 관리가 종말론적 구원 공동체인 교회에 필요한지 동의하기 어렵다.

트레스디아스, 알파코스, 지투엘브 프로그램들도 조직을 활성화하는 방편들이다. 도대체 교회가 뭐기에 신자를 공주처럼 대접하는 이벤트를 통해 판타지에 빠지게 하고(트레스디아스), 기도를 통해 치아 색깔이 바뀐다고 주장하는지(알파코스) 이해하기 힘들다. 이런 이벤트는 무료한 노인들에게 값비싼 물건을 팔기 위해 관광을 시키거나 엔터테인먼트를 제공하는 장사꾼과 비슷하다. 성서의 고유한 영적 세계를 경험하지 못한 설교자와 교회는 조직과 프로그램의 과부하에 걸려들 수밖에 없다.

어떻게 보면 이런 모든 기술공학적 방법론이 일종의 필요악인지 모르겠다. 교회론적인 차원에서 볼 때 이 현실 교회가 이미 승리한 교회가 아니라 여전히 투쟁해야 할 교회라고 한다면 비본질적 요소를 일시적으로 감수해야 할지도 모른다. 역사의 교회가 본질에만 천착한 적이 있었던가. 그렇다 하더라도 최소한 성서를 바르게 해석하고 전해야 할 책임에서 자유로운 것은 아니다. 그것은 하나님의 말씀인 성서를 침묵하게 만들면 안 된다는 뜻이다. 목장 교회 프로그램의 대표 주자로 자처하는 J 목사의 설교 한 편을 잠시 검토해 보자.

2005년 6월 26일 '생명의 주인'(요 11:38-46)이라는 설교에서 J 목사는 특유의 입담으로 1시간 이상 열정적으로 하나님의 말씀을 전했다. 그는 이 본문에서 크게 네 가지 항목을 열거했다. 1) 나사로의 부활은—이 사건은 부활이 아닌데도 그는 부활이라고 설명한다—하나님의 영광을 위한 사건이다.

2) 인간은 한계상황을 만날 때 불신앙에 빠진다. 3) 인간의 한계상황을 뛰어넘는 게 신앙이다. 4) 예수님의 일을 배척하는 이들이 있다.

여기서 그의 설교 전반을 비평할 생각은 별로 없다. 설교 전에 20~30분가량 열광적인 복음 찬송을 부르는 것이나, 설교가 끝나면 두 손을 가슴에 얹고 '주여, 삼창'을 외치게 한다든지, 죽을병에 걸렸다가 나은 어떤 목사의 간증을 지나치게 끌어가는 설교가 얼마나 심각하게 성서 텍스트와 동떨어진 행위인지도 언급하지 않겠다. 그러나 그가 하나님의 영광을 설명하면서 '일천번제'를 강조한 장면은 짚어야 할 것 같다. 왜냐하면 교회의 역동성을 제고할 수 있다고 제시한 '목장 목회'의 성격을 정확하게 드러내 주기 때문이다.

J 목사는 솔로몬이 지혜를 얻으려고 일천번제를 드렸던 것처럼 병에 걸린 사람은 일천번제를 드리고, 가난에서 벗어나기 위해서도 일천번제를 드리라고 강조했다. 후두암에 걸렸다가 치료된 어떤 목사의 삶이 결국 하나님의 영광이었다는 사실을 드라마틱하게 전한 다음 일천번제 운운했다. 예배에 참석할 때마다 일정한 헌금을 천 번에 걸쳐 드린다는 '일천번제'가 나사로 사건과 무슨 상관이 있는지 잘 모르겠다. 한 발 더 물러서서, 이런 기회를 통해 신자들로 하여금 헌금을 드릴 줄 알게 하자는 교육적인 목표로 일천번제를 언급했다고 보고 일단 넘어갈 수 있다. 그러나 일천번제를 강조하면서 다음 내용을 덧붙였다는 사실은 그냥 지나칠 수 없다.

거짓말도 계속하면 진짜로 믿어집니다. 그러니까 하나님의 말씀을 자꾸만 되뇌면 우리가 믿기 힘든 것도 믿어지게 됩니다. 일천 번만 되뇌어 보세요. 세뇌당할 때까지 계속 외치면 큰 역사가 일어납니다.

일천번제, 일천 번의 되뇜, 세뇌, 하나님의 큰 역사, 이런 것들이 바로 J 목사의 목회와 설교를 이끌어 가는 추동력이다. 그는 목회와 설교를 세뇌로 생각하는 걸까? 물론 그런 식으로라도 믿음을 뜨겁게 달구어야겠다는 절박함에 자극적인 용어를 사용했겠지만 아무리 그렇더라도 세뇌당할 때까지 외치라고 강단에서 말하는 건 이해하기 힘들다. 이는 목장 목회가 성서 텍스트의 깊이는 외면한 채 청중을 세뇌하고 닦달하는 데만 집중한다는 사실의 반증이다.

세뇌는 청중을 쉽게 처리하고 싶은 지도자들이 빠지기 쉬운 유혹이다. 독재자나 사이비 교주가 이데올로기를 확산시키려고 청중을 세뇌하는 데서 이를 확인할 수 있다. 정통 교회의 목회 패턴에도 이런 세뇌 작업이 적지 않게 작동한다는 걸 인정해야 할 것이다. '세뇌' 운운한다는 것은 늘 새롭게 말을 거는 성서의 세계를 경험하지 못한 사람들이 자연스럽게 빠져들 수밖에 없는 함정이다.

이제 알 만하다. J 목사가 왜 평신도 지도자 밴드 목회 지침서인 《평신도를 흥분시켜라》를 썼는지 말이다. 평신도가 흥분하지 않으면 결국 세뇌당하지 않는다는 사실을 일찌감치 눈치 챘기 때문일 것이다. J 목사만이 아니라 상당한 부류의 목회자가 평신도를 교회 일에 흥분시키려고 노력하고 있으며, 거기에 부화뇌동한 평신도들은 교회 일에 마음이 들떠 있다. 의도적으로 이런 일에 신경을 쓰는 목회자는 신자들을 일 년 열두 달 정신 못 차릴 정도로 들들 볶듯이 교회 일을 시킨다. 각종 예배는 물론이고, 구역과 여러 선교단체와 교회 봉사에 눈코 뜰 새가 없다. 자기 삶을 온통 교회에 쏟아부어야만 현실 교회에서 버텨낼 정도이다.

교회 일을 소 닭 보듯 하는 현대 기독교인들의 무감각 영성 앞에서 목회자가 겪는 고뇌를 몰라서 이런 말을 하는 게 아니다. 종말론적 구원 공동체가 나름 역동성을 유지하려면 실천 프로그램을 강력하게 추진할 뿐만 아니라 내부적 결속을 확보하는 일도 중요하다. 더 나아가 기독교인들이 허튼 일로 삶을 소비하는 것보다는 좀 과하게 보이더라도 교회 일에 매달리는 게 상대적으로 바람직할지 모른다. 그렇지만 하나님 나라가 우리의 의도와 계획으로 성취되는 게 아니라 하나님이 이루시는 배타적 사건이라는 걸 인정한다면 교회 일에 흥분시키는 시도는 못 할 것이다. 나는 평신도들이 말짱한 정신으로, 즉 깨어 있는 영성으로 하나님 나라를 기다리도록 진정시키는 게 바로 설교와 목회의 근본이라고 생각한다. 그 이유가 무엇인가?

설교자가 사는 길

실제로 하나님을 경험하는 사람은 오히려 입을 다물 수밖에 없다. '전적타자'인 하나님을 직접 경험할 수 없으려니와 모세처럼 하나님의 등만 어렴풋하게 경험한 사람이라 하더라도 그것을 나팔 불듯이 불고 다닐 수는 없다. 에크하르트 같은 영성의 대가들은 내면의 세계로 침잠할 뿐이지 사람들을 끌어 모으거나 자신을 선전하러 다니지 않았다. 수도원 전통에서 묵언 수행을 영성 훈련의 한 방법으로 채택한 이유를 되새길 필요가 있다.

교회는 존재하지 않는 듯 존재하는 공동체로 자리매김되어야 하며, 기독교인 한 사람 한 사람도 기독교인인지 모르게 존재하는 게 좋다. 세상 사람들이 교회가 있는지 없는지 의식하지 못할 정도로 하나님의 구원 행위에 존재론적으로 집중해야 한다는 말이다. 소금은 짠맛을 유지하기만 하면 충분하고, 빛은 주변을 밝히기만 하면 충분하며, 누룩은 주변을 변화시키기만 하면 존재론적으로 충분한 것처럼 교회 공동체도 세상에서 자신을 나타낼 생각을 하지 말고, '없는 듯 있는' 식으로 자기를 철저하게 낮추는 '비움의 영성'에 자리하는 게 하나님 나라를 기다리는 공동체로서의 교회 정체성에 상응하는 것이다.

이와는 다르게 교회의 존재 방식을 생각할 수도 있긴 하다. 하나님을 경험한 사람들은 사명을 받았기 때문에 열정적으로 그것을 추구해야 한다고 말이다. 바울이 회심 이후 모든 삶을 유럽 선교에 바쳤듯이, 승천을 앞두고 예수님이 '땅끝' 까지 이르러 증인이 되라고 말씀하셨듯이 그 사명에 충실하려면 뜨겁지도 차갑지도 않은 듯 지내는 게 능사가 아니라는 주장이 가능하다.

하나님의 말씀을 선포해야 할 설교자가 불가지론에 빠지거나 일종의 신학적 이론에만 치우쳐도 괜찮다는 건 결코 아니다. 신자들이 교회 공동체에 역동적으로 참여하도록 돕는 문제는 상식적인 신앙과 목회의 차원에서 개교회의 실정에 맞도록 처리하면 된다. 나는 이런 목회 현실이 의존해야 할 기독교 신앙의 중심을 신학적으로 해명한 것뿐이다. 그것의 적용은 목회자들이 감당해야 할 몫이다. 핵심은 이것이다. 교회는 독립적으로가 아니라 전적으로 하나님 나라에 의존할 때 그 존재 의미가 주어진다.

성서의 고유한 세계 안으로 들어가지 못한 설교자가 누구인가 하는 질문에 두 번의 글로 설명한 셈이다. 하나는 직접 설교 행태에 대한 것이고, 다른 하나는 목회 행태에 대한 것이다. 전자는 '나열식 설교'에 떨어진 설교며, 후자는 '교회 조직과 프로그램'의 과부하에 빠진 목회다. 양자 모두 성서의 고유한 세계를 경험하지 못한 설교자들이 보이는 설교와 목회 현상이다. 이런 형태를 보이는 설교와 목회를 무조건 매도하는 건 결코 아니지만 말이다.

그렇다면 성서의 세계로 들어간 설교자는 누구인가? 이걸 말하기는 쉽지 않다. 문제가 있는 설교는 쉽게 눈에 띄지만 좋은 설교는 눈에 띄기 어려운 것과 같다. 그러나 성서의 세계로 들어가지 못한 설교자의 경우를 뒤집어 보면 대답은 이미 주어진 것인지도 모른다. 다음 글들은 이에 대한 대답을 모색하는 과정이다. 이와 연결하여 이번 강의 결론은 이렇다. 이제라도 우리 설교자들이 성서의 고유한 세계가 살아서 움직인다는 사실을 실질적으로 인식하고 그 안으로 들어가는 길에 매진해야 하지 않겠는가. 그것만이 하나님의 말씀을 화두로 삼아 평생 영적 순례의 길을 가야 할 모든 설교자가 영적으로 사는 길이니 말이다.

제5강

설교와 조직신학

전통 설교와 위로 설교를 넘어서

설교는 텍스트(성서)와 컨텍스트(청중) 사이에 다리를 놓는 작업이라고 한다. 따라서 설교 문제를 말할 때는 성서 텍스트와 청중에 대한 깊은 이해가 요청된다. 신학교는 주로 성서 텍스트에 대한 이해를 중심으로 커리큘럼을 구성한다. 헬라어, 히브리어, 라틴어와 같은 고어와 신구약 성서신학의 여러 과목이 이에 해당된다. 이에 반해 청중에 대한 공부는 취약한 편이고 주로 설교학 과목의 일부로 다뤄질 뿐이다. 이런 분위기가 조금씩 바뀌는 것 같다. 신학교에서도 이론 과목보다는 실천 과목이 무게를 더해 가는 실정이다. 설교 현장에서는 오래 전부터 그런 조짐이 보였는데, 청중과의 기술적인 소통 문제가 과부하를 일으킬 정도로 확대되고 있다. 청중 중심의 설교, 스토리텔링 방식 또는 귀납법적 설교 방식 등등의 제안들은 한결같이 청중 이해에 집중하는 설교 방식이다. 나름 일리도 있고, 성과를 거두기도 했다.

고재식 교수는 〈기독교사상〉 2003년 6월 호에 기고한 '설교자여, 뽕짝의 기본과 감정을 터득하라'라는 글에서 이런 문제를 정확하게 짚은 적이 있다. 한신대학교 출신 목회자들이 설교를 못 하는 이유가 전통 방식의 원고 설교에 묶여 있기 때문이라고 한다. 그 문제는 청중에 대한 배려가 부족하다는 점이다. 고 교수는 청중을 무시하는 고상한 설교에서 벗어나 설운도의 '뽕짝'처럼 노래의 기본과 멋을 더불어 갖춘 설교를 하라고 주문한다. 물론 성서와 무관해도 좋다는 말은 아니다. 성서의 근본 의미도 모른 채 멋만 부리는 부흥사류도 아니고, 청중의 고달픈 현실을 외면한 채 성서의 근본만을 고지식하게 전하고 마는 학자류도 아닌 설교, 즉 기본과 멋을 동시에 갖춘 설교가 요청된다는 말이다. 고 교수는 사도 바울이야말로 이 요소, 즉 기본과 멋을 함께 갖춘 설교자였다는 진단과 함께 "한 주간 고생하다가 교회에 나온 교인들에게 위로가 되고, 고통과 분노를 풀어 주는 고전적 뽕짝이 되어야 하지 않을까"라는 말로 글을 맺고 있다. 재미있는 지적이다.

전통 설교의 문제

청중을 설교의 중심축으로 여기는 사람들의 판단에 따르면 전통 설교는 내용 면에서 지나치게 기독교 교리에 치우쳐 현실성을 상실했다. 일주일 내내 고된 세상살이에 지친 신자들에게 하나님 나라와 종말과 창조, 사회정의를 신학적으로 설교한다는 것은 아무리 옳다 하더라도 설득력을 확보하기 힘들 것이다. 예컨대 같이 산다 갈라선다 하는 부부가 주일 아침에 생태학적인 설교를 듣는다면 어떻게 귀를 기울이겠는가 말이다. 청중과 설교자의 주파수가 다르다 보면 내용이 아무리 충실해도 무의미한 설교가 될 수밖에 없다.

또한 전달 방식 즉 형식면에서도 전통 설교는 지나치게 이성적이라는 비판을 받는다. 전통 설교는 교리적 성격이 강하기 때문에 논리적이고 이성적인 방식으로 선포되는 경향이 강하다. 고단한 세상살이에 지친 청중이 교회에 나와서까지 이성적으로 생각해야 한다면 '교회는 골치 아픈 곳이구나' 하고 생각할지도 모른다. 예수 그리스도의 십자가와 부활의 비밀을 아무리 논리적으로 설명해도 깨닫지 못하고, 혹 알아듣는다 해도 별로 감동이 없는 평범한 신도가 복음송 가수의 찬양을 듣고는 죄를 회개하고 구원받았다는 확신을 갖는다. 슈베르트의 가곡보다는 이미자의 〈섬마을 선생님〉 같은 트로트에서 훨씬 많은 음악적 체험을 하거나, 박경리의 소설보다는 시트콤에서 인생의 재미를 훨씬 많이 경험하는 것과 같다. 이런 현실을 감안한다면 전통적인 이성적 설교보다는 현대적인 감성적 설교가 청중에게 설득력 있게 전달된다는 주장은 옳다.

위로 설교의 함정

전통적 설교의 문제점을 극복하기 위해 대안적으로 시도된 설교 운동을 일단 '위로 설교'라고 이름 붙이겠다. 위로 설교의 내용은 전통 설교에 비해 구체적이고 실제적이라는 점에서 확연히 구별된다. '삼박자 축복'이나 '긍정의 힘'류의 설교가 그런 것들이다. 이 시대를 사는 사람들의 최대 관심사가 물질이기 때문에 이보다 더 구체적이고 현실적인 설교는 없을 것이다. 노골적으로 기복적인 차원에서 물질 문제를 다루지 않는다 하더라도 돈을 어떻게 기독교인답게 사용하는가에 대해 구체적인 대안을 제시하는 설교도 가능하다. 청중은 그런 설교에 위로를 받는다.

위로 설교는 설교의 전달 방식이라는 점에서도 상당히 적극적인 변화를 모색했다. 일방적인 선포가 아니라 청중 중심의 전달 방식이 당연시되었다. 이를 위해 정신 발달, 상담학, 커뮤니케이션 이론이 동원된다. 어떤 교회의 예배는 열린 음악회나 연극처럼 연출에 의해 진행된다. 관현악기와 건반악기, 타악기의 연주와 목소리 좋은 전문 찬양 사역자들의 노래, 중간 중간에 혀 굴리는 발음으로 외치는 자극적인 멘트는 사람들의 심리를 무장해제시키기에 안성맞춤이다. 거기에다 깔끔한 유니폼을 차려입은 청소년들의 춤까지 곁들이면 금상첨화다.

이런 형식의 찬양 집회와 위로 설교가 청중과의 소통을 확보한 것은 분명하지만, 적지 않은 문제를 안고 있다. 그런 설교가 성서와 기독교 영성의 중심에 서 있지 않다는 사실과, 그 위로가 실제로 청중들을 위로하지 않는다는 사실이다. 이를 더 정리하면 다음과 같다.

첫째, 위로 설교는 실용적 차원에서만 복음에 접근할 위험이 있다. 복음이 뜬구름을 잡는 게 아니라 구체적인 인간 삶에 깊숙이 연관되어 있으니 복음의 실용성을 말한다 해서 무조건 잘못되었다고 할 수는 없다. 문제는 위로에만 과도하게 매달릴 경우 복음이 주체적인 내용으로 선포되기보다는 목회의 부차적 요소가 되기 쉽다는 데 있다. 그런 현상이 이미 한국 교회 강단에 만연했다는 사실을 아는 사람들은 알리라. 이런 분위기에서는 꿩 잡는 게 매라는 식으로 청중이 환호하기만 하면 무조건 괜찮은 설교로 인정받는다.

둘째, 위로 설교는 인간을 '구원론적인' 차원에서 위로하지 못하기 때문에 결국 아무 해결책이 되지 못한다. 감성적 터치로 접근하는 찬양 집회나 그런 류의 설교로 얻는 위로는 '열린음악회'에서 얻는 위로나, 노래방에 가서 실컷 노래를 부르면서 경험하는 위로와 큰 차이가 없다는 점에서 한계가 있다. 세상의 방식은 남녀의 애절한 사랑이 주제이고, 교회에서는 하나님의 사랑이 주제라는 차이가 있지만 인간의 주관적 경험이 핵심으로 작용한다는 점에서 둘은 같은 현상이다. 이런 위로는 반복되어야만 유지된다. 알코올과 마약에 중독된 사람이 흥분을 유지하기 위해 다시 알코올과 마약을 복용해야 하듯, 찬양 집회나 위로 설교에서 느낀 감정을 유지하려면 그런 집회에 늘 따라다녀야 한다.

전통 설교의 문제와 한계를 극복하려 했던 위로 설교가 또 다른 문제를 일으키는 이유는 전통 설교의 문제점을 정확하게 파악하지 못했기 때문이다. 즉 전통 설교가 전하는 내용이 교리적이기 때문에 현실성을 담아내지 못한다거나, 설교자의 전달 방식이 이성적이거나 일방적이기 때문에 청중의 참여를 끌어내지 못한다는 문제 제기는 너무나 지엽적이라는 말이다. 문제 분석에서 번지수를 잘못 짚었으니 처방도 잘못될 수밖에 없는 게 아닌가.

아는 만큼 보인다

그렇다면 전통 설교의 근본 문제는 무엇일까? 그리고 그것을 극복하려다가 자신들도 똑같은 한계에 머물게 된, 혹은 더 참을 수 없는 존재의 가벼움으로 떨어져 버린 위로 설교의 근본 문제는 무엇인가? 설교자가 성서와 기독교 교리, 그 신앙의 참된 현실성(reality)을 정확하게 짚어 내지 못하고 변죽만 울린다는 것이 답이다. 기억하라. 설교의 중심은 케리그마를 중심으로 하는 도그마다. 교회가 성서와 역사를 통해 전승시켜 온 예수 그리스도 사건 해명을 기독교 교리라고 한다면 설교가 교리적인 것은 당연하다. 그것 외에 우리가 설교해야 할 더 이상의 것은 없다.

문제는 그 기독교 교리가 담지한 인간과 세상과 역사와 하나님의 세계를 심원한 깊이에서 풀지 못하고 문자 차원에만 머문다는 점이다. 청중은 내용이 교리적이기 때문이 아니라 깊이가 없어서 흥미를 느끼지 못할 뿐이다. 성서와 기독교 교리가 담고 있는 현실성을 풍부하게, 즉 인문학적 지평에서 풀어낼 능력이 없기 때문에 설교자는 사소한 수사적 방식에 천착하게 된다. 심하게 표현하면, 약의 내용을 모르는 돌팔이 약장사가 차력술이나 음담패설로 승부를 거는 것과 같다.

설교자가 성서와 기독교 교리의 중심을 정확하게 짚지 못한다는 건 설교자가 기독교 영성의 중심을 잘 모른다는 뜻이다. 물론 일정 수준의 신학 훈련을 받았기 때문에 기본적인 교리를 어느 정도 이해한다고 할 수는 있다. 예수님을 믿으면 구원을 받는다, 예수 그리스도의 이름으로 세례를 받아야 한다, 종말에 마지막 심판이 임한다는 것을 알고 있다. 그 외에도 성서에 관한 많은 정보를 알며, 기도와 찬송 훈련을 제법 쌓았으며, 나름대로 경건의 모양을 갖추고 있다. 그러나 그런 내용들, 더 정확하게는 그런 형식들은 거의 기독교 신앙의 초보에 속할 뿐이다. 굳이 전문적인 신학 교육을 받지 않고 평신도로 교회를 다니기만 해도 빠른 시간 안에 습득할 수 있는 것들이다. 한국의 평신도들이 목사의 설교에 별로 기대를 걸지 않는 이유도 그 설교가 여는 세계라는 것이 이미 익숙하게 아는 범주에서 한 걸음도 더 나아가지 못하기 때문이다.

예를 들어 '창조' 문제가 설교의 중심 주제로 등장했다고 하자. 하나님이 세상을 창조했다고 구호를 외치듯 설교하는 이들이 많을 것이다. 말재주가 있는 설교자라면 생명의 신비로운 현상을 거론하면서 하나님의 창조 능력이 얼마나 놀라운지 설득하려 할 것이다. 심지어는 창조론과 진화론을 대립시키면서 창조 신앙으로 진화론적 과학을 극복해야 한다고 역설하는 이들도 있을 것이다. 여기서 설교자는 두 가지 사실을 잊지 말아야 한다. 첫째, 이 세상을 정직하게 직면하고 자신의 삶을 우주론적 무게로 느끼는 현대 지성인들은 이런 방식으로 설득당하지 않는다. 둘째, 성서의 창조 신앙은 이런 표면적인 차원에 머물지 않고 더 근본적인 것을 말한다는 것이다.

이 자리에서 신학적인 문제를 자세하게 언급할 수는 없지만 이왕 말이 나온 것이니 설명을 하고 지나가야겠다. 기독교 신학에서 창조 문제는 '무로부터의 창조'(creatio ex nihilo)에서 시작한다. 이런 명제를 이해하려면 무(無) 개념을 알아야 한다. 도대체 '없다'는 게 무슨 의미인가? 그리고 왜 이 세상은 이런 방식으로 '있는'가? 이런 문제는 철학자에게도 결정적으로 중요하다. 하이데거는 교수 부임 강연에서 '왜 존재자는 존재하고, 무는 더 이상 없는가?'라는 제목으로 강연했다. 이 강연은 《형이상학이란 무엇인가》라는 책으로 출판되었는데, 그는 기본적으로 '존재'(Sein)가 어떻게 이 세상을 규정하고 있는지에 대해 질문한 것이다. 참고로, 불교에서도 색즉시공 공즉시색(色卽是空 空卽是色)이라 해서 비움(무)과 채움(유)의 변증법적 관계로 이 세상을 이해한다. 무로부터의 창조라는 관점에서 본다면 이 세상을 창조한 하나님은 무의 세계까지 통치하는 분이다. 우리가 지금 경험하는 이런 보이는 세계의 생명 원리만을 존재하는 것, 즉 창조의 모든 것으로 생각할 수 없다는 말이다. 현대 신학에서 창조는 창세기가 말하는 '태초'의 창조만이 아니라 창조의 유지와 그 창조의 종말론적 완성까지를 모두 포함한다.

설교가 철학과 신학 자체를 전하는 행위는 아니다. 신학대학 강의실과 예배당은 다르다. 그러나 설교 메시지의 중심에 이르려면 철학과 신학적 사유를 반드시 거쳐야 한다. 하나님의 말씀인 성서도 갑자기 하늘에서 뚝 떨어진 것이 아니라 이런 사유 과정을 거친 성서 기자들이 기록한 것이다. 문제는 그런 사유의 흔적이 성서에는 직접적으로 드러나지 않기에, 즉 성서에는 답만 보이지 그 답에 이르는 과정이 생략되었기에 그것을 눈여겨보지 못한다는 것이다. 평신도라면 모를까 설교자라면 기독교 교리에 이르는 과정을 정확하게 이해하고 있어야 한다. 그래야 성서와 청중 사이에 정확한 다리를 놓을 수 있다. 아쉽게도 많은 설교자들이 이런 사실을 모른 채 구구단을 외우듯 설교하고 있다.

위에서 언급한 창조만이 아니다. 부활, 하나님 나라, 계시에 대해서도 그 중심을 정확하게 이해하지 못하는 설교자들이 많다. 성령, 교회, 성만찬도 모르고 삼위일체는 더더구나 모른다. 모른다는 사실조차 모르는 설교자도 있을 것이며, 어렴풋이 흔적만 따라가는 설교자도 있을 것이다. 이런 상태에서 그들은 보험이나 자동차 판매원처럼 공식화된 내용만 되풀이할 수밖에 없다. 사태를 어느 정도 눈치 챈 설교자는 늘 설교에 부담을 안고 남의 설교집을 기웃거린다. 이런 악순환이 반복되면 우리는 결국 모르면서도 아는 척하는 설교에 익숙하게 된다. 실제로는 모르지만 알고 있다는 착각에 빠짐으로 넘치는 자신감을 갖고 설교하게 된다.

신학 없는 영성

목사가 기독교의 근본을 모르면서도 이런 사태에 문제의식이 없는 건 그럴 만한 이유가 있다. 일단은 신학교의 교육 시스템에 문제가 있는 것 같다. 내 경우를 보더라도 신학대학원 졸업 후 내 정신세계는 설교할 준비가 전혀 되어 있지 않았다. 주일학교와 학생회, 대학 청년부를 지도하긴 했지만 어떤 조직을 관리하는 수준에 불과했다. 성서 공부도 성서의 정보를 알려 주는 것에 불과했고, 설교도 교회에 관심을 기울이게 하거나 윤리적 기준을 제시해 주는 것에 불과했다. 신학을 전공했음에도 예수님의 말씀처럼 '보는 것을 말한다'는 차원에 들어가지 못했다는 것은 결국 내가 받은 신학 교육에 문제가 있었던 게 아닌가 생각된다. 이런 현상은 요즘 신학생들도 비슷할 것이다.

그런데 더욱 심각한 문제는 신학교를 졸업하면 신학 공부와 아예 담을 쌓고 교회를 관리하는 기술에만 전력투구한다는 데 있다. 목회 현장에 나오면 신학서를 읽지 않으며, 인문학 책은 거들떠보지도 않고, 실제적인 차원에서의 영성 훈련에도 게으르다. 이제 관심은 교회 운영에 집중되고 신학적 사유와는 거리를 둔다. 이렇게 신학적 사유와 단절되는 이유는 과중한 업무 탓도 있지만 좀더 현실적으로는 목회가 신학적 사유 없이도 얼마든지 가능하기 때문이 아닌가 생각된다. 이는 개업한 의사의 경우와 비슷하다. 일단 전문의가 된 의사는 개업 후 전공 분야를 공부하지 않아도 얼마든지 의원을 꾸려 갈 수 있다. 진찰해야 할 환자들의 병은 기껏해야 감기, 당뇨, 복통에 불과하기 때문에 전문 지식이 절실하게 필요하지 않다. 그래서 환자를 끌어 모으는 일에 더 신경을 쓰는 의사도 생긴다. 목사의 목회와 설교도 이런 수준의 구조에서 굴러간다. 설교자는 이런 의사와 달라야 하지 않을까? 의료 행위는 사람의 육체적 생명과 연관되지만 설교 행위는 영혼과 연관되니 말이다. 더 궁극적으로 설교자의 업무는 하나님에 대한 학문, 즉 신학과 연관되니 말이다. 그런데도 설교자들은 별로 심각하게 생각하지 않는다. 현실이 그렇기도 하고 본인의 정신세계가 그것을 요구하지도 않는다는 이중의 한계에서 현실에 안주하는 셈이다.

그렇다면 이제 이런 문제를 고민하는 설교자는 무엇을 어떻게 해야 하는가? 기독교 신앙의 중심을 정확하게 알고 설교하는 길은 어디 있는 것일까? 어떤 속성 코스를 밟아 좋은 시를 쓰는 시인이 될 수 없는 것처럼 왕도가 있는 것은 아니다. 마치 하나님께만 몰두하는 수도승처럼 신학생부터 꾸준하게 중심 신학(fundamental theology)을 공부하고, 영적 훈련에 박차를 가하고, 인문학에 매진해야 한다. 젊은 시절에 그런 훈련이 부족했다면 이제라도 시작해야 한다. 모든 공부를 처음부터 다시 시작한다는 건 현실적으로 불가능할 터이니 가장 필수적인 것만이라도 훈련해야 한다. 그것은 조직신학 훈련이다. 조직신학이야말로 성서와 설교 사이에 다리를 놓는 데 필수불가결의 요소이다. 그 이유가 무엇인가?

조직신학의 역할

일반적으로 목사의 설교 행위는 다음 순서로 준비된다. 설교자의 취향에 따라 다르기는 하지만 대개는 두 경우다. 하나는 성서를 읽다가 우연히 영감이 떠오르는 경우와, 다른 하나는 어떤 주제로 설교를 해야겠다는 생각이 먼저 있고 이에 해당되는 본문을 선택하는 경우다. 어떤 경우든 먼저 본문 주석에서 시작한다. 주석은 본문의 배경과 편집 과정 등, 본문과 연관된 여러 요소를 파악하는 작업이다. 이런 작업으로 얻은 본문의 주제를 청중의 상황에 맞도록 적용하는 것을 일반적으로 설교라고 한다. 능력에 따라 좋은 예화를 사용한다거나 수사학적 감각을 보충할 수 있다. 어떻게 치장하든 이런 설교의 핵심은 성서 주석에서 직접 설교로 이어진다는 것이다.

주석과 설교 사이에 반드시 거쳐야 할 단계가 있는데, 그것이 곧 조직신학이라는 여과 장치다. 이런 조직신학적 작업을 통해 정제되지 않고 성서 주석에서 직접 진행됨으로써 설교는 양극단으로 치우치게 된다. 현실과 아무런 상관이 없는 텍스트만 강요되든지, 성서의 현실성이 배제되고 청중이 현실로 인식하는 것들만 핵심으로 등장하게 된다. 텍스트가 일방적으로 강요되는 설교는 앞서 설명한 전통 설교이며, 현실 인식만 중요하게 다루는 설교는 위로 설교라 할 수 있다. 그런 방식으로는 양자 사이에 다리를 놓는 작업이 일어나지 않는다. 텍스트와 콘텍스트는 직접 연결되지 않기 때문이다. 즉 성서 주석에서 오늘의 삶으로 직접 연결되는 게 아니라 중간에 해석이 필요하다는 말이다. 곧 조직신학에 의해서 가능하다.

성서신학이 이런 해석의 기능을 감당하는 게 아닌가 생각하겠지만 성서학은 주석에 머물 뿐이다. 본문 형성이 어떤 과정을 거쳐 왔는지, 사용된 용어가 어떤 어원이 있는지, 이 본문이 담지한 삶의 자리가 무엇인지, 그 구조는 어떤지를 고찰한다. 반면에 조직신학은 성서가 직접 언급하지는 않지만 성서의 집필자나 그 이후 신학자들이 당시의 철학적 사유와 더불어 논의해 온 사상적 흐름을 근거로 성서를 체계적으로 인식하게 한다.

예컨대 '삼위일체'라는 말은 성서에 없지만 초기 기독교는 수백 년의 역사를 통해 하나님을 그렇게 인식할 수 있었다. 이런 삼위일체론적 시각을 충분하게 소화하지 못한 상태에서 설교를 하는 경우 오해가 생긴다. 하나님을 산신령이나 옥황상제쯤으로 생각하거나, 성령을 인간이 기술적으로 다룰 수 있는 어떤 신통력쯤으로 생각한다. 하나님 나라, 종말, 계시 같은 주제도 마찬가지다. 이런 도그마가 2,000년 기독교 역사를 통해 어떻게 변화·발전되어 왔는지, 오늘의 인식론과 존재론적 바탕에서 어떻게 이해되어야 하는지 충분히 알아야 성서의 현실성을 확보할 수 있다. 이런 작업은 주로 조직신학으로 이루어지기 때문에 성서 주석은 늘 조직신학의 검토를 받아야 한다. 거꾸로 조직신학의 체계도 성서학적 타당성을 확보해야 한다. 설교 행위에서 주석 작업은 당연시되는 반면 조직신학은 별로 진지하게 받아들여지지 않는다는 데 문제가 있다.

조직신학이 설교 행위에서 왜 필수적인지 위의 설명으로 여전히 절실히 느끼지 못할 수도 있다. 거기에는 여러 이유가 있겠지만 결정적인 이유는 성서와 교리가 영적 '세계'라는 사실을 인식하지 못한다는 데 있다. '세계'라는 말에 주목하시라. '지평'으로 바꿔 부를 수 있는 그 세계를 설교자들은 정확하게 인식해야 한다. 성서와 기독교 교리는 나름의 고유한 세계를 확보하고 있다. 탈레스가 만물의 본질을 물로 보았고, 헤라클레이토스가 불로 보았으며, 노자와 장자는 도라고 보았듯 기독교는 그것을 하나님이라고 인식하고 믿는 공동체다. 특히 역사적 실존 인물인 예수에게 절대 존재인 하나님이 계시되었다고 믿는다. 문제는 탈레스가 만물을 물이라고 주장했다는 사실 자체를 따라 외친다고 해서 우리가 탈레스 사상을 아는 게 아니라 어떤 과정을 거쳐서 그런 인식에 도달했는지 알아야 하는 것처럼, 예수가 그리스도라는 사실을 스테레오타입으로 외친다 해서 기독교를 아는 게 아니라 어떤 현실성에 근거해서 그런 인식에 도달했는지 알고 믿어야 한다. 조직신학은 바로 이런 기능을 감당한다. 세례, 교회, 죽음, 부활 등 기독교의 신앙적 담론에 근거와 리얼리티를 확보해 준다.

조직신학적 사유의 세계에 들어가지 못한 설교자에게 나타나는 오류는 두 가지로 구별할 수 있다. 첫째, 기독교 교리를 단순히 문자 차원에서 기계적으로 따라간다. 그들은 사도신경을 일종의 주문(呪文)처럼 외우는 것을 신앙의 모든 것으로 생각한다. 그런 형태의 설교에 반복해서 노출된 청중은 2,000년 기독교 역사가 담지하고 있는 영성의 깊이를 경험하지 못하고 자신의 종교적 감수성에만 매달리게 된다.

둘째, 기독교 교리에 냉소적인 입장을 취하는 사람도 있다. 《예수없는 예수교회》라는 책에서 한완상 전 부총리는 사도신경에 머물러 있는 한국 기독교 신앙을 심각한 문제로 거론했다. 사도신경에는 갈릴리에서 민중들과 함께 삶을 사셨던 역사적 예수가 실종되고 단순히 교리화된 그리스도만 강조된다는 것이다. 기독교 신앙의 프락시스가 중요하다는 뜻은 알아듣겠으나 사도신경에 역사적 예수가 생략되었으니 잘못되었다는 주장은 알아듣기 힘들다. 초기 기독교가 역사적 예수와 올림 받은, 즉 승천한 그리스도의 문제를 두고 얼마나 치열하게 투쟁했는지, 그 교리사적 과정을 충분히 이해하지 못할 때 그런 오해가 발생한다. 어쨌든 전자는 기독교 교리 문자주의로, 후자는 교리 해체주의로 떨어진 것인데 양자 모두 기독교 영성의 중심으로 들어가기는 힘들다.

전통 설교와 위로 설교의 한계를 극복하기 위해 필요한 작업이 조직신학적 사유라는 것을 말했다. 조직신학적 사유가 훈련된 설교자는 기독교의 토대를 알기 때문에 전통 설교처럼 텍스트에 기계적으로 매이지 않을 뿐 아니라 위로 설교처럼 청중에 휘둘리지도 않고 자기의 영적인 눈에 드러나는 길을 순종의 태도와 기쁨의 영성으로 따라갈 뿐이다. 그것이 설교자의 자유가 아니겠는가. 마틴 로이드 존스는 설교자에게 가장 중요한 신학 공부는 조직신학이라고 언급한 바 있다. 볼프하르트 판넨베르크의 다음과 같은 지적은 귀 기울일 만하다.

조직신학 작업에 정상적으로 참여하지 않을 경우, 그래서 결국 신학적으로 판단하는 근거를 다른 어떤 것으로 추가하려고 한다면 기독교 교리의 주제를 정확하게 판단하는 작업에서 영적인 자명성을 획득할 수 없다. 조직신학적 반성 없이 성서 주석에서 직접 설교로 들어갈 수 있다는 생각은 크게 잘못된 것이다. (중략) 오늘의 설교가 조직신학적 과업에 대한 노력을 다시 게을리하게 되었다는 사실은 비극적 현상이다.(볼프하르트 판넨베르크, 《신학과 철학》, 정용섭 옮김, 한들, 2010, 14쪽)

　〈창작과비평〉 2006년 겨울 호에 전성태 소설가의 〈목란식당〉이 실렸다. 지난날 시인을 꿈꾸던 이 소설의 화자는 몽골에서 가이드 일을 하다가 아예 여행사를 차린 젊은이다. 화자와 더불어 화자의 삼촌이 이 소설에서 중요한 인물로 등장한다. 중견 화가였던 삼촌은 수년 전 북한을 방문했다가 그를 초청한 북한 당국자와의 약속을 어기고 금강산 가는 길에서 목격한 처녀를 화폭에 담았다. 삼촌의 말이다. "야아, 그 황톳길을 지프로 넘어가는데 검은 치마에 흰 저고리를 입은 처녀가 걸어가는 거야. 그 황톳길을 한 처녀가 넘고 있었다 이거야." 그 그림이 문제가 되어 여기 연루된 북녘 사람 몇이 처벌받았다는 소식을 접한 삼촌은 붓을 꺾고 화자인 조카와 함께 몽골 수도인 울란바토르에 거주하게 되었다. 이곳에 2년 전 북한의 목란식당이 체인점을 열었다. 소설은 바로 이 목란식당을 중심으로 벌어진 일종의 삽화 모음이다. 그 삽화 중의 대미가 바로 남한 교회와 연관된다. 그 장면을 그대로 인용하겠다.

연이어 홀 쪽에 예약한 손님들도 들이닥쳤다. 목란 직원들이 모두 줄지어 서서 손님들을 맞이했다. 남녀노소 이십여 명쯤 되는 단체손님은 무슨 선교회에서 온 여행객들 같았다. 머리가 희끗한 초로의 노인을 중심으로 움직이는 게 그 노인이 목회자인 듯했다. 외투를 벗자 모두들 노란 조끼로 맞춰 입은 모습이 드러났다. 등에 흰 글자로 '구국을 위한 고난의 십자가'라고 씌어 있었다. 그들은 조용히 식당을 둘러보고 엽차를 나르는 접대원 처녀들을 관찰했다. 표정들이 워낙 비장해서 식사하러 온 사람들 같지 않았다.

머잖아 냉면이 배달되고 여주인이 손님들 앞에 섰다.

"여러분들을 환영합니다. 이렇게 어려운 시국에 우리 목란을 특별히 찾아주셔서 대단히 감사합니다. 우리는 그저 흔들림 없이 최상의 맛과 써비스로 조국의 요리를 선사하도록 노력하겠습니다. 맛있게 드시라요."

좌중에서 헛기침 소리가 들렸다. 그중 크게 헛기침을 놓고 목사가 입을 열었다. 목소리가 쉰 듯 가라앉아 있었다.

"환영해줘서 고맙소. 당신이 주인이오?"

"네, 그렇습니다."

그는 물 잔을 들어 입을 축인 후 좌중을 죽 훑어보았다.

"식사를 하기 전에 한 가지 확인해둘 게 있소. 불쾌히 여기지 마오. 우리가 지불한 돈이 북으로 갑니까?"

"네?"

여사장이 고개를 내밀며 물었다. 나도 혹시 잘못 들었나 싶어 삼촌의 얼굴을 바라보았다. 삼촌의 눈이 동그래져 있었다.

"그러니까 우리가 음식을 먹고 내는 달러가 당신네 장군님한테 가냐 이겁니다."

잠시 여사장은 당황해서 입을 다물지 못하고 서 있었다. 얼굴이 붉게 달아올랐다. 접대원 처녀들도 하던 일을 멈추고 초조한 눈길로 여사장을 바라보았다. 이윽고 여사장이 침을 넘기며 말했다.

"그런 일은 없습니다. 우리래 아직 수익이 발생하지 않아 이 식당에 투자하고 있습니다. 한 푼도 평양에 가지 않습니다."

목사의 얼굴에 실망한 기색이 언뜻 스쳤다. 나는 순간적으로 어떻게 해석해야할지 헷갈렸다.

"솔직한 얘기인지 모르겠소만 하여튼 답변 고맙소." 하고 말해놓고 목사는 좌중을 향해 고개를 돌렸다.

"자, 성도 여러분도 들으셨지요? 우리가 먹는 음식은 핵무기를 만드는 데 사용되지 않는다고 합니다. 우리는 조국과 민족이 처한 난국을 위해 이렇게 먼 길을 달려왔습니다. 니느웨 백성이 베옷을 입고 금식을 하자 하나님은 사십일 뒤에 내리실 재앙을 거두셨습니다. 우리는 내일부터 구국을 위한 금식기도회를 시작합니다. 자, 들었다시피 정갈한 음식입니다. 오늘은 조국의 안보를 생각하면서 만찬을 즐깁시다."

목사가 말을 마치자 좌중이 기도 준비를 하느라 손을 모으고 고개를 숙였다. 나는 고개를 빼고 천장을 바라보았다. 왠지 진지한 코미디를 보는 느낌이었다. 초원의 며칠간이 주마등처럼 스쳐갔다. 세상이 왠지 신들린 듯 전혀 현실감이 느껴지지 않았다.

"국가의 흥망성쇠를 주관하시는 전능하신 하나님 아버지시여! 이 죄 많은 민족에게 오늘도 어김없이 일용할 양식을 주심을 감사드립니다. 저 북녘 감옥에는 이천삼백만이라는 기아에 허덕이는 하나님의 어린양이 있습니다. 그들을 구원하소서……."

그 뒤로 작은 해프닝이 하나 더 일어난다. 목사의 기도가 끝나고 그 일행이 막 냉면을 먹기 시작한 바로 그 순간 평소 습관적으로 목란식당에 와서 트집을 잡던 불량배가 무슨 건수가 생겼는지 소란을 피우기 시작했다. 목란식당은 평양 옥류관의 공훈 냉면 요리사가 온다는 현수막을 내걸었는데 약속한 날짜에 요리사가 오지 않았다. 이 불량배는 그 사실을 트집 잡고 있었다. 여사장의 말에 의하면 약속한 시간에 국제 열차로 마중을 나갔는데 무슨 사정이 있었는지 요리사가 그 열차에서 내리지 않아서 지금 알아보는 중이라는 것이다. 이 소란을 목도한 목사는 냉면을 먹다 말고 일어나서 "오, 주여! 이게 저들의 방식입니다" 하고 투덜거렸고, 그와 동시에 교인 일행이 일제히 일어났다. 보다 못한 삼촌이 나서서 자신이 먹어 본 바로는 옥류관 냉면이나 목란식당 냉면이나 다를 게 없다고 변호해 주었다. 그러자 목사는 "사실을 호도하는 자나 거짓을 두둔하는 자나 다 민족 앞에 죄인입니다. 오늘날 이런 사태가 벌어진 것은 바로 저런 사악한 사탄의 마음 때문입니다" 하고 외쳤다. 죄송하다는 여사장의 말을 들은 목사는 "아, 그 앵무새 같은 소리 좀 그만둬요!" 하고 면박을 주었다. 시국이 어수선하니 냉면 한 그릇 먹기도 고되다는 삼촌의 말을 받은 화자의 마지막 독백은 이랬다. "글쎄 말이에요. 목란은 그냥 식당인데……."

이렇게 소설의 한 장면을 길게 인용한 이유는 한국 교회가 이 사회에 그런 모습으로 비칠지 모른다는 사실을 강조하려는 데 있다. 우리는 나름 진지하게 교회 공동체를 꾸려가지만 세상 사람들에게 코미디처럼 보인다면 선교적 차원에서 반성해야 할 것이다. 하나님 나라를 지향하는 교회 공동체가 세상의 눈치를 살펴야 한다는 말이 아니다. 종말론적 메시아 공동체를 지향하는 우리는 당연히 물질 만능주의, 성공 지향주의 같은 이 시대의 세속적인 가치관에 맞서야 한다. 문제는 우리에게 흔히 나타나는 기본적인 세계관의 오류에 있다. 영육 이원론, 성속 이원론, 레드 콤플렉스, 성적 소수자에 대한 편견, 역사 허무주의 등등이 선교 행위와 말씀 선포에 노출되는 경우가 한두 번이겠는가. 코페르니쿠스와 갈릴레이 이후에도 천동설에 집착하거나 다윈 이후에도 진화론을 무조건 배척한다면 하나님이 창조한 이 세상을 전혀 모르는 사람이라는 취급을 당할 수밖에 없다.

설교에서 중요한 문제로 작용하는 진화론 문제는 짚어야겠다. 성서를 문자 차원에서 접근하는 사람이라 하더라도 지동설은 부정하지 못하지만 진화론은 극구 부정하는 이들이 많다. 지동설과 진화론은 각각 물리학과 생물학에서 나오는 동일한 과학적 연구 결과인데 일부 기독교인들에게 전혀 다르게 받아들여지는 이유가 참으로 궁금하다. 두 가지 이유를 들 수 있다. 첫째, 지동설은 이미 결정 난 실증적 사실이지만 진화론은 진행 중인 이론이다. 둘째, 지동설은 우주 물리적인 차원에 속할 뿐이지만 진화론은 인간의 운명에 직접 영향을 끼치는 이론이다. 아마 두 번째 이유가 심정적으로 더 중요하게 작용하는 것 같다. 인간의 조상이 원숭이라는 말이냐, 하는 노골적인 반론도 제기되는 형편이다. 그런 반론은 기본적으로 진화론에 대한 오해에서 나온 것이다. 진화론은 종(種)에서 종으로 생명이 전이된다는 게 아니라 공동의 조상에서 가지를 친다는 이론이다. 진화는 종(縱)으로만 가능하지 횡(橫)으로는 불가능하다. 창조론은 기본적으로 무로부터의 창조에 근거해서 하나님이 우주 전체의 창조자라는 사실과 이 세상은 피조물이라는 사실을 해명하는 신학적 교리이다. 하나님은 존재의 근거를 내부에 갖고 있는데 이 세상과 세상 모든 것의 존재 근거는 그렇지 못하다는 사실이 중요하다. 진화론은 하나님이 창조한 이런 생명체가 생명의 완성을 향해 나아가는 그 역학에 대한 이론이다. 이런 점에서 볼 때 창조론과 진화론은 충돌할 이유가 하나도 없다. 지금 진화론 논쟁을 본격적으로 제기하려는 게 아니다. 진화론이 창조론을 부정하는 사이비 과학 이론인 것처럼 주장하는 잘못을 지적한 것뿐이다. 진화론 자체를 부정하는 설교는 열광주의 신앙에 속하지 않은 사람에게는 코미디로 들릴 것이다.

이런 문제를 문제로 인식하지 않는 분들도 있을 것이다. 오직 말씀으로 신자들을 바르게 가르치는 게 중요하지 세상의 학문이 무슨 소용이 있느냐고 말이다. 그러나 성서와 세상 학문을 그렇게 이원론적으로 구분하는 자체가 잘못이다. 하나님의 말씀인 성서는 역사적 산물이다. 성서 형성에 관계된 개인이나 민족은 모두 하나님이 창조한 세상 안에서 살았고, 그 세상에 직면했으며, 거기서 하나님의 뜻을 묻고 대답을 찾았다. 말하자면 성서에는 역사와 세계가 숨 쉬고 있다는 뜻이다. 그런 역사와 세계를 읽을 줄 모르면 성서는 죽은 문서가 될 수도 있다.

따라서 설교자에게 요구되는 가장 중요한 바는 성서의 세계 안으로 들어가는 것이다. 바르트가 말한 것처럼 설교자들이 우선 "성서의 놀라운 세계" 안으로 들어가야 한다. 여기서 들어가야 한다는 말은 성서 안에 무언가가 "있다"는 뜻이다. 그 텍스트 안에, 그 성서 언어 안에 무엇이 존재한다. 그것은 물론 하나님의 계시다. 그런데 그 계시는 이 세상의 역사와 긴밀히 결속되어 있다. 그것을 눈치 채지 못하면 설교자는 늘 성서의 변죽만 울리고, 값싼 은총론에 떨어지거나 도덕군자연하고, 결국 그런 과정이 되풀이되면서 성서는 도구화되고 말 것이다.

어떻게 성서의 '세계' 안으로 들어갈 수 있는가? 이런 능력을 얻기 위해 설교자들은 신학교에서 소정의 신학 과정을 이수했다. 신학 공부가 최소한의 조건은 되지만 모든 문제를 자동적으로 해결해 주지는 않는다. 더구나 한국의 목회 현장은 이 최소한의 신학적 사유마저도 포기하게 만든다는 점에서 상황이 더 열악하다 하겠다. 이런 문제는 앞서 언급한 적이 있으니 더 이상 끌고 가지 않겠다. 대신 세 군데의 본문을 해석함으로써 성서에 '세계'가 있으며, 그 안으로 들어가려면 공부가 필요하다는 사실을 전하려고 한다.

아브라함과 입다 이야기

아브라함 전승에서 가장 잘 알려진 이야기는 그가 외아들인 이삭을 여호와 하나님께 번제로 바치려고 한 창세기 22장의 사건이다. 대개의 설교자는 이 본문에서 두 가지 설교 주제를 얻는다. 첫째, 하나님을 믿는 사람은 자식까지 하나님께 바칠 정도로 철저했던 아브라함의 믿음을 본받아야 한다. 둘째, 아브라함이 이삭을 칼로 찌르려고 한 순간 여호와 하나님이 그의 믿음을 보시고 숫양을 준비하신 것처럼 하나님은 우리의 삶에 필요한 것을 준비시켜 주시는 분이다. 이 두 가지 주제는 결국 믿음에 집중된다. 구약의 이런 전승과 바울이 로마서에서 내린 해석에 근거해서 설교자들은 믿음 일원론이나 믿음 만능론에 치우쳐 설교할 때가 많다. 무조건적인 믿음이 우리 그리스도교 안에서 얼마나 심각하게 하나님의 뜻을 거슬렀는지는 일일이 열거할 필요도 없으니까 접어두고, 텍스트 안으로 천천히 들어가자.

창세기 22장 2절 말씀은 이렇다. "여호와께서 이르시되 네 아들 네 사랑하는 독자 이삭을 데리고 모리아 땅으로 가서 내가 네게 일러 준 한 산 거기서 그를 번제로 드리라." 우리의 질문은 이것이다. 여호와 하나님이 이런 명령을 내렸다는 것은 사실인가? 설교자들은 성서를 읽을 때 우선 질문에서 시작해야 한다. 그 질문은 궁극적인 것에 대한 것이다. 이런 질문이 없으면 성서 텍스트는 영적인 깊이에서 답을 주지 않는다. 내 생각에 이 명령은 하나님의 직접적인 말씀으로 보기 힘들다. 왜냐하면 하나님은 생명을 살리는 분이지 죽이는 분이 아니기 때문이다. 물론 창세기 기자가 이것을 하나님의 직접적인 명령으로 진술한 것도 명백한 사실이다. 이게 바로 오늘 하나님의 말씀을 전해야 할 설교자들이 직면한 딜레마다. 성서의 어떤 구절은 하나님의 말씀이기는 하지만 그 내용이 하나님의 본성과 어긋나기 때문에 그 말씀을 인정하기도 어렵고, 부정하기도 어렵다는 말이다. 여기서 많은 설교자가 양극단으로 빠진다. 성서 텍스트를 문자적으로 강요하든지, 아니면 단순히 이스라엘 민족의 열광적인 종교문학 작품쯤으로 평가절하한다. 양자 모두 바른 태도는 아니다.

이 본문 안으로 한 발짝 더 들어가서 이렇게 질문하자. 이삭을 번제로 바치라는 명령은 하나님이 내리신 게 아니라 아브라함이 착각한 것은 아닌가 하고 말이다. 이스라엘을 포함한 근동만이 아니라 동양과 잉카문명의 아메리카, 또는 아프리카에 이르기까지 고대사회에서는 보편적으로 인간을 바치는 종교의식을 추구하던 때가 있었다. 그들이 처한 삶의 자리에서 본다면 어쩔 수 없었을 것이다. 고대인들은 늘 생존의 위기에 직면해 있었기 때문에 가족이나 공동체 일부의 희생을 통해서라도 민족 전체의 생존을 보장받으려는 생각을 하지 않을 수 없었을 것이다. 사사기 11장의 입다 전승도 전형적인 예다. 승전한 장군이 자기를 맞으러 나올 노예 중의 하나를 번제로 바치겠다는 발상은 당시의 보편적인 사고방식이었는지 모른다. 성서 기자는 인신제물의 유혹을 거부하기 위해 이 본문을 기록했을 수도 있다. 그렇다면 설교자는 아들까지 잡아서 바치려고 했던 아브라함의 믿음을 칭송하기보다는 그런 행동을 책망해야 할 것이다. 성서에서 중요한 관점은 거기 등장하는 위인이 아니라 그에 관해 보도하는 화자, 즉 성서 기자의 편집 의도다.

모리아 산의 번제 전승에 대한 민영진 박사의 해석이 재미있다. 입다 이야기와 더불어 아브라함 전승을 해석하는 민 박사는 아브라함의 믿음을 칭찬하는 게 아니라 자신의 믿음 때문에 아들과 딸을 희생시키려는 당시의 가부장적 질서라는 관점에서 이를 비판했다. 더 나아가 그는 그런 인간의 행동 너머에서 행동하시는 하나님에게 시선을 돌린다. 많은 목사들은 외아들 이삭을 바치라는 하나님의 요구를 당연한 것으로 여기지만 민박사는 오히려 그 하나님을 향해 "왜?"라고 시비를 건다. 청중을 성서 시대의 사람들이 경험했던 하나님과의 대결이라는 절박한 상황으로 끌어들인다는 말이다.

구약은 이스라엘이 하느님과 늘 대결해 온 흔적을 보여 줍니다. 하느님과의 대결, 그것은 이스라엘 민족 전체 대 한 하느님의 대결이기도 하고, 한 개인 대 한 하느님의 대결이기도 합니다. 이스라엘의 특징은 바로 이 수수께끼 같은 하느님과의 대결에서 이스라엘이 어떻게 응답했느냐 하는 과정에서 결정되었습니다.(민영진, 《하느님의 기쁨 사람의 희망》, 허원미디어, 2009, 154쪽)

설교자들은 아브라함 전승과 입다 전승에서 이 시대에도 정치, 종교, 문화 이데올로기에 수많은 약자들이 번제로 바쳐지는 형편을 포착할 수 있어야 한다. 생명 파괴를 목표로 하는 군대에서, 입시지옥으로 일컫는 청소년 교육 현장에서, 경제 정의를 근본적으로 허무는 부동산 투기에서, 삶을 수단화하고 상품화하는 노동 현장에서 국가와 자본과 출세라는 이데올로기에 의해 오늘도 부단히 인신번제가 바쳐진다. 아브라함과 입다 전승은 믿음 실증주의가 아니라 바로 그 사실을 고발하는 것은 아닌지, 깊은 신학적 성찰이 필요하다. 오해가 없었으면 한다. 아브라함의 전승에서 믿음의 확실성을 전하는 게 잘못된 설교라는 말이 아니다. 성서 텍스트 안에 어떤 생명 세계가 은폐와 노출의 변증법적 방식으로 담겨 있다는 사실을 지적하는 것뿐이다.

여호수아의 전쟁 이야기

우리는 또 하나의 매우 곤혹스러운 진술을 구약성서에서 만난다. 여호수아는 여리고 성과 아이 성을 함락시켰다. 그런데 전쟁 장면이 너무 끔

찍하여 그 전쟁을 하나님이 명령하신 것으로는 도저히 생각할 수 없다. 성서 기자는 여리고 성의 함락 장면을 이렇게 묘사했다. "그 성 안에 있는 모든 것을 온전히 바치되 남녀노소와 소와 양과 나귀를 칼날로 멸하니라"(수 6:21). 여호수아 군대는 여리고 성의 모든 사람을, 즉 민간인인 여자, 노인, 아이까지 죽였다. 이게 여호와 하나님의 뜻이었을까? 아이 성에 사는 사람들과의 전쟁 묘사는 다음과 같다. "이스라엘이 자기들을 광야로 추격하던 모든 아이 주민을 들에서 죽이되 그들을 다 칼날에 엎드러지게 하여 진멸하기를 마치고 온 이스라엘이 아이로 돌아와서 칼날로 죽이매 그 날에 엎드러진 아이 사람들은 남녀가 모두 만 이천 명이라 아이 주민들을 진멸하여 바치기까지 여호수아가 단창을 잡아 든 손을 거두지 아니하였고"(수 8:24-26). 끔찍한 전쟁 이야기다. 여리고 성과 아이 성의 주민들도 하나님의 형상으로 창조된 사람들인데, 그들을 진멸하면서 하나님의 명령 운운한다는 건 언어도단이다. 언어도단을 당연한 것으로 설교하는 행위는 코미디다.

이 대목에서 우리의 질문은 이것이다. 과연 여호와 하나님은 여호수아에게 여리고 성과 아이 성 주민들을 진멸하라고 명령을 내리신 것일까? 그런 명령이 사실이라면 "왜?" 그렇게 하셨을까? 하나님이 약속의 땅 가나안을 이스라엘에게 주시려고 그런 명령을 내렸다고 주장한다면 성서의 세계를 잘 모르는 사람이다. 본문을 꼼꼼히 들여다보면 여호와 하나님이 구체적으로 이런 명령을 내리셨다는 단서가 없음을 발견할 수 있다. 여호와 하나님은 여리고 성과 아이 성을 여호수아의 손에 넘겨주겠다는 약속만 하셨을 뿐이다(수 6:2). 구체적인 전쟁 방법은 뛰어난 전략가인 여호수아의 판단에 따른 것이었다. 당대의 명장 여호수아는 잔인한 방식을 택했다. 그것이 여호수아가 선택할 수밖에 없었던 유일한 방법이었는지는 판단하기 어렵다. 다만 우리는 이렇게 생각할 수 있다. 그가 조금 더 여유를 갖고 여리고 성과 아이 성 주민들과 대화하고 관계 개선을 모색했다면 이런 잔인한 전쟁이 아니더라도 이스라엘이 가나안에서 생존할 수 있는 길을 찾을 수 있었을지 모른다. 이런 추정이 옳다면 여호수아는 여호와 하나님이 원하지 않는 방식으로 전쟁을 수행했다는 말이 된다.

어처구니없게도 오늘 우리는 여호수아의 잔인한 전쟁을 그대로 반복하고 있다. 미국의 이라크 침략과 여호수아의 여리고 성 침략은 동일한 사건일지 모른다. 양쪽 모두 도덕성을 확보하지 못했다는 점에서, 똑같이 성전(聖戰)이라는 미명하에 저질러진 '더러운 전쟁'이었다. 여호수아는 여리고 주민과 전쟁을 하지 않으면서도 가나안으로 입성할 수 있었지만 정략적으로 전쟁을 일으킨 것이며, 미국은 이라크에 대량살상무기가 없었는데도 정략적으로 전쟁을 일으킨 게 분명하다. 여호수아의 전쟁 이야기를 본문으로 이 세상을 정복의 대상으로 삼는 설교를 한다면, 그야말로 실소의 대상이 되고 말 것이다. 다시 말하거니와 성서가 하나님의 계시 사건이라는 사실을 부인하는 게 아닌가 불안하게 생각하지 말기를 바란다. 성서에 오류가 있다는 사실을 지적하려는 것도 아니다. 오히려 그 반대다. 하나님의 말씀을 하나님의 말씀이 되도록 바르게 해석해야 한다는 말이다. 어떤 사건과 세계를 담고 있는 성서 텍스트의 고유한 성격을 정확하게 파악해야 한다는 사실을, 따라서 설교에는 정밀한 해석학적 과정이 필요하다는 사실을 설명한 것이다. 그런 것을 놓칠 경우 설교는 어느 순간 선동으로 변하고, 인간의 탐욕을 정당화하는 도구가 되고 만다.

바울의 동성애 비난에 대해

신약성서에서 한 구절만 더 확인하자. 바울은 로마서에서 이렇게 언급한 적이 있다. "이 때문에 하나님께서 그들을 부끄러운 욕심에 내버려 두셨으니 곧 그들의 여자들도 순리대로 쓸 것을 바꾸어 역리로 쓰며 그와 같이 남자들도 순리대로 여자 쓰기를 버리고 서로 향하여 음욕이 불 일듯 하매 남자가 남자와 더불어 부끄러운 일을 행하여 그들의 그릇됨에 상당한 보응을 그들 자신이 받았느니라"(롬 1:26-27). 이 구절을 근거로 많은 설교자가 동성애자를 비난한다. 때로는 조롱하고 단죄한다. 에이즈가 바로 동성애자를 향한 하나님의 심판이라고 넘치는 자신감으로 강단에서 외친다.

그런 설교를 들을 때마다 흡사 14~17세기에 유럽과 북아메리카에서 광범위하게 벌어졌던 마녀사냥이 연상된다. 생명을 살리는 하나님의 말씀을 전해야 할 목사가 어떻게 성적 소수자를 공개적으로 비난할 수 있는지 이해할 수 없다. 보기에 따라서 그들은 성서 텍스트가 말하는 것을 그대로 전했기 때문에 아무 잘못이 없다고 생각할 수도 있다. 이게 바로 설교자들이 감당해야 할 무한 책임의 하나다. 알면서 행하는 잘못도 문제지만, 모르면서 행하는 잘못에서도 설교자는 면책될 수 없다. 왜냐하면 그런 설교가 천하보다 귀한 생명을 죽이기도 하고 살리기도 하기 때문이다. 작은 사람 하나를 실족케 하면 연자 맷돌을 지고 바다에 뛰어들어야 한다는 예수님의 준엄한 아포리즘이 빈말이 아니다. 바울이 이 본문에서 실제로 동성애를 단죄하고 있는지, 그렇다면 왜 그런지 검토해 보자.

바울이 본문에서 동성애(homosexuality)라는 직접적인 단어를 사용하지는 않지만, 동성애 현상을 책망한다는 사실은 누구도 부정할 수 없다. 그런데 여기서 우리가 눈여겨보아야 할 대목이 있다. 바울은 이 동성애를 죄(Sin)가 아니라 죄의 결과라고 말한다. "이 때문에 하나님께서 그들을 부끄러운 욕심에 내버려 두셨으니"(롬 1:26). 인간이 타락한 결과로 이런 망측한 짓을 한다는 진술만 보더라도 바울은 여기서 동성애라는 주제를 다루는 것이 아니라 훨씬 근원적인 것을 논증하는 하나의 자료로 이 문제를 제시할 뿐이다. 이 근원적인 것은 죄, 곧 인간의 타락이다. 그 타락의 결과는 동성애 외에도 부정, 부패, 탐욕, 악독, 시기, 살의, 분쟁 등등 여러 형태로 나타난다.

동성애를 다루는 본문이 포함된 로마서 1장 18-32절에서 바울은 이방인들의 죄인 우상숭배를 지적하고 있다. "스스로 지혜 있다 하나 어리석게 되어 썩어지지 아니하는 하나님의 영광을 썩어질 사람과 새와 짐승과 기어 다니는 동물 모양의 우상으로 바꾸었느니라 그러므로 하나님께서 그들을 마음의 정욕대로 더러움에 내버려 두사 그들의 몸을 서로 욕되게 하게 하셨으니"(롬 1:22-24). 그런데 바울은 이방인의 우상숭배만 지적하는 게 아니라 유대인들의 율법주의까지 문제 삼는다. 이방인의 우상숭배나 유대인의 율법주의나 한결같이 인간이 죄인이라는 사실을, 그래서 결국 그런 요소들은 모든 인간에게 하나님의 은혜가 필요하다는 사실을 증명한다는 것이 바로 바울의 논점이다.

신약학자들의 연구에 의하면 바울은 당시 로마의 일반적인 성윤리에 근거해 본문을 기록하고 있다. 즉 이 동성애 문제를 신앙의 근본 문제로 삼았다기보다는 당시 일반적이었던 건전한 윤리관에 근거해서 이 문제를 다룰 뿐이다. 동성애 문제는 로마 시대 이전인 헬라 시대에 보편적이었다고 한다. 헬라인들은 출산을 목적으로만 아내와 성관계를 나누었고, 대신 소년이나 젊은이들과 여러 방식의 연인 관계를 맺었다. 플라톤도 성인 남자와 소년과의 그런 관계를 가장 완전한 사랑의 상태로 묘사했는데, 그것이 플라토닉 러브다. 로마 시대로 접어들면서 이런 동성애 현상이 순수성을 상실하고 상대방을 괴롭히는 방향으로 전개되었다. 세네카는 정욕에서 나온 동성애의 관습이 사치와 도덕적 방탕에 연관된다고 보았으며, 플루타르코스도 인간에 의한 인간의 착취라고 보았다. 이런 로마 도덕가들, 그리스·로마 철학자들의 주장에 의하면 동성애는 사치와 방탕에 연관되며, 또한 가학적이라는 점에서 크게 비난받아야만 했다. 바울은 지금 헬라의 플라토닉 러브적인 동성애가 아니라 로마의 부도덕한 동성애 현상을 염두에 두고 우상 숭배의 결과라고 진단한 것이다. 로마 도덕가들과 바울이 비난하는 동성애자의 행태, 그리고 오늘 주변에서 만날 수 있는 동성애자의 행태는 구별되어야 한다. 그런데도 로마서에 기록되어 있다는 이유로 동성애자들을 무조건 매도한다면 성서의 깊은 세계를 알지 못한 탓이리라.

이 대목에서도 역시 오해가 없기를 바란다. 동성애 자체의 옳고 그름을 주장하는 게 아니라 설교자가 성서 텍스트 안으로 들어가야 할 이유를 설명한 것이다. 강단에서 동성애자를 몹쓸 인간으로 재단함으로써 그들의 삶을 파괴하는 설교자에게서 볼 수 있듯이, 문자에 얽매이면 설교는 사람을 살리는 게 아니라 죽이는 결과를 가져오기 때문이다.

성서의 고유한 세계 안으로!

위에서 세 본문에 대한 해석을 나름의 시각으로 시도했다. 그 시도가 성서 신학적으로나 조직신학적으로 절대적이라는 사실을 내보이려는 게 아니었다. 정작 말하고 싶은 것은 이미 글머리에서 밝힌 대로 성서 텍스트가 포괄적으로 해석되어야 할 세계라는 사실이다. 그 세계가 곧 성서 텍스트의 고유한 지평이기도 하다. 신(新)해석학을 대표하는 게르하르트 에벨링과 에른스트 푹스의 개념을 빌려 설명한다면 성서 텍스트는 고정된 규범이나 정보가 아니라 살아 있는 언어사건(Wortgeschehen)이기 때문에 그것을 해석할 능력만 갖추고 있다면 훨씬 심층적인 세계를 발견할 수 있을 것이다.

오늘 강단 현실에서 볼 때 많은 설교자가 성서의 세계를 전혀 인식하지 못하고 있다. 성서를 단지 종교 상품으로 간주하고 그것을 포장하는 일에만 몰두함으로써 성서 텍스트가 존재론적으로 담고 있는, 즉 종말론적으로 열고 있는 생명 세계를 맛보지 못한다. 우리 딴에는 종교적 진정성을 확보한 것처럼 진지한 포즈를 취하지만 다른 사람 눈에는 어설픈 코미디로, 더 노골적으로 말하면 교활한 코미디로 비칠 수 있다는 건 부정하기 어렵다.

세상 학문과 세계관에 비위를 맞추려고 늘 좌고우면하라는 말은 아니다. 성서와 2,000년 기독교 역사를 통해 형성된 고유한 진리론적 토대가 우리에게 더 중요하다. 문제는 설교 행위가 명실상부하게 하나님의 구원 사건을 바르게 전달하는 통로가 될 수 있도록 구도 정진해야 한다는 사실에 있다. 이를 위한 최선의 길은 성서 텍스트에 천착하는 것이다. 성서를 바르게 해석하고 구원의 현실성을 오늘에 담기 위해 역사와 현실을 정확하게 진단하고, 예언자적 상상력을 길러야 한다. 이런 준비와 훈련을 통해 성서의 놀랍고 고유한 세계에 시나브로 빠져들어 가게 될 것이다. 이것이 진리의 영인 성령의 활동 방식이기도 하다. 흡사 시(詩)의 세계에 들어간 사람에게 언어와 세계가 새로워지듯이 성서의 세계 안으로 들어간 사람에게는 성서가 전혀 새롭게, 결국 하나님이 창조하고 이끌어 가는 이 세계가 전혀 새롭게 보일 것이다. 그렇다. 성서에는 고유한 세계가 있다. 볼 눈이 있는 사람들에게는 그 세계가 보일 것이다.

제
7
강

해석 없이 설교 없다!

　관점에 따라 다르겠지만 오늘 한국 교회 강단이 처한 상황을 다음 두 가지로 정리해도 크게 틀린 것은 아니다. 첫째, 청중이 목사의 설교에서 영적인 자극을 받지 못할 뿐만 아니라 설교 자체에 관심도 없다. 청중은 설교보다는 주말 드라마에서 훨씬 재미를 느끼고 있으며, 예배를 드리면서도 성가대의 찬양이나 광고에 관심이 더 많다. 사랑의 감정을 느끼지 못하는 연인들이 부모의 강요 때문에 어쩔 수 없이 만나야만 하는 운명과 같다. 이건 강단의 위기다. 이런 위기는 청중보다 설교자 자신이 훨씬 민감하게 느낄 것이다. 설교가 막막해질 때가 많아 남의 설교를 표절하듯 베끼기도 하고, 이런저런 설교 세미나에 참석하면서 설교 기술을 배우려고 애를 쓴다. 이런 노력이 별 도움이 되지 못한다는 사실을 뒤늦게 깨닫고 설교는 거의 포기한 상태에서 교회 관리에만 마음을 쏟는다.

설교의 비중을 낮추고 대신 인간관계를 중심으로 교회를 이끌어가는 목회 패턴이다.

둘째, 청중이 목사의 설교에 지나칠 정도로 크게 영향을 받는 경우도 있다. 이른바 스타 설교자들의 교회에서 일어나는 현상이다. 청중은 설교 시간에 "아멘!"을 연발하고, 중요하다고 생각되는 대목을 필기하고, 더욱 열성이 뜨거운 신자들은 다른 사람에게 설교 내용을 전하기도 한다. 그들이 교회에 나오는 목적은 담임 목사의 설교 때문이라고 생각할 정도다. 목사 자신도 신자들의 호응에 감동되어 자신에게 설교의 은사가 있다고 여기고 설교학 강사로 불려 다닌다. 이런 설교 현장에 설교의 위기는 눈 씻고 찾아보려야 볼 수 없다. 그러나 이런 열광적인 분위기만 보고 모든 문제가 해결된 것으로 단정해서는 안 된다. 어쩌면 막막한 심정을 호소하는 설교자들보다 이들에게 더 큰 설교의 위기가 있을지 모른다. 하나님의 말씀보다 목사의 말이 더 어필하고 있으니 말이다.

위 내용을 다시 정리하면, 전자의 경우는 설교의 자폐적 무력증이며, 후자는 과도한 자신감이다. 전자는 교회 안에서 설교의 영역이 심하게 축소된 것이며, 후자는 심하게 과장된 것이다. 전자의 설교는 신자들에게 아무런 영향력을 끼치지 못하고, 후자는 지나치게 큰 영향력을 행사한다. 서로 상반되게 나타나지만 양자 모두 설교의 위기라는 점에서 일치한다.

그 위기의 본질은 설득 기술 차원에서 설교에 접근한다는 사실에 있다. 전자에 속한 사람들은 청중을 설득할 수 있는 소양이 부족하다고 여겨 스피치 훈련에 박차를 가하고, 후자에 속한 사람들은 자신의 스피치 능력에만 의존한다. 설득 기술로 청중을 감동시킬 수 있을지는 몰라도 생명의 가장 심층적 차원에서 일어나야 할 영혼의 변화는 이끌어 내지 못한다. 오죽했으면 로이드 존스가 스피치 훈련을 매춘 행위라고 일갈했겠는가. 싸구려 약장사가 아니라 창조와 종말의 주인이신 하나님의 말씀을 선포하는 사람이라고 한다면 기술과 방법의 차원을 넘어서서 진리의 중심으로 치고 들어가야 한다. 그 시도는 성서의 고유한 '세계'에 발을 들여놓는 일이다. 그 세계에는 길이 있다. 그 길은 아스팔트가 깔린 고속도로가 아니라 가본 사람이 드문 숲 속 오솔길에 가깝다. 그 길을 어찌 기술, 테크닉으로 갈 수 있단 말인가.

성서의 고유한 세계의 오솔길을 따라가려면 '해석'이 필요하다. 어떤 이들은 이 해석을 부정하거나 소홀히 여긴다. 그보다는 불타는 사명감으로 케리그마를 선포하여 청중의 영혼을 구원하는 게 설교라는 주장이다. 일리 있는 말이다. 설교는 신학 강연이 아니다. 그렇지만 설득력이 없는 설교는 영혼 구원을 불러일으킬 수 없다. 열정만으로 본다면 사이비 이단 교주들이 정통 교회 설교자보다 한 수 위다. 그들은 청중의 영혼을 세뇌시킬 뿐이지 살리지 못한다. 기독교의 지난 2,000년 역사에 나타난 말씀 선포는 이들과 차원이 다르다. 교부들을 보라. 그들은 헬라 철학의 도움으로 기독교를 보편적 진리의 차원에서 변증했다. 이런 교부들의 변증적 전통을 따라가는 작업이 해석이다. 더 정확하게 말해서 보편적 해석이다. 안타깝지만 한국 교회 강단에 해석은 없고 선동만 난무한다고 해도 과언은 아니리라.

하나님 계시의 은폐성

강단에서 성서가 해석되지 않는다는 사실은 대표적인 두 가지 양태에서 확인된다. 첫째, 이른바 '제목 설교' 형태를 취하는 설교는 성서 본문에서 제목만 뽑아 낸 상태에서 설교자가 전하고 싶은 말만 한다. 둘째, 이른바 '강해 설교' 형태를 취하는 설교는 설교가 진행되는 동안 성서를 언급하기는 하지만 신구약 66권 전체에서 성구를 편집하듯이 인용한다. 이 두 유형의 설교에서 해석이 부족하기는 매한가지다.

대중적으로 이름이 알려진 설교자들의 설교에서 가장 곤혹스러운 것은 개인의 이야기를 너무 많이 듣는다는 사실이다. 어떤 설교자는 어릴 때 이야기를 거의 반복적으로 한다. 재미는 있지만 성서의 주제와 별로 상관없을 때가 많다. 입지전적 이야기도 많이 등장한다. 정치, 경제 등 시사 문제를 장황하게 쏟아 내는 경우도 있다. 청중도 이미 아는 내용이 태반이다. 여기서 하나님의 말씀인 성서는 소품으로만 자리할 뿐이다. 주객이 완전히 바뀐 형국이다. 이런 설교에 익숙해진 분들에게는 성서가 없어도 얼마든지 설교가 가능할 것이다. 더 나아가 성서가 불편할지도 모른다. 성서의 영적인 현실을 해석할 줄 아는 설교자라고 한다면 그 외의 이야기를 전할 시간도 없고, 그럴 필요도 느끼지 않을 것이다. 설교는 그것 자체가 해석학이어야 한다. 왜 그런가?

해석학(Hermeneutik)이라는 단어는 그리스 신화의 헤르메스에서 유래했는데, 헤르메스는 신의 뜻을 전하는 사자다. 헤르메스는 인간이 모르는 신의 이야기를 인간이 알아듣도록 전달하는 역할을 했다. 이 일은 자동적으로 일어나는 게 아니다. 신과 인간은 직접적인 소통이 불가능하다. 사용하는 언어가 다르면 사람도 의사소통이 불가능한 마당에 전혀 다른 지평에 존재하는 신의 언어를 인간이 이해한다는 것은 언어도단이다. 이것이 가능하려면 번역, 통역, 해석이 필요하다. 하나님의 말씀을 인간의 귀에 전달하는 행위라는 점에서 설교자도 헤르메스와 똑같다. 구약의 예언자들에게는 신탁이 일어났다. 설교자는 하나님의 언어도 알아야 하고, 인간의 언어도 알아야 하며, 시인처럼 언어의 존재론적 힘을 경험할 수 있어야 한다.

오늘의 설교자들은 하나님의 언어도 모르고, 사람의 언어도 잘 모르는 것 같다. 성서 언어의 존재론적 능력을 경험하지 못한 채 성서의 정보에만 치우쳐 있을 뿐이며, 청중의 종교적 요청에만 귀를 기울일 뿐이다. 성서 언어의 존재론적 힘이 아니라 정보만 안다는 말은 하나님을 모른다는 뜻이기도 하다. 하나님이라는 용어를 남발하지만 하나님의 존재방식, 하나님의 계시 행위를 조금도 눈치 채지 못하니 하나님을 모른다고 할 수밖에 없다. 해석학의 문제를 조금 더 설명하겠다.

설교가 해석학적이라는 말은 하나님의 뜻을, 또는 하나님을 '직접적'으로 알 수 없다는 의미이다. 하나님을 본 자는 아무도 없다. 모세도 하나님의 등만 보았다. 시공간의 한계 안에 던져진 인간은 그것을 초월하는 하나님을 직접 경험할 수 없다. 여기서 직접적으로 모른다는 말은 '간접적'으로 안다는 뜻인데, 이는 곧 성서 텍스트의 은폐성을 의미한다. 성서는 하나님을 확연하게 드러내기보다는 은폐시키는 문서다. 성서는 하나님의 계시인데, 무슨 은폐냐 하고 생각할 분도 있을 것이다. 기독교의 계시는 기본적으로 하나님의 '자기 계시'(Selbstoffenbarung)다. 지금 하나님은 아직 '자기'를 온전하게 드러내지 않으셨다. 그는 여전히 숨어 있는 분이다. 성서는 하나님을 노출시키면서 동시에 은폐시킨다. 하나님은 변증법적 차원에서 은폐의 하나님(Deus absconditus)이며 동시에 계시의 하나님(Deus revelatus)이라는 바르트의 주장이 바로 이것이다. 은폐가 완전히 사라지고 계시가 완성되는 때를 가리켜 종말이라고 한다. 지금 우리는 종말이 오기 전인 잠정적인 은폐의 시간을 살고 있다.

하나님의 은폐성이라는 말이 중요하다. 여기 예수님의 십자가 사건이 있다. 그것은 인류 구원의 유일한 통로다. 우리는 그것을 확연하게 드러난 하나님의 계시라고 믿는다. 다른 쪽으로 생각해 보라. 하나님은 하필이면 왜 십자가 사건을 통해서 인류를 구원하셨을까? "빛이 있으라"는 한 마디로 빛을 지으시고 우주를 창조한 하나님이시라면 말씀 한 마디로 인간의 모든 죄를 도말하고, 인간을 죄 짓게 하는 악마를 일거에 제거할 수도 있었을 텐데 말이다. 그분은 왜 그런 간단한 방식, 즉 하나님의 능력이 만천하에 드러나는 방식이 아니라 유대인들에게는 거리끼는 것이고 이방인에게는 미련한 것이었던(고전 1:23) 예수님의 십자가 처형을 선택하셨을까? 부활도 마찬가지다. 우리는 부활을 궁극적인 생명이라고 믿으며, 예수의 부활을 그 궁극적 생명의 선취라고 믿는다. 그러나 부활의 실체는 여전히 숨겨져 있다. 부활의 주님이 공개적으로가 아니라 그를 추종하던 일부 사람들에게 특별한 방식으로 나타나셨다는 것이 그 사실을 말한다. 하나님 나라는 어떤가? 지금은 거울로 보는 것처럼 희미하지만 그때에는 얼굴을 맞대어 보게 될 것이라는 바울의 진술처럼(고전 13:12) 아무도 하나님 나라를 명시적으로 규정할 수 없다. 기독교 변증 문학가인 C. S. 루이스도 《우리가 얼굴을 찾을 때까지》에서 먼 훗날이 되어야 우리의 얼굴을, 즉 실체를 보게 될 것이라고 했다. 오해가 없었으면 좋겠다. 기독교의 도그마가 불확실하다거나 진리의 길에서 벗어났다는 말이 아니다. 그것은 바로 하나님의 구원 통치이며, 따라서 하나님의 계시이고, 하나님 자체다. 다만 오늘 우리는 그 실체를 온전히 인식하거나 경험할 수 없다. 여전히 은폐되어 있기 때문이다. 종말에 가서야 그 모든 비밀을 드러내기 때문이다.

설교자는 종말에 드러날 온전한 하나님 나라를 시공간적 한계 안에서 사는 청중에게 해명하는 사람이다. 도대체 우리에게 그럴 능력이 있을까? 모든 진리를 소유하는 사람이 없듯 설교자도 모든 것을 안다는 듯이 설교할 수 없다. 이런 점에서 '소극적인 설교'를 하라고 권면하고 싶다. 설교자의 역할은 가능한 대로 줄이고 진리의 영인 성령의 역할이 지배하는 설교를 지향해야 한다는 말이다. 설교를 포기하라는 말이 아니다. 설교는 가능하며, 설교자는 필요하다. 준비는 철저히 해야 한다. 영어 통역사가 되고 싶은 사람이 영어와 주변 학문을 전문적으로 공부해야 하듯 설교자가 되려는 사람은 이쪽으로 전문가가 되어야 한다.

오늘 한국 교회는 해석의 전문가가 아니라 설교 기술자를 요구한다. 교회 강단에 성서 해석은 없고 포장 기술만 차고 넘친다. 성서의 영적 깊이로 천착해 들어가는 설교자는 설 자리가 없고, 청중의 감수성과 종교적 욕망을 놀라운 입담으로 자극하고 선동하는 설교자가 모든 자리를 독차지하는 실정이다. 악화가 양화를 구축한다는 경제 아포리즘이 여기 해당된다. 그 결과가 어떻게 될는지는 불을 보듯 분명하다.

기독교에 대한 이해 부족

한국 교회 강단에서 성서가 해석되는 않는다는 사실을 제목 설교와 강해 설교를 예로 들어 설명했는데, 이제 조금 더 근본적인 관점에서 두 가지로 나눠 짚겠다. 성서 해석학이 한국 교회 강단에서 바르게 실행되지 않는 첫째 이유는 설교자가 기독교를 잘 모르기 때문이다. 평생 목회와 설교로 살았던 원로급 목사라 하더라도 기독교를 알고 있다는 보장은 없다. 20년 운전 경력을 자랑하는 사람이라 해도 자동차의 구조와 기능을 체계적으로 공부하지 않았다면 자동차를 아는 게 아닌 것처럼 20년 목회와 설교 경력을 자랑한다 하더라도 신학의 세계에 들어가지 않았다면 기독교를 아는 게 아니다.

복음이 뭐 별거냐, 예수 믿고 구원받으라는 말이 아니냐. 예수 믿고 죽어서 천당 가라는 말이 아니냐. 예수 믿고 지금 지상 천국을 누리며 살라는 말이 아니냐, 하는 목소리만 높인 채 초보적인 차원에서만 기독교 신앙에 접근하고 그것을 선포하고 있다. 삼위일체와 하나님 나라를 언급하기는 하지만, 삼위일체 교리가 말하려는 바가 무엇인지, 하나님 나라가 어떤 개념인지, 종말론이 이 세상 역사철학과 어떤 연관성이 있는지 정확하게 아는 설교자가 많지 않다.

기독교 신앙에서 가장 중요한 부활 사상과 영혼불멸설은 상충된다. 구약의 묵시 사상에 뿌리를 둔 초기 기독교의 고유한 생명 사상이 부활 사상이라고 한다면 영혼불멸설은 영육 이원론에 뿌리를 둔 헬라 철학의 인간론이다. 플라톤의 영향을 받은 중세 기독교는 영혼불멸설을 기독교의 정통 교리로 받아들였다. 무슨 말인가? 성서와 기독교 신앙의 주제는 종말론적으로 열린 질문이라는 말이다. 이런 것에 대한 총체적인 이해 없이 표면적으로 주어진 교리를 독단적으로 전하는 것은 바른 해석이 아니다. 믿으라고 목청을 높이지만 무엇을 믿어야 하는지 설명할 줄은 모른다.

이것은 한국 교회 설교에 "하나님이 망각"되었다는 걸 의미한다. 의아하게 생각하는 이들이 있을지 모르지만 이 문제는 너무나 명확하기 때문에 약간만 살피면 이해될 것이다. 대개의 설교가 어떤 내용으로 구성되어 있는지 살펴보라. 예컨대 이렇게 분주하고 복잡한 사회에서도 주일을 잘 지키는 게 큰 믿음이라는 사실을 강조한다. 이를 그럴듯하게 설명하기 위해서 카터 대통령이 주일에는 모든 공무를 접어놓고 주일학교 학생들을 가르쳤다는 예도 든다. 당연한 말 같지만 주일을 지키는 게 근본적으로 무엇인지는 전혀 언급하지 않고 교회에 나온다는 사실만 엄청난 신앙 사건인 것처럼 강조한다. 이는 예수님과 안식일 논쟁을 벌인 바리새인과 똑같은 자세다. 예수님에게는 안식일이 생명을 풍요롭게 만들어 가야 할 종교 형식이었지만 바리새인에게는 인간의 종교 행위를 규정하는 절대 규범으로 작동했다(눅 6:6-11 참조). 우리의 설교는 바리새인처럼 대개 이런 방식으로 전개된다. 하나님을 잘 믿으면, 즉 교회에 잘 나오면 마음이 평안해지고 출세하고 착한 사람이 될 수 있다는 말이 되는데, 이런 정도라면 교회에 나와서 설교를 들을 필요가 없다. 시민 단체에서 주관하는 교양 강좌나 초등학교 교장 선생님의 훈화에 불과하니 말이다.

하나님의 존재와 그 미래를 세계 안에서 풀어낼 설교가 인간의 주관적 신앙 경험이나 로터리클럽풍의 윤리적 실천, 심지어 처세술 차원으로 떨어진 이유는 설교자가 설교의 지평을 지나치게 교회 성장론에 고착시켰기 때문이다. 늘 직접적으로 관계되는 것에만 민감하게 반응하는 인간의 기질이 여기에도 적용된다. 교회를 성장시켜야 한다는 현실 논리를 모르는 바는 아니지만 그것은 어떤 절대적인 세계에 의존되어야 할 종속변수라는 사실을 명확하게 인식해야 한다. 이런 인식이 충분하지 않은 설교자는 어떤 진리와 만나는 충격에는 관심 없고 가시적 성과에만 민감하게 반응하는 청중의 요구에 치중하게 될 것이다. 내가 보기에 설교자는 청중에게 소외당하는 것을 두려워하지 않아야 고유한 영성이 확보될 수 있다.

참된 시인은 자기 책이 베스트셀러가 되든 안 되든 시의 세계로 빠져들어 가듯이, 설교자는 청중의 기대에만 부응하려 하거나 훈계조로 끌어가는 방법만 생각할 게 아니라 기독교의 근본을 전해야 한다. 다시 강조하지만 설교는 귀납법적 설교, 스토리텔링 등 커뮤니케이션의 방식이 아니라 그 내용이 근본이다. 설교의 내용이어야 할 하나님을 알면, 즉 그 세계를 경험한 사람은 청중의 상황에 따라 적절한 방식을 찾아서 전하게 될 것이다. 성서가 말하는 진리의 세계를 알거나 그 안에 들어간 사람은 이런저런 전달 방식에 마음을 두지 않고, 자기가 본 것을 있는 그대로 말하면 그만이다. 진리의 내용에는 이미 방식도 들어 있기 마련이다.

가현설적 인간론

성서 해석이 바르게 작동되지 않는 두 번째 이유는 설교자의 인간 이해가 아주 조잡하고 단선적이고 추상적이라는 사실에 있다. 설교자가 표상하는 인간은 실제 인간이 아니라 딴 세상에 있는 인간이라는 뜻이다. 가현설(假現說, docetism)적 인간 이해에 토대하고 있어서 설교도 결국 가현설로 흐를 수밖에 없다. 가현설은 초기 교회에서 예수의 인간성을 부정하고 그의 신성만을 강조한 이단으로, 인간의 구체적인 삶을 경시하고 순전히 영적인 세계만을 강조한 가르침이다.

가현설은 초대 교회만이 아니라 기독교 역사를 통해 지속되었고, 지금 한국 교회에서도 그런 흐름은 여전하다. 이 땅의 문제와 전혀 상관없는 순수하고 깨끗한 저 세상을 추구하기 때문에 삶이 무시되거나 간과된다. 이들의 주장에 수긍할 만한 점이 없는 것은 아니다. 하나님의 아들이자 메시아이며, 이런 점에서 하나님이라고 불리는 예수에게 우리와 똑같은 인간적 한계가 있다고 한다면 신성모독처럼 들릴지 모른다. 그는 가능한 대로 순수하고 깨끗한, 정수된 물, 혹은 증류수처럼 우리와는 전혀 다른 모습이어야 한다. 그러나 이런 부분이 극단적으로 강조되면 그리스도교 신앙은 추상과 관념에 치우쳐서 결국 현실성을 무시하는 순수주의에 함몰되고 말 것이다.

가현설적 설교는 결국 신자들에게 이해도 되지 않은, 충분히 해석되지 않은 기독교 도그마를 억지로 주입시키는 데 힘을 쏟게 된다. 예컨대 "예수 믿고 회개하면 구원받는다"는 말을 모든 사람들에게 기계적으로 적용시키려고 한다. 사람들은 기독교에서 말하는 그런 죄의식이 없을 뿐 아니라 회개할 필요조차 느끼지 않는데 회개하고 예수 믿으라고 계속 강조한다. 더 나아가서 "사랑합시다"라고 외친다. 이런 설교를 들을 때 신자들은 '그래. 설교는 늘 그런 거야. 그런데 나랑 별로 상관이 없는 이야기군!' 하고 생각한다. 또 어떤 신자들은 회개한 척, 사랑하는 척 위장하며 살아간다. 기독교 신앙이 인간을 아주 비현실적, 위선적, 냉소적으로 만드는 이유가 이런 가현설적 인간론에 있다. 이런 기독교의 추상적이고 이원론적인 인간 이해를 가장 적나라하게 비판한 철학자는 니체와 프로이트다. 니체는 기독교의 도덕주의를 노예근성이라고 비판했으며, 프로이트는 기독교의 정신 상태를 집단적 노이로제 현상으로 분석했다. 당시 기독교는 신자들의 죄를 공격함으로써 좌절하게 만들고 그 결과 교회의 권위에 무조건 복종하게 만들었다. 니체의 생각에 따르면 이런 기독교 도덕주의로 인해 사람들은 이 땅의 삶에 무기력하게 반응하고 초월적인 저 세상만을 추구함으로써 정치적·종교적 독재를 가능하게 만들었다. 프로이트가 말하는 기독교의 집단적 노이로제 현상도 새겨들어야 할 부분이다. 인간의 '이드'를 야훼 하나님이라는 '초자아'로 억압함으로써 정신적으로 분열 증세를 보였다는 말이다. 기독교인의 삶이 무책임하고, 자유롭지 못한 것은 이런 노이로제 현상의 결과라 할 수 있다.

헬무트 틸리케는《현대교회의 고민과 설교》에서 가현설적 설교의 한 전형을 이렇게 설명한 적이 있다. 어떤 설교자가 기독교인의 삶은 사랑으로 충만해야 한다고 주장하면서 외로운 노인들에게 책을 읽어 주거나 굶주리는 인도의 아이들에게 구호금을 보내야 한다고 설교했다. 예배에 참석한 사업가는 설교가 끝난 다음에 설교자를 찾아와 이렇게 호소했다. 자기는 이미 이웃 노인들에게 책을 읽어 주거나 정기적으로 장애 시설을 방문한다는 것이다. 목사가 사랑을 실천하라고 외쳤지만 자기처럼 교회 나오는 사람만이 아니라 신앙이 없지만 약간의 도덕심이 있는 사람도 이 사실을 잘 알며, 이미 그렇게 산다는 것이다. 이 사업가의 실제적인 고민은 자기와 경쟁하는 상대 사업가와의 관계에 있었다. 구체적으로 경쟁 관계에 놓인 사람을 어떻게 대할지가 이 사람에게 절실했다는 말이다. 원수 사랑보다는 어쩔 수 없이 공격적으로 살게 만드는 사회 구조 속에서 어떻게 하나님의 사랑을 실천하는 기독교인이 될 수 있는지가 중요했다. 이런 사람들이 귀를 기울일 수 있도록 설교하려면 그저 순수하고 아름다운 세계를 추상적으로 언급하지 말고 아주 구체적인 세계를 배경에 두고 접근해야 한다.

그렇다고 부모가 아이들에게 씻는 일, 자는 일, 노는 일 등 작은 행동

하나하나를 구체적으로 적시해 주듯이 세밀해야 한다는 말은 아니다. 예컨대 심하게 갈등을 겪는 부부가 있는데 이혼해야 할지 참고 살아야 할지 최종적인 결론은 설교자가 내릴 수 없다. 구조악이 횡행하는 현실에서 살고 있는 사업가에게 있는 그대로 세무 신고를 하라고 다그칠 수도 없다. 다른 사업가는 세금을 줄여서 신고하는데 자기만 정직하게 신고하다가 망할 수도 있는 상황에서 말이다. 그렇다고 기독교 윤리가 늘 현실과 타협해도 좋다는 말은 아니다. 설교가 구체성을 가져야 한다는 말은 행동지침이 아니라 구체적인 삶의 방향성을 의미한다.

흔히 "설교하고 있네!"라고 하면 원칙적으로는 당연하지만 자기와는 아무 상관이 없는, 너무나 비현실적인 훈계조의 말을 비아냥거리는 표현이다. 이처럼 설교가 구체적으로 살아가는 사람들의 마음에 와 닿지 않는 이유, 즉 설교하는 사람이나 듣는 사람이나 늘 진부한 내용으로 자족하는 이유는 가현설적 인간 이해 때문이다.

이 글이 한국 교회 강단을 너무 비판적으로 본 게 아니냐는 분들도 있을 것이다. 한국 교회의 동력이 이미 오래전부터 약화되고 있다는 사실은 굳이 짚지 않겠다. 다만 한 가지는 확실히 해야 한다. 교회가 이 사회 지성인들에게서 신뢰를 잃고 있다는 사실 말이다. 신뢰를 잃은 여러 이유의 하나가 바로 설교다. 제정신을 갖고 설교를 듣기가 힘들다고 생각하는 지성인들이 많다. 그들의 주장이 옳다. 해석학적인 깊이를 담지 못하는 설교는 그들의 영혼에 공명을 일으킬 수 없다. 설교자는 무슨 말을 하든지 무조건 지지하는 영적 아첨꾼이나 열광주의자들에게 둘러싸이면 곤란하다. 삶과 역사와 세상을 열린 눈으로 대면하고 거기에 치열하게 참여하려는 이들에게 하나님의 구원 통치를 종말론적 차원에서 선포하는 설교자로 자리를 잡아야 할 것이다. 이런 설교자의 자리에서 볼 때 해석 없이 설교 없다!

성
서
해
석
과
인
문
학

앞 강의 제목은 '해석 없이 설교 없다!'였다. 하나님의 구원 통치가 은폐의 방식으로 진술된 성서의 놀라운 세계를 오늘의 청중에게 전하기 위해 설교자는 해석이라는 다리를 건너야 한다는 말이었다. 이제 다룰 '성서 해석과 인문학'은 앞 강과 한 묶음으로 읽는 게 좋겠다. 앞의 글이 한국 교회 강단에 해석이 없는 이유를 분석한 것이었다면, 이 글은 성서 해석이 왜 필요한지에 대한 신학적 논의다. 먼저 성서 본문 이야기부터 시작하자.

구약성서는 정한 짐승과 부정한 짐승을 엄격하게 구별했다(레 11:1-8). 이에 따르면 돼지 삼겹살은 금지 품목이다. 보신탕도 먹지 못한다. 고대 유대인들이 그런 먹을거리를 금지한 이유는 민족의 생존을 지키려는 데 있다. 생각해 보라. 지방질이 높고 부패하기 쉬운 돼지고기는 고대 팔레스틴 지역의 기후나 환경조건을 놓고 볼 때 치명적인 먹을거리였을 가능성이 높다. 율법의 차원에서 금지하는 게 당연하다. 성서에는 이런 이야기가 수도 없이 많다. 여성의 달거리를 부정한 것으로 보고(레 15:19 이하), 박수무당은 죽여야 하며, 간통한 자도 죽여야 한다(레 20:6, 10). 여호수아는 여리고 성에 있는 남녀노소와 모든 짐승까지 죽이는 게 하나님의 명령인 것처럼 전했다(수 6:21). 이런 보도에서 고대 유대인들의 생존 조건이 얼마나 열악했는지, 생존을 위한 투쟁이 얼마나 치열했는지 알 수 있다.

기독교 소종파를 제외하면 구약의 율법을 곧이곧대로 지키는 정통 기독교인은 오늘날 별로 없다. 이유는 두 가지다. 첫째, 복음 공동체에 속한 사람들은 율법에서 자유롭다. 그러나 이런 대답은 충분하지 않다. 구약의 율법 중에서 교회가 그대로 고수하는 것들도 있으니 말이다. 둘째, 우리는 이런 율법이 유대인들의 독특한 생활 습관이라고 생각한다. 우리의 생활 습관은 그들과 전혀 다르기 때문에 율법 조항을 그대로 지킬 필요는 없다. 율법의 바른 정신과 의미를 우리 삶에서 찾아내는 것이 더 중요하다. 이럴 때 바로 하나님의 말씀이 살아날 것이다. 이런 시도가 성서 해석이다. 문자로 기록된 성서 텍스트를 역사적으로 비평하여 문화적인 요소는 축소하고, 본질적인 요소는 확대하는 성서 읽기다.

이런 문제는 고대 유대인 문화를 배경으로 하는 구약만이 아니라 초기 기독교 공동체의 삶이 그대로 담긴 신약성서에도 적용된다. 바울은 기도의 복장 문제에서 남자와 여자를 구별한다. 여자는 머리에 뭔가를 쓰고 기도해야 하며, 남자는 쓰지 말아야 한다(고전 11:4, 5). 마가복음에 따르면 믿는 자들은 "무슨 독을 마실지라도 해를 받지" 않는다고 한다(막 16:18). 이런 말씀들은 초기 기독교가 처한 '삶의 자리'를 전제하지 않으면 우리와 상관이 없는 말씀이 되거나, 때로는 왜곡될 수도 있다. 이 삶의 자리에 들어가는 것이 곧 성서 해석이다. 이 문제를 세 가지 관점으로 정리하겠다.

성서 텍스트와 하나님의 현실성

첫째, 성서 텍스트와 하나님의 현실성(reality)을 구별해야 한다. 성서 텍스트는 문자로 된 언어다. 그 언어 자체가 하나님은 아니다. 설교자는 성서를 붙들고 있지만 실제로 전해야 할 내용은 성서가 아니라 성서가 가리키는 하나님의 현실성, 즉 하나님의 계시이다. 이를 동양식으로 바꾸면 손가락과 달의 관계라 할 수 있다. 성서는 하나님을 가리키는 손가락이다. 손가락을 통해 달을 보듯이 성서를 통해 하나님을 본다. 이 관계는 변증법적이다. 손가락이 없으면 달을 볼 수 없듯이 성서가 없으면 하나님을 볼 수 없다. 그렇지만 손가락을 달이라고 할 수 없듯이 성서를 하나님이라고 할 수도 없다. 다시 말하거니와 설교자는 성서 자체가 아니라 성서가 진술하는 하나님의 현실성을 전해야 한다.

비유적으로 설명하자. 여기 이창호와 이세돌 프로 바둑 기사가 둔 엘지배 세계 기왕전 기보(棋譜)가 있다고 하자. 가로세로 열아홉 줄씩의 바둑판에 흑백 돌이 이리저리 놓인 그림이다. 이 돌에는 일련의 번호가 매겨져 있다. 바둑을 모르는 사람은 이 기보에 바둑의 어떤 세계가 놓여 있는지 모르며, 바둑을 약간 안다 하더라도 수(手)가 높지 못한 사람은 밖으로 드러난 수만 알 뿐이지 숨어 있는 깊은 수는 읽을 수 없다. 이 수는 기사의 머릿속에 들어 있던 수많은 수 중 하나일 뿐이다. 이 기보의 세계로 들어가려는 사람은 그런 수많은 수와 얽혀서 전개된 그 싸움을 알아야만 한다. 그 싸움에서 오간 수가 바둑의 현실성이다. 기보에는 그 현실성들이 드러나지 않는다. 바둑 해설자의 설명을 통해 그것이 다시 살아날 뿐이다. 성서는 바둑의 기보와 같다. 기보가 대국 자체가 아니듯이 성서가 하나님 자체는 아니다.

오해가 없었으면 한다. 성서가 하나님, 또는 하나님의 계시와 아무 상관이 없다는 말이 아니다. 성서는 하나님의 구원 통치라는 보화를 담은 그릇이다. 그릇이 없으면 보화를 담을 수 없듯이 성서가 없으면 하나님의 계시를 담아낼 수 없다. 성서는 하나님의 구원 통치를 정확하게 전달하고 있다. 여기서 '전달'이라는 말에 귀를 기울이라. 어느 산악인이 에베레스트 정상에 올라갔다고 하자. 기자는 그 사실을 뉴스로 만들어 전달한다. 그 뉴스는 어떤 사실을 전달할 뿐이지 어떤 사실 자체는 아니다. 마찬가지로 성서는 하나님의 구원 행위를 전달할 뿐이지 구원 행위 자체는 아니다. 기쁘고 복된 소식인 복음을 청중에게 전달해야 할 설교자는 양자를 구별해야 한다.

그런 정도는 이미 안다거나, 그런 구별이 설교에서는 별로 중요하지 않다고 생각하는 분들이 있을 것이다. 그렇지 않다. 성서와 하나님의 구원 통치를 구별해서 생각할 줄 모르는 설교자는 성서가 가리키는 본질을 따라갈 수도 없고, 그럴 마음도 생기지 않는다. 한국 교회의 설교가 성서의 변죽만 울릴 뿐 그 세계로 치고 들어가지 못하는 이유가 여기에 있다. 성서의 세계에 담긴 하나님의 현실성이 손에 잡히지 않으니 어쩔 수 없는 현상이다. 따라서 그들은 설교를 꾸미는 데만 신경을 쓴다. 처세술, 정신 치료, 도덕규범에 머무른다. 성서가 말하는 핵심은 그게 아니라 하나님의 구원 통치, 즉 하나님의 현실성, 하나님 자체다. 하나님 나라와 그 계시다. 그것을 볼 수 있는 능력이야말로 설교자에게 우선적으로 요구되는 요소다.

오늘 하나님의 현실성에 대한 경험이 없으면서 성공적으로 설교하는 이들이 적지 않다. 하나님 경험이 아니라 청중을 다루는 기술에만 의존해 성공적인 설교를 한다. 이게 바로 한국 교회 강단의 비극이다. 솔직하게 자문해 보기를 바란다. 하나님, 영생, 구원, 종말, 칭의, 부활, 삼위일체 등등 우리가 쏟아 내는 온갖 언어들을 얼마나 아는지를, 경험하고 있는지를 말이다.

기독교의 하나님 경험에서 중심을 이루는 삼위일체만 보자. 거의 모든 설교자는 이것을 양태론적으로만 안다. 이 양태론의 관심은 예수 그리스도의 신성을 희생시키지 않으면서도 유일신 신앙을 유지하려는 것이었다. 215년경 로마에서 활동한 사벨리우스는 이렇게 말했다. "하나님은 단일한 실체다. 하나님의 존재 안에는 구별이 없으며, 단일체인 하나님은 세 가지의 다른 양태, 혹은 형태로 자기를 나타낸다. 마치 연극배우가 관중 앞에서 세 가지 역할을 할 수는 있지만 그 인격은 하나인 것과 같다." 양태론의 문제는 예수님의 인격을 하나님으로부터 구별하지 않는다는 것이다. 이는 곧 예수님에게서 '참 인간'(vere homer)을 제거하는 것이다. 기독교 정통 교리인 삼위일체는 이 양태론을 거부했다. 예수님의 본질은 하나님과 동일하지만(호모 우시오스) 위격(페르조나)은 구별된다고 말이다.

삼위일체에 대한 깊은 신학적 인식이 없으면 하나님을 경험할 수 없다는 말이 아니다. 어머니 품에서 젖을 빠는 유아들도 어머니를 나름으로 경험하는 것은 분명하다. 유아들은 스킨십으로만 어머니를 경험할 수 있다. 그러나 나이가 들면 다른 방식으로 어머니를 경험해야 한다. 기독교 신앙의 세계에서 성숙한 사람으로 나선 설교자들의 하나님 경험이 어느 단계인지 질문해야 한다. 우리의 작은 경험과 인식을 끊임없이 뛰어넘어 생명의 신비로 다가오는 그 하나님 경험이 늘 새로워지는지 질문해야 한다. 과연 성서 텍스트를 통해 하나님의 현실성을 생생하게 경험하는가? 한 편의 우화를 소개한다.

> 명성이 자자한 수영 코치가 있었다. 그는 인근 각처에서 수영 강습을 받으려 모여든 사람들 때문에 새벽부터 늦은 밤까지 일 분 일 초도 쉴 수 없을 만큼 바빴다. 수영 선진국에서 발행된 수영 교본을 수십 권이나 구입해서 완전히 외울 정도로 읽었으며, 세계 유수의 수영 학교에 자주 견학도 가는 사람이었다. 언론에서도 성공 신화의 장본인으로 치켜세웠다. 실제로 업적도 많았다. 취미로 수영을 배우는 아줌마들뿐 아니라 수영 영재를 발굴하기도 했고, 수영 교본을 몇 권이나 저술하기도 했다. 사람이 몰렸기 때문에 직접 가르치지 않고 대개는 다른 코치들에게 일을 맡겼다. 그의 이름만 듣고도 사람들은 벌 떼처럼 모였다. 그러나 그의 아내는 비밀을 알고 있었다. 이 사람은 한 번도 물에 들어간 적이 없었다. 그는 물 공포증에 시달리는 사람이었다. 물에 뜨는 느낌을 전혀 경험하지 못했으면서도 유명 수영 강사가 되어서 명예도 얻고 돈도 벌었다.

우리 설교자들도 위의 수영 코치처럼 성서의 세계와 하나님의 계시를 모르고 교본만 의지해서 설교하는 경우가 많을 것이다. 설교자는 성서의 문자를 뚫고 들어가서 하나님의 구원 통치인 하나님의 현실성을 경험할 수 있어야 한다. 여기서 성서 해석은 필수다.

성서와 언어 문제

성서 해석에서 우리가 관심을 가져야 할 두 번째 요소는 언어 문제다. 문자로 된 성서 텍스트가 하나님이 아니라고 말했다. 그렇지만 설교는 그 성서 언어를 통하지 않으면 불가능하다. 이 두 가지는 서로 대립하는 것 같지만 실제로는 그렇지 않다. 오히려 설교 행위의 독특한 자리가 어디에 있는지 알려 준다. 즉 설교는 하나님 자체가 아닌 성서 언어로 하나님을 변증하는 행위다. 이를 위해 언어의 존재론적 능력을 알아야 한다.

성서가 히브리어와 헬라어로 기록되기 이전에 원래의 말이 있었다는 사실이 중요하다. 말이 문자로 기록되기 이전에 소리로 자리하고 있었듯 성서의 문자 이전에 하나님의 소리가 있었다. 고대 유대인들은 그런 소리를 구전의 방식으로 이어 왔다. 어느 때가 되어 그들은 그것을 문자로 기록하기 시작했다. 예수님은 당시 일반인이 사용하던 아람어로 말씀하셨다. 그 아람어가 구전되었다. 성서 기자들은 그 아람어를 헬라어로 기록했다. 아람어에서 헬라어로, 그 헬라어가 다시 한글로 번역된 것이 바로 오늘 우리 앞에 놓인 한글 성서다. 원래의 소리가 문자로 기록되고, 한 문자에서 다른 문자로 번역되는 과정에서 어떤 일들이 일어났는지를 살피지 않은 채 하나님의 말씀을 설교할 수는 없다. 번역은 오역, 반역이라는 말이 있는데 유럽 언어와 우리말의 차이를 잠깐만 살펴보면 아주 분명하다. 우선 유럽 언어는 시제가 명확한 반면 우리말은 그렇지 않다. 유럽 언어는 전치사의 용도가 분명하지만 우리는 그렇지 못하다. 우리말은 대개 단문이지만 유럽 언어는 여러 절을 결합시킬 수 있다. 핵심적인 차이는 조동사의 활용도다. 독일어에는 '해야만 한다'를 뜻하는 조동사가 'sollen'과 'müssen'으로 구분된다. 전자는 본인의 의지적 판단이 중요한 역할을 하는데 후자는 그것이 배제된 상황에서 사용된다. 앞의 단어가 윤리적인 차원이나 선택적 차원에서 요구되는 강요라고 한다면 뒤의 단어는 거의 무조건적인 강요라고 할 수 있다.

언어 문제는 문법적 차원보다 훨씬 심원한 데 있다. 단순히 의사를 교환하는 도구만이 아니라 그것을 사용하는 개인이나 집단의 세계관이 언어에 담겨 있다는 것이다. 철학적 사유를 중요하게 생각하면 언어를 그런 방식으로 발전시키게 되고, 실용적인 가치를 우선적으로 생각하면 언어가 그쪽으로 발전된다. 우리 민족은 감정 표현을 중요시했기 때문에 형용사가 많이 발달한 반면 동사는 세밀하지가 않다.

조금 옆으로 나가는 말이지만, 언제부터인가 영어 조기 교육으로 온 나라가 몸살을 앓고 있다. 미취학 아이들에게마저 미국인 강사의 본토 영어를 가르친다. 그런 프로그램이 있는 유치원이나 학원에 사람들이 몰려든다고 한다. 초강국 미국 언어를 배움으로써 세계인의 대열에 끼고 싶다는 생각을 무조건 탓할 수는 없지만 언어가 인간 삶의 소산이자 그 삶을 결정한다는 사실이 간과된 것 같아 불편하다. 시카고 신학교의 서보명 교수는 〈기독교사상〉 2002년 3월호에 실린 '언어와 문화'라는 글에서 이 문제를 적절하게 다루고 있다. 마지막 단락을 인용하겠다.

하나님의 말씀 속의 언어는 문법과 분석 이전의 언어이고, 억압과 술수 이전의 언어라고도 할 수 있다. 영어바람을 회의적으로 보는 이유는 그

바람이 억압과 지배의 수단으로 쓰일 수 있기 때문이다. 물론 어느 언어로도 하나님 앞으로 나아갈 수 있다. 그러나 그것은 우리의 언어로 하나님의 말씀을 추구하고 찾을 때 가능하다. 경쟁력의 잣대가 아니라, 나와 내 이웃을 연결해주고, 내 이웃의 목소리를 듣는 것을 가능케 하는 게 하나님이 주신 언어의 참된 모습일 것이다. 이런 모습은 영어나 한국말의 구분 없이 모든 언어가 추구하고 이루어 내야 할 이 시대의 과제로 여겨진다.

성서와 시공간적으로 전혀 다른 세계의 언어를 사용하는 설교자가 성서를 정확하게 해석하고 설교한다는 건 간단한 문제가 아니다. 히브리어와 헬라어 성서를 읽을 줄 안다고 해서 바로 설교할 수 있는 능력을 확보하는 것도 아니다. "언어는 존재의 집이다"라는 하이데거의 말처럼 성서언어의 존재론적 세계로 들어가는 게 필요하다. 성서 언어라는 집에 사는 존재, 즉 하나님의 계시 행위를 읽을 준비를 해야 한다. 전자제품 매뉴얼을 읽듯이 성서가 밖으로 드러내는 표면적인 사실에만 집중한다면 하나님의 말씀을 왜곡하게 된다. 우리의 설교가 창조성을 잃었다는 게 바로 성서 언어의 존재론적 차원을 놓치고 있다는 방증이 아니겠는가.

설교자들이 반드시 언어철학을 공부해야 한다는 게 아니다. 그런 공부를 하면 좋겠지만, 현실적으로 어려운 일이기도 하고, 그런 전문적인 식견이 없어도 큰 문제는 아니다. 성서 언어가 말을 걸 수 있도록 영적 감수성을 열어 놓을 수는 있어야 한다. 거기서 성서 해석학이 요청된다.

성서와 역사 문제

설교가 해석학적이어야 할 세 번째 요인은 하나님의 행위(계시)가 근본적으로 역사적이기 때문이다. 구약성서 기자들도 역사적 사건을 하나님의 계시 행위로 이해했다. 신약성서 기자들이 주목하는 종말론적 하나님 나라도 역사 문제다. 한 사건이 그 자체로 종결되는 게 아니라 역사적 과정을 통해 더 심층적으로 해석된다. 이게 바로 역사의 본질이기도 하다.

서양에는 세계 개념에 대한 두 가지 전통이 있다. 한 전통은 헬라인들의 그것이다. 그들이 볼 때 세계는 순환한다. 예컨대 만물의 본질을 불이라고 생각한 헤라클레이토스는 때가 되면 불이 이 세계를 태워 버리고 새로운 세계가 시작되는 일이 반복된다고 믿었다. 시작도 없고 끝도 없이 돌고 도는 게 바로 이 세상(코스모스)이라는 것이다. 코스모스는 공간적인 관점이 강조되는 '세상'을 가리킨다. 또 하나는 히브리인들의 전통이다. 이들에게 세계는 시작과 끝이 있는 직선이다. 이 세계(에온)는 끝이 나고 다른 세상이 시작된다는 것이다. 에온은 시간적 관점이 강조되는 '세상'을 가리킨다. 이런 직선적 세계 이해에서만 역사 개념이 살아날 수 있다. 기독교 신앙은 바로 이런 구약의 역사 개념을 그대로 받아들였다. 이 세상은 제자리에서 순환하는 게 아니라 종말을 향해 나아간다고 말이다. 생명이 완성되는 종말이 온다고 말이다. 기독교 종말론은 기독교의 고유한 역사관이다. 역사 개념을 알지 못하면 성서를 해석할 수 없다.

종말론적 역사관은 두 가지 의미가 있다. 하나는 오늘의 삶이 종말론적으로 개방되었다는 것이다. 오늘의 모든 인간 삶을 완료된 것으로 볼 수 없다는 뜻이다. 하나님의 창조 사건도 완료형이 아니라 진행형이다. 창조

질서는 태초에 끝난 게 아니라 여전히 종말의 완성을 향해 진행되고 있다. 신학적 근거를 여기서 일일이 설명하진 않겠다. 종말론적 개방성은 신앙적 인식론의 지평을 종말로 옮겨 놓는다. 바울은 이렇게 말했다. "우리가 지금은 거울로 보는 것같이 희미하나 그 때에는 얼굴과 얼굴을 대하여 볼 것이요"(고전 13:12). 우리 인식의 잠정성에 대한 정확한 통찰이다. 설교자는 성서를 종말론적 개방성에서 해석할 수 있어야 한다.

다른 하나는 오늘의 삶에 종말의 빛이 선취(先取)의 방식으로 개입한다는 것이다. 이것이 기독교 신학이 세상 학문과 대화하고 경쟁할 핵심적 요소다. 세상이 보는 역사는 헤겔의 변증법적 역사 발전에 근거한다. 그 역사는 변증법적이라 하더라도 기계적이다. 현재는 과거의 의해 결정되고 만다. 기독교의 종말론에서는 미래가 우위에 자리한다. 미래가 오히려 현재를 끌어간다. 우리는 그 종말의 선취를 예수님의 부활에서 확인한다.

위의 설명이 현학적으로 전달되었을지 모르겠다. 기독교 역사관인 종말론을 본격적으로 해명하려는 건 아니었다. 설교가 해석학적이어야 할 세 번째 이유인 역사 문제를 강조하려는 것뿐이었다. 간략하게 성구를 들어 설명하는 게 좋겠다. "너희 가난한 자는 복이 있나니 하나님의 나라가 너희 것임이요"(눅 6:20)라는 주님의 말씀은 종말론의 관점에서만 타당하다. 지금 이 세상에서 그들은 불행하다. 그들이 실제로 복이 있다면 예수 믿는 사람들은 모두 가난해지는 게 옳을 것이다. 종말의 빛이 오늘을 비추기에 그들은 오늘도 복 있는 사람이다. 설교자는 종말의 빛이 어떻게 오늘의 삶을 비추는지 해명해 낼 수 있어야 한다. 그런 능력이 해석학이다.

인문학 공부

위에서 제시된 성서 해석의 세 가지 전망은 결국 설교자가 성서 텍스트의 놀라운 세계로 들어가야 한다는 의미다. 다시 묻자. 어떻게 성서의 문자를 뚫고 들어가서 그 실질로 들어갈 수 있을까? 이것을 말로 가르치는 것은 쉽지 않다. 물맛을 말로 설명할 수 없는 것과 비슷하다. 물의 분자구조나 물에 대해 쓴 시를 읽었다 해서 물맛을 아는 게 아니다. 물을 직접 마시는 게 가장 빠른 길이다. 어떻게 물을 마실 수 있는가? 설탕물도 있고, 소금물도 있는데, 더구나 구정물도 많은데 어떻게 참된 물의 맛을 볼 수 있는가? 어떻게 하나님을 경험할 수 있는가 하는 질문이다. 세 가지로 정리하겠다.

첫째는 에크하르트 같은 신비주의자들이 추구한 수도원 영성이다. 말씀 읽기, 기도, 명상, 노동을 통해 하나님이 배타적 능력으로 창조하신 생명의 신비를 경험하는 것이다. 이 신비주의 영성을 무조건 초자연적이고 비합리적이라 생각하면 곤란하다. 우리의 이성적 인식과 판단을 모두 부정하고 주관적인 영적 체험에만 몰두하는 게 아니다. 합리적 사유에 토대를 두고 그 너머를 직관하는 길이 신비주의적 수도원 영성이다. 불교 성직자들 중에서 선승(禪僧)이 바로 기독교의 신비주의자와 비슷한 방식으로 진리에 도달하려는 사람들이다. 이런 길을 따라가려면 수도승처럼 모든 현실을 포기해야 하기 때문에 교회를 섬기는 우리에게 현실적인 대안이 될 수는 없다.

둘째는 신학 공부다. 내가 볼 때는 수도원 영성을 기본적으로 유지하면서 신학적 사유를 심화하는 작업이 최선이다. 영적 직관력과 신학적 사유는 서로 연관되기도 하지만 구별되기도 한다. 논리적 인식 체계를 초월하면서 진리의 세계를 꿰뚫는 길이 영적 직관력이라 한다면, 신학적 사유는 철저하게 논리적 인식 체계를 통해 들어가는 길이다. 위에서 말한 기독교 신비주의자들이나 선승들은 주로 '초월'의 방식에서 진리에 도달하지만 어거스틴, 아퀴나스, 루터, 칼빈 같은 학자나 불교의 학승(學僧)들은 '통해서'의 길을 찾았다.

셋째는 인문학 공부다. 앞에서 제시한 수도원 영성과 신학 훈련에서 간과되기 쉬운 부분이 인문학 공부다. 좁은 의미로는 문학, 역사, 철학을 인문학이라고 하지만 넓은 의미에서는 인간의 삶과 세계를 이해하려는 모든 인식론적 노력을 인문학이라고 할 수 있다. 성서 해석학에서 인문학이 필요한 이유는 이를 통해 수도원 영성과 신학적 사유의 리얼리티를 확보하기 때문이다.

예컨대 구원을 설명하려면 성서에 기록된 구원 명제를 기계적으로 반복하는 데 머물 수 없고 새로운 지평을 끊임없이 풀어 나가야 한다. 그 작업에서 인문학적 사유가 결정적으로 도움을 준다. 괴테의 《파우스트》에서 논의되는 구원, 마르크스가 제기하는 노동과 인간소외, 하이데거의 《존재와 시간》에서 거론되는 존재와 시간의 연관성에 대한 깊은 이해로 구원의 지평을 심화할 수 있다. 동서양의 고전 문학이나 예술을 접하는 일도 중요하다. 예수님을 믿으면 구원받는다는 사실을 청중이 믿으면 충분하지 철학적인 사유가 무슨 소용이 있는가 질문할 분들이 있을지 모르겠다. 그런 식이라면 사이비와 이단에서 볼 수 있듯이 기독교는 종교적 열광주의에서 벗어날 수 없다. 기독교는 보편적 진리의 길을 꾸준히 걸어왔다. 초기 기독교의 사도들과 속사도, 교부들은 기독교 신앙을 헬라 철학과 연관해서 변증하는 노력을 게을리하지 않았다. 기독교는 지난 2,000년 동안 자폐증 환자처럼 자기 세계에 숨어들지 않고 이 세계와 보편적 언어로 대화하는 길을 선택했다. 이 세계의 보편적 언어를 이해하는 게 곧 인문학이다.

기독교의 전통을 무시하고 주변의 인문학적 주장에만 귀를 기울이라는 말은 아니다. 성서와 기독교 2,000년 역사는 이 세상의 어떤 문서나 사건과 비교할 수 없을 정도로 탁월한 구원의 리얼리티를 확보했다는 점에서 그것을 상대화하는 태도는 경솔하다. 성서를 간단히 탈(脫)신화화한다거나 휴머니즘의 교과서로 만든다거나, 종교화하는 일들은 아무런 도움이 되지 못한다. 그러나 성서와 기독교 2,000년 역사가 확보한 구원의 리얼리티는 완료된 것이 아니라 종말을 향해 열려 있기 때문에 종말론적인 차원에서 끊임없이 해석되어야 한다는 사실만은 분명하다. 이 두 사실 사이에 긴장을 유지해야 우리의 신학과 설교는 살아 있는 진리와 연결될 것이다. 기독교 근본을 정확하게 유지하는 일과 그것을 해석하는 일 사이의 긴장 말이다. 이런 긴장을 유지하지 못하면 반동적 전통주의에 휩쓸리거나 해체론적 상대주의에 기울어진다. 성서 계시의 존재론적 능력을 신뢰하는 설교자라고 한다면 이런 긴장에서 손쉽게 벗어나려 요령을 피우지 않고, 오히려 그 긴장을 가슴에 안은 채 종말의 불빛을 바라보고 뚜벅뚜벅 길을 갈 것이다. 이 도상(道上)에서 인문학적 통찰은 길벗이 되어 줄 것이다.

인
문
학
적

성
서

읽
기

'인문학적 성서 읽기'는 한국 교회에서 낯설다. 인문학은 인간적 학문이 고 성서는 하나님의 거룩한 말씀이라는 생각이 똬리를 틀고 있기 때문이 다. 물론 성서가 인문학 작품과 똑같다고 할 수는 없다. 기독교인이라면 괴테의 《파우스트》와 구약성서의 욥기를 같은 차원에서 읽지 않는다. 문 제는 성서를 인문학 작품과 달리 하나님의 말씀으로 생각하고 믿는 근거 를 댈 수 있어야 한다는 것이다. 무조건 교회의 권위에 기대서 강요하는 건 진리의 영인 성령에 의존해야 할 교회 공동체의 바른 태도가 아니다. 질문은 이것이다. 도대체 성서는 왜 하나님의 말씀인가? 이런 질문이 너 무 기초적이고 당연하다 생각하는가? 그렇지 않다. 이 질문의 깊이로 바 르게 들어가는 사람만이 성서의 영적 현실성을 경험할 것이다.

성서는 하나님의 말씀인가?

어떤 이들은 그 대답을 "하나님이 말씀하셨다"는 성서의 진술 자체에서 찾는다. 성서에는 그런 진술이 많다. 아브라함과 모세는 하나님에게서 음성을 직접 들은 것처럼 묘사된다. 예언자들도 하나님이 말씀을 주셨다고 선포한다. 하나님과 인간이 친구처럼 대화하는 장면도 심심치 않게 나온다. 요즘도 하나님의 말씀을 직접 들었다고 주장하는 이들이 있다. 그건 하나님과 그의 말씀에 대한 오해다. 하나님은 사람처럼 목소리로 소리를 내지 않는다. 생각해 보라. 하나님에게 입과 성대가 있을까? 히브리어를 쓰시는가, 헬라어를 쓰시는가, 아람어를 쓰시는가? 우리말인가? 아무리 성서를 하나님의 거룩한 말씀으로 믿는다 하더라도 하나님이 사람처럼 소리로 말씀하신다고 믿을 사람은 없을 것이다.

그런데 왜 성서 기자들은 하나님이 직접 소리를 내서 말씀하신 것처럼 묘사한 것일까? 그건 그리 어려운 문제가 아니다. 성서 기자들은 시인과 같다. 그들은 절대적인 경험을 한 사람들이다. 그 절대적인 경험을 시적 언어로 표현했다. 시적인 언어를 사실적인 언어로 오해하면 곤란하다. 예컨대 어느 시에 '바람이 슬프다 말하네'라는 구절이 있다고 하자. 시인은 바람의 말을 알아듣는 사람이다. 그가 전해 들은 바람의 말은 인간의 언어가 아니라 시적 영감의 차원에서만 통하는 시적 언어다. 실제로 바람이 말을 했다고 믿거나, 반대로 시인이 거짓말을 한 것이라고 생각하는 독자는 시를 읽을 자격이 없다. 성서 기자들은 하나님이 말씀하셨다고 표현할 수밖에 없는 어떤 것을 경험한 것이다. 그것이 곧 하나님 경험이다. 성서 기자들의 그 경험을 따라가는 것이 성서를 읽는 우리에게 가장 중요한 일이다.

이 경험의 중심에는 역사가 있다. 하나님 경험, 하나님의 말씀 경험은 역사적이다. 그 역사는 하나님의 행위다. 그 행위가 하나님의 계시다. 이렇게 정리할 수 있다. 하나님은 역사로 말씀하신다. 하나님은 역사로 계시하신다. 이런 명제는 성서에도 명확하게 진술되어 있다. 이스라엘의 역사를 통해 자신을 알리시는 하나님을 구약에서 만난다. 출애굽은 하나님의 구원 행위이며, 그 행위 자체가 하나님의 계시이며, 그것이 또한 하나님의 말씀이다. 하나님은 행위이며, 계시이며, 말씀이라는 뜻이다. 신약에서는 초기 기독교 공동체를 통해 말씀하시는 하나님을 만난다. 예수의 부활은 하나님의 구원 행위이며, 부활 자체가 계시이며, 그것이 또한 하나님의 말씀이다. 이런 토대에서만 성서를 하나님의 말씀이라고 할 수 있다.

역사로 계시하시는 하나님의 말씀을 이해하려면 역사적 관점을 놓치지 말아야 한다. 당연한 논리다. 그것이 성서학에서 말하는 '삶의 자리'다. 그런 삶의 자리가 없는 이야기는 성서에 하나도 없다. 이스라엘의 구체적인 역사를 말하는 모세오경과 그 역사적 맥락에서 선포된 예언서, 그리고 역사적 사건과 긴밀히 연결된 성문서가 모두 그렇다. 신약도 마찬가지다. 가장 비역사적으로 보이는 요한계시록도 로마의 황제숭배 아래서 순교의 길을 가야 했던 초기 기독교의 역사가 배경이다.

성서와 역사의 관련성은 무슨 설교를 해야 하는지와 직접적으로 연관되니 구체적인 예를 들어야겠다. 여호수아서는 가나안 정복 이야기를 다룬다. 여호수아는 여리고 성과 아이 성을 공격하라는 하나님의 말씀을 전한다. 남녀노소를 막론하고 멸절시키라는 명령이었다. 끔찍한 이야기다. 상식적으로 생각해 보라. 이게 하나님의 말씀이었을까? 말이 안 된다. 자비와 창조의 하나님께서 어찌 어린아이까지 죽이라는 명령을 내린단 말인가? 말이 안 되는 명령을 하나님이 여호수아에게 내렸다고 성서는 말한다. 이게 성서를 붙들고 설교해야 할 설교자들의 딜레마다. 그 명령을 옳다고 할 수도 없고, 하나님의 말씀이 아니라고 할 수도 없다. 이 딜레마를 벗어날 수 있는 영적인 시각이 필요하다. 그것을 위해 전문적인 해석학 훈련을 받는 것이다. 방향만 짚자. 이런 표현은 고대 유대인들이 하나님의 뜻을 이해하는 방식이었다. 당시의 관점으로는 그 말씀이 옳았지만, 오늘의 관점에서도 옳다고 할 수는 없다. 그것은 오늘의 삶을 살아가는 우리가 판단해야 한다. 더 궁극적으로 그들이 이해했던 하나님 경험이 무엇인지를 오늘의 삶에서 밝혀야 한다. 그런 해석학적 노력이 없다면 십자군 전쟁과 미국의 이라크 침략 전쟁에서 보듯 성서가 종교제국주의의 도구로 오용될 개연성이 높다.

구약성서는 돼지고기를 하나님이 금했다고 한다. 문자적으로 믿는다면 지금도 우리는 돼지고기를 먹지 말아야 한다. 그런데 돼지고기는 말할 것도 없고 개고기까지 즐기는 목사가 많다. 신자에게는 절대적인 순종을 강요하면서 스스로는 하나님의 말씀에 순종하지 않는 이유는 무엇인가? 구약의 율법이 예수님의 십자가와 부활 이후로 폐기되었다고 믿는다는 것이 답일 것이다. 그런데 목사들이 모든 율법을 그렇게 생각하는 것은 아니다. 말라기에 근거해서 십일조를 절대적인 하나님의 법으로 선포한다. 돼지고기를 먹지 말라는 구약성서의 말씀은 간단히 무시하면서, 십일조를 하라는 말씀은 금과옥조로 지킨다는 것은 이율배반이요 이현령비현령이다. 진리를 선포해야 할 강단에서 이런 일이 버젓이 일어나는 이유는 설교자들이 비양심적이거나 비인격적이라기보다는 성서를 역사적 관점에서 해석할 줄 모른다는 데 있다. 이것만 놓고 본다면 구약 말씀까지 문자적으로 고수하는 '여호와의 증인'이 우리보다 더 순수한지도 모른다.

성서를 역사적 관점에서 해석할 줄 모른다는 말이 무슨 뜻인가? 앞에서 예로 든 여호수아의 진멸 명령을 보자. 고대 유대인들은 가나안 땅을 놓고 원주민들과 일종의 '제로섬' 게임을 벌였다. 그들과 더불어 사는 대안은 없었다. 죽이지 않으면 자신이 죽어야 할 상황에서 고대 유대인들이 하나님의 뜻으로 받아들일 길은 적을 섬멸하는 것뿐이었다. 객관적으로 본다면 그것이 하나님의 뜻이 아닐 수도 있다. 그러나 당시 그들이 처한 삶의 자리에서는 하나님의 뜻이었다. 상황에 따라 하나님의 뜻이 바뀐다는 말이 아니다. 하나님의 뜻이 바뀐다기보다는 종말론적으로, 역사적으로 열린 하나님의 뜻에 대한 우리의 인식이 바뀐다고 보아야 한다. 어른이 되면 어린아이의 생각을 버려야 하는 것과 같다. 여기에 설교자의 해석학적 능력이 요구된다. 이 문제는 돼지고기 이야기를 통해 더 간단하게 이해될 수 있다.

고대 유대인들의 율법은 돼지를 부정한 짐승으로 분류했다. 동물의 피를 마시지 말라는 명령도 포함된다. 그런 율법의 전통은 마치 어머니가 어린아이들에게 먹을거리를 골라 준 것처럼 하나님이 먹을거리마저 지정해 준 것이다. 이 이야기의 역사적 배경은 고대 유대인들의 생존 조건과 연관된다. 지방질이 높은 돼지고기는 열악한 위생 환경에서 살아가는 유대 민족의 건강에 치명적일 수 있다. 율법은 그들의 생존을 위한 최소한의 규정이다. 그런 규정은 하나님의 말씀이었다. 그러나 오늘 기독교인들은 구약성서를 하나님의 말씀으로 받아들이지만 돼지고기를 금하는 규정은 받아들이지 않는다. 전혀 다른 상황에서 살아가는 우리에게 그것은 더 이상 하나님의 말씀이 아니다. 우리의 생존을 지켜 주는 하나님의 사랑과 자비가 핵심이다. 오늘 삶의 자리에서 먹을거리에 대한 하나님의 뜻과 그의 말씀이 구체적으로 무엇인가를 판단해야 한다. 유전자 조작 식품이 금지 품목으로 지정되어야 하는 건 아닐까.

여리고 성 주민을 멸절시키라는 명령이나 돼지고기를 금하는 율법이 하나님의 말씀이 아니라는 뜻은 아니다. 그 규정은 생존을 책임져 주시는 하나님에 대한 고대 유대인들의 인식이며 신앙고백이다. 그 하나님의 경험을 그들은 자신들의 역사 경험의 틀에서 진술했다. 구약성서를 읽는 우리는 그들의 역사 경험 너머에 있는 하나님 경험을 배워야 한다. 역사 경험과 하나님 경험은 일치하기도 하지만 구별되기도 한다. 여리고 성 주민들을 멸절시켜야 한다는 것은 역사 경험이었으며 하나님이 지켜 주신다는 것은 하나님 경험이었다. 돼지고기를 먹지 말아야 한다는 것이 '삶의 자리'에서 나온 역사 경험이었다면 그런 방식으로 하나님이 유대 민족을 지켜 주신다는 믿음은 하나님 경험이다. 역사 경험은 손가락이며, 하나님 경험은 달이다. 손가락을 통해 봐야 할 대상은 달이다. 이러한 해석학적 시각을 확보할 수 있는 기초적이고 필수적인 훈련은 인문학적 사유다.

인문학이란 무엇인가?

도대체 인문학이 무엇이기에 인문학적 성서 읽기가 필수라는 말인가? 전통적인 의미에서 인문학은 문학, 역사, 철학을 가리킨다. 이 세 분과가 명확히 구별되는 건 아니다. 오히려 서로 긴밀히 연결되어 있다. 헬라 철학은 역사이며 동시에 문학이다. 장자와 노자 철학은 문학이며 철학이다. 세 분과만이 아니라 모든 학문은 유기적으로 연결되어 있다. 고대 헬라 철학자들이 오늘의 과학자 역할을 한 것처럼 철학과 자연과학은 긴밀히 연결되어 있다. 그런데 재미있는 사실은 성서가 바로 문학이며 역사이며 철학이라는 것이다. 서양 문학은 성서를 제외하고는 성립되지 않는다. 구약성서의 기본은 신명기 역사관이다. 역사 개념에 대한 이해가 없다면 구약성서를 정확히 읽어낼 수 없다. 신학이 기본적으로 유럽 철학과의 직간접적인 대화에서 발전했다는 사실을 모르는 사람은 없을 것이다. 구약성서의 유일신 사상은 헬라의 다신론 철학과 대별되는 고유한 세계관이다. 문학과 역사와 철학이 긴밀히 연결되는 이유는 그것이 동일하게 인간 삶의 흔적을 담기 때문이다. 그렇다. 인문학은 곧 인간 삶의 흔적이며 무늬다. 그런 흔적과 무늬가 성서에도 그대로 담겨 있다. 인문학적 훈련 없이 성서의 깊이로 들어간다는 주장은 어불성설이다. 그 근거를 몇 가지만 언급하겠다.

모세는 하나님에게 이름을 물었다. 하나님은 모세에게 이렇게 대답했다. "나는 스스로 있는 자이니라"(출 3:14). 이 말은 하나님에게 이름이 없다는 뜻이다. 모든 개념과 범주를 뛰어넘는 하나님에게 어찌 이름을 붙이겠는가. 개념과 범주를 초월한다는 뜻의 '스스로 있는 자'라는 말을 이해하려면 '있다'는 뜻을 알아야 한다. 이른바 존재론이다. 고대 헬라 철학은 주로 실체론적 형이상학의 차원에서 존재를 생각했다. 오늘날 존재는 단순히 '있다'는 차원이 아니라 '없다'는 차원까지 포함한다. 하이데거는 존재를 '무(無)에 걸쳐 있음'이라고 말했다. 없음을 통해 오히려 있음을 가능하게 하는 원천적 힘이 존재라는 것이다. 이런 점에서 본다면 하나님은 존재한다기보다는 오히려 존재하지 않음으로 모든 것을 존재하게 하는 힘이다. 불교의 가르침에 이런 말이 나온다. '색즉공 공즉색'(色卽空 空卽色), 즉 실체는 비어 있음이요, 비어 있음은 곧 실체라는 뜻이다. 여기서 색(세상의 실체)은 단순히 무언가 있다는 뜻이 아니며, 공은 단순히 없다는 뜻이 아니다. 색과 공, 즉 차 있음과 비어 있음은 변증법적으로 연결되어 있다. 존재는 우리가 감각적이고 현상적인 방식으로 확인할 수 있는 차원을 초월한 신비라는 뜻이다. '스스로 있는 자'에 대한 루터의 번역에서 이를 확인할 수 있다. 루터는 그 구절을 'Ich werde sein, der ich sein werde'로 번역했다. 하나님은 앞으로 존재하게 될 바로 그라는 뜻이다. 미래형이다. 하나님은 완료된 실체가 아니라 그 실체가 다 드러나지 않은 미래의 궁극적인 능력이라고 할 수 있다. 철학적 인식이 없다면 하나님의 존재에 대해 왜곡된 이야기를 할 수밖에 없을 것이다.

기독교 신앙의 핵심은 부활 신앙이다. 무엇이 부활인가? 죽은 사람이 다시 살아나는 것은, 그런 일이 없거니와 있다 하더라도 그것은 부활이 아니라 환생일 뿐이다. 제자들의 예수 부활 현현 경험은 역사에서 실증적으로 일어날 수 없는, 그래서 우주론적인 차원에서 유일회적일 수밖에 없는 궁극적인 생명 경험이다. 부활의 주님이 대제사장이나 빌라도에게 나타나지 않은 이유를 깊이 생각해 보라. 부활의 주님은 신문기자가 현장에서 확인해 보도할 수 있도록 부활하신 분이 아니다. 예수를 메시아로 경험한 이들에게만 가능한, 즉 종말에 온전하게 드러날 궁극적 생명의 선취(先取)였다. 오늘 설교자는 이 부활을 어떻게 설교해야 하는가? 성서가 말하는 부활을 바르게 이해하는 첫걸음은 인문학적인 차원에서 '생명'을 따라가는 것이다. 생명이 무엇인가에 대한 현실적이고 포괄적인 이해가 없다면 부활 설교는 죽은 설교가 될 것이다.

생명의 문제는 성령과도 연결된다. 한국 교회에서 가장 크게 오해되는 대목이 성령론이다. 성령은 초자연 사건을 일으키는 주체로, 그것에 대한 인간의 주관적 인식의 근원으로 이해된다. 툭 하면 성령의 조명을 전가의 보도처럼 내세운다. 은사주의 신앙에서도 성령은 강조된다. 성령을 받으면 다른 사람이 따라올 수 없는 각종 은사를 받고, 오묘한 진리를 깨닫는 것처럼 말이다. 성령이 열광주의와 경건주의의 독점물인 양 오해되는 실정이다. 성서가 말하는 성령은 기본적으로 생명의 근원이다. 구약성서의 '루아흐'와 신약성서의 '프뉴마'는 바람이나 숨처럼 생명을 야기하는 능력이다. 생명을 야기하는 능력이 어디서 작용하는지 상식적으로 살펴보라. 인문학적인 사유는 상식의 깊이로 들어가는 것이다. 지구 곳곳에 그런 힘들이 작용한다. 바닷물 속의 플랑크톤 번식에서, 바람에 날리는 민들레 홀씨에서, 젊은 남녀의 사랑에서 생명의 힘이 작용한다. 물리학이 말하는 양자역학과 장(場)역학도 예외가 아니다. 하나님이 창조한 모든 것에 생명의 영이 작용한다. 그런 인식과 경험이 풍성해져야 부활 생명의 실체에도 조금씩 들어갈 수 있다. 설교자에게 주어진 과업은 이런 보편적인 생명 경험과 예수의 부활에 토대한 기독교의 생명 경험을 해석학적으로 푸는 것이다. 이런 과업에서 인문학적 생명 공부는 필수다.

설교와 인문학의 관계를 거론하기 시작하면 끝이 없을 정도다. 현실성 (reality) 인식이 없으면 구원과 하나님 나라의 현실성도 책임 있게 말할 수 없다. 역사 공부가 없다면 기독교의 종말론을 설명하기 어렵다. 한국 교회에서 종말론이 시한부 종말론이나 역사 허무주의적 종말론으로 곧잘 빠지는 이유가 여기에 있다. 플라톤의 '이데아'와 아리스토텔레스의 '질료와 형상' 공부가 없으면 부활론과 대립되는 영혼 불멸설이 기독교의 정통 교리에 자리 잡은 피치 못할 사정을 따라갈 수 없다. 인간과 성(性)에 대한 기초적인 이해가 없는 설교자는 강단에서 동성애자를 단죄하고, 기본적인 생물학 지식이 없는 설교자는 진화론을 부정하느라 공연히 영적 에너지를 소진한다. 정치철학적 이해가 없는 설교자는 반공주의를 기독교의 복음인 양 전한다. 인간 삶과 역사에 대한 몰이해는 설교를 도그마에 빠뜨리고 포퓰리즘에 휩쓸리게 한다. 이건 세상을 사랑하시어 외아들을 보내사 십자가에 달려 죽게까지 하신 하나님을 선포하는 설교자의 도리가 아니다.

인문학과 신학

인문학이 성서 읽기와 설교 행위에서 만능이라는 뜻이 아니다. 인문학적 인식이 깊은 설교자라 하더라도 설교를 능수능란하게 못할 수도 있고, 그런 훈련이 없어도 대중에게 감동을 주는 설교를 할 수 있다. 이유는 인문학의 속성 자체에 있다. 인문학은 세계와 인간 삶에 대한 통찰력을 깊게 해줄 뿐이지 청중을 설득하는 능력을 주지 않는다. 다층적인 인간 삶에 대한 인식 확장이 인문학의 본류다. 철학자 김영민은 인문 정신을 이렇게 피력한 바 있다.

> 이 글의 중심에 자리잡은 개념, '인문 정신'이란 무엇인가? 그것은 '세상의 사람'이 아니라 '사람의 세상'을 만들려는 정신이며, 삶이 오랜 세월을 거치면서 만들어가는 사람의 무늬(人文), 그리고 묘(妙)의 지극함을 존중하려는 태도다.(김영민, 《진리 일리 무리》, 철학과현실사, 1998, 31쪽)

김영민이 말하는 묘의 지극함이 무엇인가? 이 세상은 묘가 극에 달했다는 뜻이다. 세상 자체가 묘다. 여기 내 책상 위에 연필이 한 자루 있다. 이것이 무엇이며, 어디서 왔는가를 생각해 보라. 이것의 근원이 어딘지를 상상해 보라. 묘의 지극함, 아득함에 빠져들 것이다. 연필은 두 가지 물질의 결합이다. 하나는 나무이며, 다른 하나는 흑연이다. 나무만 보자. 연필의 재료가 된 나무는 오랜 세월 빛과 탄소와 물의 탄소동화 작용에 의해 생명을 이어 왔다. 그 나무가 많은 단계를 거쳐서 연필이라는 실체로 내 눈앞에 놓이게 된 것이다. 이런 점에서 연필은 태양이기도 하고, 물이기도 하고, 탄소이기도 하다. 연필은 우주가 펼치는 마술쇼다. 간단해 보이는 연필 한 자루도 따지고 보면 묘의 극치다. 어디 그것만이겠는가. 우리 주변에 묘하지 않은 것은 하나도 없다. 지구에는 물이 있다. 일정한 형체가 없이 주변 관계에 따라 달라지는 액체다. 위에서 아래로 흐른다. 이런 물리적 성질도 신비다. 물은 생명의 원천이기도 하다. 지구에는 왜 물이 있을까? 또 물과 돌의 중간쯤 되는 물질은 왜 없을까? 신기하다. 소리는 또 어떤가. 소리는 공기의 진동으로 일어나는 물리 현상이다. 공기가 없는 우주에는 소리도 없다. 색깔은 또 어떤가? 모든 것이 신묘막측하다.

소설가 코엘료는 《연금술사》에서 이렇게 말한다. 이 세상 모든 물질은 나름의 시간이 있다. 물질은 자기 시간을 채우면 다른 물질이 된다. 금은 금의 시간이 채워지면 해체되어 납이 되기도 하고, 돌이 되기도 한다. 납도 납의 시간을 채우면 해체되어 금이 되기도 하고, 나무가 되기도 한다. 그렇다. 물질은 고정된 실체가 아니라 변화 과정에서 일시적으로 일정한 형태를 띤 것뿐이다. 모든 것은 서로 소통된다. 연금술사는 연금술을 배우고 싶다는 목동에게 이렇게 말한다. "산티아고, 사막의 모래 한

알이 우주다!" 옳은 이야기다. 빗방울이 보석이고, 해바라기 씨가 다이 아몬드다.

사람의 만남도 그렇다. 남자와 여자가 어떻게 만나서 부부의 인연을 맺는지는 아무리 생각해도 묘하다. 그 누구도 연출하기 힘든 만남들이다. 그런 만남으로 일어나는 역사를 보라. 클레오파트라의 코가 조금만 낮았어도 유럽의 역사는 달라졌을 거라고 하지 않는가. 역사는 결정되지 않았다. 우리의 예측을 뛰어넘는다. 언제 어떻게 역사가 변할지 모른다. 2,000년 전 십자가에 처형당한 한 젊은 유대인의 죽음으로 세계사가 지금처럼 진행될 줄은 그를 고발한 산헤드린 의원들이나 사형 선고를 내린 로마 총독 빌라도가 꿈도 꾸지 못했다. 에피소드처럼 보였던 사건들이 역사의 흐름에서 결정적으로 중요한 일을 일으킨다. 이것이 역사의 묘가 아니고 무엇인가. 그 묘의 깊이로 들어가는 것이 바로 인문학이다.

이런 점에서 인문학과 신학은 같은 길을 간다. 인문학이 인간과 세상과 역사의 묘에 취한다면 신학은 하나님의 신비에 취하는 것이다. 그 하나님은 인간과 세상과 역사의 묘에서 존재 신비를 계시하는 분이다. 하나님의 존재 신비는 '비밀'이라는 뜻이다. 에버하르트 윙엘의 책처럼 '하나님은 세상의 비밀이다'(Gott als Geheimnis der Welt). 이 비밀은 신학자들의 말장난이 아니라 성서 기자들의 신앙고백적 진술이다. "이는 그들로 마음에 위안을 받고 사랑 안에서 연합하여 확실한 이해의 모든 풍성함과 하나님의 비밀인 그리스도를 깨닫게 하려 함이니"(골 2:2). 그리스도는 하나님의 비밀이라니, 무슨 말인가? 예수가 그리스도라는 사실이 확연하게 드러나지 않았다는 뜻이다.

유대 신학자 한 사람이 기독교인들을 향해 이렇게 질문했다고 한다. 예수가 그리스도라는 사실의 근거가 무엇인가? 유대인 학자의 눈에는 예수에게 그런 근거가 없다. 예수 이후에도 무죄한 이들이 고난을 받고, 불의하고 사악한 이들이 평안하게 잘 사는 일들이 비일비재하다. 인간은 여전히 싸우고, 죽어야 한다. 선천적 장애인도 예수 이전이나 이후나 똑같이 태어난다. 예수가 메시아라고 한다면 무언가 달라진 게 있어야 했다는 그의 문제 제기는 옳다. 이게 오늘 기독교가 풀어야 할 숙제다. 이 대답은 실증적으로 주어지지 않을 것이다. 실증적인 것이 늘 옳은 것도 아니다. 우리 기독교인의 대답은 그리스도의 비밀이라는 개념에 있다. 예수가 메시아라는 사실은 지금 비밀이다. 예수는 은폐의 방식으로 메시아 사건과 하나가 되었다는 뜻이다.

주로 불가지론을 주장하는 이들에게 비밀이라는 말은 불쾌할 수 있다. 확실하지 않은 것을 자기 합리화로 피해 간다고 말이다. 묘의 지극함과 하나님 존재의 신비도 확실한 게 아니니 말하지 말라는 주장이다. 그것은 잘못이다. 미켈란젤로는 조각이란 대리석 덩어리에서 불필요한 부분을 제거하는 작업이라고 했다. 그의 눈에는 대리석 덩어리에 든 피에타 상이 또렷하게 보였다. 그 상은 대리석 덩어리 안에 감추어져 있다. 그건 비밀이요, 신비이며, 묘이다. 그걸 보는 사람이 있고, 못 보는 사람이 있다. 못 보는 사람은 미켈란젤로의 말을 알아듣지 못한다. 숨어 있는 세계를 들여다보는 이것이 인문학적 사유이며, 상상력이며, 직관이다.

신학과 인문학은 결국 같은 것인가? 말 그대로 신에 대한 언어를 신학이라고 한다면 인문학은 인간 삶의 무늬에 대한 깊은 통찰이다. 한쪽의 중심은 신이고, 다른 한쪽은 인간이다. 서로 대립하는 것은 당연하다. 그러나 신비와 묘의 관점에서 비슷한 길을 간다는 점에서 상통한다. 굳이 구별한다면 신학이 하나님의 계시에 묘의 존재론적 우위성을 둔다면, 인문학은 인간의 삶 자체에 묘의 존재론적 우위성을 두는 것이다. 그러나 하나님의 구원이 인간과 세계 전체를 목표로 한다는 점에서 신학이 인문학을 배척할 필요는 없다. 아니 하나님의 존재 신비를 마음에 두는 신학이나, 인간 삶의 묘를 존중하는 인문학이나 신비와 묘에 사로잡힌다는 점에서 비슷한 운명에 놓인 셈이다.

안타깝게도 교회와 설교자가 인문학 공부를 외면하는 가장 큰 이유는 실용적이지 않다는 데 있다. 즉 인문 정신은 용(用)이 아니라 묘(妙)의 관점이기 때문이다. 어디 교회와 설교자의 문제만인가. 한국 사회는 오래 전부터 인문학의 위기를 겪고 있다. 가장 보편적이고 인문학적인 공부에 매진해야 할 대학에서 철학개론이 선택과목으로 바뀌고, 철학과가 폐과되는 일도 심심치 않게 일어난다. 대신 실용영어와 컴퓨터 관련 과목이 앞자리를 차지하고 있다. 철학 선생들은 철학으로 밥벌이를 할 수 없어 사설 학원 논술 강사로 팔리고 있다. 신학교에서도 이론 과목은 인기를 잃고 당장 써먹을 수 있는 실용 과목이 득세한다. 하나님의 구원 통치가 선포되어야 할 교회에서도 성장주의와 교양 강좌류의 설교가 모든 것을 압도한다. 재미있는 설교, 들리는 설교, 심지어 웃기는 설교, 당장 세상살이에 도움을 주는 설교가 압도하는 실정이다. 그렇다. 우리는 지금 삶의 지극한 묘까지 계량화되는 시대에, 하나님의 존재 신비까지 처세술의 비법으로 도구화되는 시대에 산다. 누구 책임인가? 어쩔 것인가? 이런 질문은 무의미하다. 자신의 영적 경지에 따라서 각자 살아갈 뿐이다. 설교자도 자신의 영적인 눈에 보이는 만큼 설교할 수 있을 것이다.

바둑 채널에 '프로에게 도전한다'는 프로그램이 있다. 아마추어 바둑 기사가 프로 기사와 겨루는 대국이다. 검은 돌을 쥔 아마추어는 실력에 따라 3 내지 6점을 미리 깔고 둔다. 초반의 바둑 형세는 대개 아마추어에게 좋지만, 중반과 종반으로 진행되면서 형세가 역전되는 경우가 많다. 아마추어가 좋은 형세를 그대로 유지하지 못하는 이유는 대국의 국면이 복잡해지면서 정교한 수(手)읽기가 안 되고 거듭해서 악수를 두는 데 있다. 설교자도 세계, 인간, 하나님의 깊이를 정확하게 이해하지 못하기 때문에 영성의 고수인 성서 기자와의 대국이라 할 설교에서 악수를 두기도 한다.

바둑 프로그램에는 일반적으로 해설자가 등장한다. 해설자의 바둑 실력은 대국에 나선 프로 기사와 비슷하다. 재미있는 현상은 이 해설자가 프로 기사의 착점은 거의 정확하게 맞추는 데 반해 아마추어의 착점은 놓칠 때가 적지 않다는 것이다. 그 이유는 아마추어 기사가 최선의 길을 모른다는 데 있다. 설교를 영성의 고수인 성서 기자들과의 영적인 대화라고 했는데, 다른 각도에서 말할 수도 있다. 설교자의 역할은 바둑 해설자처럼, 영적 세계의 최고수인 성서와 거기에 도전하는 아마추어 청중 사이에서 정확한 수를 읽고 해설하는 것이라고 말이다. 설교자는 성서의 바른 길을 짚어 내고, 청중의 완착과 패착을 교정해야 한다. 설교자가 이런 역할을 정확하게 수행하려면 프로 기사처럼 성서와 신학에서 진정한 고수가 되어야 한다.

꼼수라는 말이 있다. 프로 바둑과 동네 바둑의 차이가 그것이다. 동네 바둑에서 힘깨나 쓰는 아마추어 기사들이 있는데, 특히 하수를 농락하는 요령과 재주가 탁월하다. 그들이 하수에게 자주 사용하는 게 꼼수다. 꼼수는 정수와 달리 상대방이 실수했을 때만 통하는 수다. 그런 수는 프로 기사에게는 결코 통하지 않는다. 프로 기사는 돌을 던지면 던졌지 꼼수는 두지 않는다. 그만큼 바둑의 도(道)에 투철하다는 뜻이다. 목회와 설교에서도 꼼수가 없다고 말하지는 못하리라.

또 하나 재미있는 사실은 엘지배, 춘란배, 후지쓰배 등 수많은 국제 기전 대국에서 똑같은 바둑은 없었다는 것이다. 국제 기전만이 아니라 모든 전문 기사 사이에서도 똑같은 바둑이 나오지 않는다. 가로 열아홉 줄과 세로 열아홉 줄로 된 모눈종이 형태의 바둑판에 흑돌과 백돌을 번갈아 가며 놓는, 어떻게 보면 아주 단순한 바둑에서 동일한 판이 나오지 않는 이유는 기사들의 수가 흉내 내기가 아니라 창조적이기 때문이다. 설교도 비슷하다. 똑같은 본문으로도 얼마든지 창조적인 설교를 할 수 있다. 관건은 설교자가 하나님의 종말론적 구원 사건을 노출과 은폐의 방식으로 담은 성서 텍스트 세계에 창조적으로 접근할 수 있는가 하는 점이다. 적지 않은 설교자가 성서의 놀라운 세계로 들어가려 노력을 기울이지 않을 뿐 아니라 그것이 무엇인지도 모른다. 많은 설교가 뻔하게 들리는 이유가 여기에 있다. 이런 설교는 설교자와 청중 모두의 영성을 타성에 빠뜨릴 뿐이다.

프로 기사들의 바둑이 창조적인 이유는 바둑의 도, 또는 기리(棋理)를 알고 그것을 따른다는 데 있다. 머리가 좋아서 바둑을 잘 두는 것 같지만 근본적으로는 도를 따르는 것이다. 이게 핵심이다. 마찬가지로 설교의 창조성은 말재주가 아니라 성령에 직결되어 있다. 설교자가 자기 생각을 축소하고 진리의 영인 성령에 완전히 의존할 때 창조적인 설교가 가능하다는 말이다. 여기서 성령에 의존한다는 말을 단순히 오순절적 열정이나 신비주의적 비의(秘儀)로 생각하면 곤란하다. 요한복음에 따르면 성령은 바람과 같아 어디서 와서 어디로 가는지 모르는 생명의 영이다. 성령은 우리의 생각을 뛰어넘으시는 영이다. 따라서 설교자가 중심을 비우고 그분에게 의존할 때 창조적인 설교가 가능하다.

설교자 치고 성령에 의지하지 않는다고 하는 사람은 없을 것이다. 그렇게 말한다 해서 성령 의존적인 설교를 하는 사람이라는 보장은 없다. 사이비 이단의 교주들도 성령 운운하는 마당이니 더 이상 말해 무엇하랴. 영은 성령만 있는 게 아니라 악령도 있다. 누가 성령에 의지하는 설교자이며, 누가 악령에 의지하는 설교자인지는 언젠가 때가 오면, 궁극적으로 마지막 심판 때 밝혀질 것이다. 이 문제는 더 이상 논하지 말자. 대신 성령 의존적인 설교와 대립하는 설교가 어떤 형태로 나타나는지 검토하겠다.

이를 통해 성령 의존적인 설교가 무엇인지도 자연스럽게 드러날 것이다.

청중 중심에서 벗어나기

성령 의존적인 설교와 대립하는 대표적인 설교 행태는 청중 중심 설교다. 은혜를 끼쳐야겠다는 의욕이 과도하게 작동되는 설교를 말한다. 설교에서 청중의 문제는 한두 마디로 처리할 수 없다. 청중 없는 설교는 가능하지 않다. 청중의 영적 상황을 깊이 이해하지 못한 설교는 공허한 외침으로 떨어질 수 있다. 청중과의 영적인 공명이 일어나는 설교가 성령의 활동이라는 점에서도 설교 행위에서 놓칠 수 없는, 또한 놓쳐서도 안 되는 요소가 청중이다. 그러나 엄밀한 의미에서 설교자는 청중에 대한 관심을 내려놓아야 한다. 최소화해야 한다. 그 이유는 과도한 관심이 설교를 포퓰리즘(대중주의)에 빠뜨리기 때문이다. 이 문제는 앞서 '한국 교회 강단, 무엇이 문제인가?'에서 언급했지만, 성령 의존적 설교를 검토하는 데에도 중요한 대목이라 보고 간단하게나마 다시 설명하는 게 좋겠다.

설교의 포퓰리즘을 극대화한, 그래서 희화화에까지 이르게 한 대표적 설교자는 J 목사다. 그는 개그맨보다 더 웃기는 목사로 소문이 났다. 그가 평신도 대중 집회만이 아니라 목사 모임에까지 유명 강사로 다니는 한국 교회의 현상에서 한국 교회 강단에 뿌리 내린 대중주의의 극치를 볼 수 있다. 약간 다른 행태지만 '긍정의 힘'을 주장하는 미국의 O 목사도 마찬가지다. 청중의 호응을 설교 평가의 유일한 기준으로 삼아 온 강단에서 그의 출현은 아주 자연스럽다. 평가는 보는 입장에 따라 다를 것이다. 지지하는 이들의 주장은 두 가지다. 첫째, 한국 교회가 성장 동력을 잃고 있으니 그런 설교를 통해서라도 돌파구를 찾아야 한다. 둘째, 개그처럼 비친다 하더라도 내용만 복음적이면 권장할 만한 설교 방식이다. 이 두 주장에 개인적으로 동의하지 않는다. 교회가 성장 동력을 잃어버린 이유가 신앙 행태의 천박성에 있다는 사실을 알아야 한다. 당장은 심금을 울리는 듯한 설교가 효과를 내는 것 같지만 길게는 갈 수 없다. 그런 설교에 복음적 내용이 담긴다 하더라도 바른 설교라고 할 수 없다. 무늬만 복음이기 때문이다.

실질적인 복음과 무늬만의 복음을 구분하기는 쉽지 않다. 비유적으로 설명하겠다. 여기 피타고라스의 정리가 있다. "임의의 직각삼각형에서 빗변을 한 변으로 하는 정사각형의 넓이는 다른 두 변을 각각 한 변으로 하는 정사각형의 넓이의 합과 같다." 이것을 무조건 외우는 것과 그것을 통해 도형과 수학의 세계로 깊이 들어가는 것은 완전히 다르다. 오늘 설교는 수학 공식이나 구구단을 외우는 수준에서 벗어나지 못할 때가 많다. 다만 외우는 방법만 화려하게 개발될 뿐이다. 물론 좋은 뜻으로 받아들일 수 있긴 하다. 청중의 전체적인 수준이 높지 않으니 가능한 한 쉬운 설교를 재미있게 전해야 한 영혼이라도 더 구원을 받지 않는가 말이다. 일리가 있지만 옳지도 않고, 정직하지도 못하다. 쉬운 설교의 유혹은 포퓰리즘에 빠져 성령의 주도권이 무엇인지 모르는 설교자의 자기 합리화다. 설교학자 디트리히 리츨의 지적은 옳다.

사람들은 당시에는 듣고도 이해할 수 없었던 것을 마음속에 새겨두는 법이다. 우리에게 가장 강한 인상을 주고 우리의 생애를 철저하게 바꾼 설교는 대개 시간이 훨씬 지난 후에야 비로소 충분히 이해되는 것이었다.

설교자는 이 점에 대하여 확신을 가져도 되며 그가 설교에서 말한 것을 모든 청중이 당장 이해해야 한다는 목표를 신경질적으로 추구해서는 안 된다. 쉽게 이해되고 지나치게 단순화된 설교가 자칫 참된 생명의 말로 해석될 수도 있다. 오늘날 교회 생활의 위험한 경향은 지나치게 복잡하게 된 설교에 있다기보다는 너무나 한정된 말로 너무 단순하게, 청중이 옛날부터 들어온 것을 너무 많이 반복하여 재확인하는 것에 불과한 설교에 있다. 이해되지 않는 것보다는 오해되는 게 훨씬 더 위험하다.(디트리히 리츨, 《설교의 신학》, 손규태 옮김, 대한기독교서회, 1990, 204쪽)

J 목사의 설교 행태만을 문제라고 말하는 게 아니다. 한국 교회 전반에 걸친 포퓰리즘적 설교와 목회 행태를 지적하는 것이다. 귀납법적 설교, 스토리텔링, 청중 중심의 설교 등등 신학대학교 설교학 교수들이 가르치는 내용도 대개는 청중을 설득하는 설교 테크닉이다. 언제부터인가 한국 교회 안에서 상담학이 각광을 받는다는 데서 확인할 수 있듯이 청중의 영혼을 돌보는 목회가 인간의 심리를 다루는 기술로 전락하고 있다. 물론 청중들의 정서적·심리적 현상에 관심을 기울이고 적합한 설교 기술을 개발하는 작업은 필요하다고 본다. 그렇지만 청중 중심주의가 과도하게 작동함으로써 결국 창조의 영이자 부활의 영이며 종말의 영인 성령의 주도권이 훼손된다는 데 문제가 있다.

이런 현상은 교회 성장론에 치우친 이들에게서 흔히 보이지만, 전혀 다른 신학적 경향에 속한 이들에게서도 나타난다. 그중 하나는 민중신학이다. 이들의 인간론과 근본주의적 성장론자들이 매달리는 인간론에는 큰 차이가 있다. 민중신학은 인간을 주체로 다루지만 근본주의는 도구로 다룬다는 점에서 크게 다르다. 전자의 복음 운동에서는 인간의 주체성과 자유와 해방이 살아 움직이지만 후자에서는 인간이 노예화되고 죄의식에 물들고 종속적으로 바뀐다. 그러나 설교와 목회와 하나님 나라 운동이 인간 중심으로 작동한다는 점에서 양자는 일맥상통한다. 민중신학적 경향의 설교자들에게도 예수 그리스도의 복음이 새로운 사회 개혁 프로그램으로 떨어질 가능성이 없지 않다는 말이다. 예수님이 전한, 그리고 기독교 역사의 대림절 신앙에 근거한 종말론적 하나님 나라는 복지사회 건설과 다르다는 사실을 놓치는 데서 벌어진 결과다.

성령 의존적인 설교에 대립하는 설교가 청중 중심의 설교라고 앞에서 주장했다. 노파심으로 말하지만 청중에 대한 관심이 무의미하다는 말이 아니다. 청중 과잉이 문제다. 청중 과잉으로 설교자는 성령에 귀를 기울이지 못하게 된다. 성령과의 공명이 없어도 얼마든지 설교가 가능하게 되었다. 청중의 반응이 열화와 같기에 설교자의 자기만족이 가능해졌다. 강단에서 청중 과잉이 어느 정도로 심각한지 긴 말이 필요 없을 것이다. 과문한 탓인지 하나님 나라, 종말, 창조, 생명, 부활, 삼위일체를 핵심 주제로 하는 설교를 접한 적이 별로 없다. 어떤 본문으로 어떤 설교를 하든 사람에게 초점이 맞추어져 있다. 그래서 설교자는 청중을 설득하기 위해 수단을 가리지 않는다. '쇼'도 마다하지 않는다. 그런 자리에 어찌 성령이 임하겠는가.

소극적으로 설교하기

설교에서도 청중과 설교자가 죽어야 성령이 산다. 성령이 살기 위해 청중과 설교자는 죽어야 한다. 설교자의 자리가 낮아지고 영의 자리가 높아져야 한다. 이것은 비움의 영성이며, 낮춤의 영성이다. 이것을 신학적 요설(饒舌)로 생각하면 곤란하다. 설교자의 정체성에 대한 지적이다. 설교자는 철저하게 뒤로 물러나야 한다는 말이다. 설교자의 역할은 소극적으로, 성령의 역할은 적극적으로 실행되어야 한다. 쉬운 일이 아니다. 설교할 때마다 성령의 도구로만 사용해 달라고 기도하지만 실제로는 자기를 드러내는 일이 얼마나 많은가. 이런 설교에서 청중은 설교자의 자기 확신에 찬 닦달에 취할 뿐, 말씀의 깊이에 들어가지 못한다.

잠시 방향을 돌려 로마 가톨릭교회의 강론을 보자. 우선 로마 가톨릭의 미사는 매우 낯설어 보인다. 그들의 종교의식이 형식주의에 빠진 것처럼 보일 것이다. 강론도 형편없어 보인다. 지금은 좀 달라지기는 했지만 옛날에는 10분도 되지 않아 강론이 끝나는 경우가 많았다고 한다. 시간도 시간이지만 그 강론이라는 게 교구 차원에서 주어진, 교회력에 따른 본문과 내용을 읽는 정도니까 호소력이 강한 열정적 설교에 길들여진 개신교 신자들에게는 시시하게 보일 것이다. 과연 그럴까?

나는 우리 설교도 미사 강론 형태로 돌아가는 게 바람직하지 않을까 하는 생각이 들 때가 있다. 몇 가지 이유가 있지만 가장 핵심적인 것은 설교자들이 하나님의 말씀을 설교할 만큼 준비되지 않았다는 점이다. 성서의 세계에 들어가는 것 자체가 전문적인 작업이며, 그것을 삶에 적용시키는 작업 또한 전문적이라는 점에서 설교는 누구에게나 열린 사건은 아니다. 흡사 괴테의 시를 아무나 해석할 수 없는 것과 비슷하다. 구약에서도 신탁을 경험한 예언자들만 예언을 하지 않았는가. 신학대학교에서 소정의 교육을 받기는 하지만 그 교육이라는 게 워낙 초보적인 것이어서 전문적인 능력을 키우는 데는 역부족이다. 이게 우리의 현실이라면 설교 문제를 설교자 개개인에게 맡겨 두지 말고 노회나 지방회 또는 총회 차원에서 틀을 잡아 가는 게 바람직할 것이다. 교회력을 중심으로 설교 내용을 미리 안내해 주면 개교회 목사들은 그것을 중심으로 교회 상황에 맞추어 약간의 첨삭을 하도록 말이다. 목사는 실제 설교 준비의 부담에서 자유로워지고 그 여력으로 다른 일을 효율적으로 할 수 있다. 노회와 총회 차원에서 공동의 설교문을 만들어 사용하는 것은 교회론의 핵심인 교회의 보편성 차원에서도 권장할 만한 제도다. 여기서 말하는 교회의 보편성은 개교회만이 아니라 상급 기관인 노회와 총회도 교회라는 의미이다.

목사들이 창조적이고 깊이 있는 설교를 작성할 만한 영적, 신학적인 능력이 부족하다는 사실을 부끄럽게 생각할 일만은 아니다. 로마 가톨릭 사제들도 우리와 다를 게 하나도 없다. 다만 가톨릭교회는 앞에서 언급한 대로 교구 차원에서 교회력에 따른 강론의 초안이 제시되기에 길을 잃거나 심지어 말씀을 왜곡시키는 걸 막을 수 있지만 개신교회에서는 그런 제어장치가 없기에 복음적이지 않은 설교가 쉽게 행해진다. 여기에도 장단점이 없지 않다. 아직 전문적인 설교자가 되지 못했다 하더라도 나름으로 설교를 준비하고 실천하다 보면 어느 수준에 도달할 수 있지만 공동으로 주어진 설교에 의존하다 보면 말씀을 전할 기본적인 능력을 확보하지 못할 수도 있고, 설교 준비의 부담감에서 벗어난다지만 영적으로 나태해질 수도 있긴 하다.

지금 로마 가톨릭교회의 강론 형태로 반드시 돌아가야 한다는 게 아니다. 성령이 주도하는 설교가 소극적인 설교에 있다는 사실을 강론이라는 형태로 설명한 것뿐이다. 소극적이라 해서 영혼 구원의 열정이 없어도 된다는 게 아니다. 적극적인, 공격적인 설교의 위험성을 지적하는 것이다. 선포되는 말씀이 마치 상품 판매 전략과 비슷한 행태로 작용한다는 사실에 대한 지적이다. 소극적인 설교는 청중을 향해서가 아니라 청중과 같은 방향을 바라보고 설교하는 것이다. 청중을 대상으로 다루는 게 아니라 더불어 함께 십자가와 부활의 신비를 향해 영적인 시각을 유지하고 걸어가는 영적 동료로 받아들이는 것이다. 이럴 때 설교자의 주관적 해석과 경험과 판단이 줄어들고 성령이 활동하게 될 것이다. 설교자가 죽어야 성령이 산다.

성령이여, 오소서!

이런 소극적인 설교를 부정적인 의미로 받아들일지도 모르겠다. 설교자가 적극적이지 않으면 말씀의 능력이 줄어든다고 말이다. 적극적으로 설교한 위대한 설교자들을 예로 들고 싶을 것이다. 이에 대한 논란은 그만두자. 성령론적이며 소극적인 설교가 구체적으로 무엇인지 밝히는 것으로 만족하자. 그것은 성서 텍스트가 중심에 놓인 설교라고 할 수 있다. 이 말이 시시하게 생각되는가. 그렇지 않다. 성령론적인 설교는 성령의 감동으로 된 말씀에 집중하는 것이며, 소극적인 설교는 설교자가 아니라 성서 말씀이 앞에 나서는 설교라는 뜻이다. 이는 곧 앞에서 언급한 청중 중심의 설교와 대립적인 설교를 가리킨다.

모든 설교자가 자신의 설교를 성령 의존적이라고 하듯이 말씀 중심적이라고 주장할 것이다. 과연 그런가? 성서를 인용하기만 하면 성서 중심의 설교인가? 이단들도 성서를 인용한다. 더 자주, 더 문자적으로, 기계적으로 인용한다. 중요한 것은 성서 인용이 아니라 성서의 세계에 들어가는 것이다. 성서의 중심, 그 계시, 구원 현실, 종말론적 생명의 지평을 직면해야 한다. 우리에게 그런 일이 일어나고 있을까? 그것이 우리를 엄습한다는 사실을 눈치라도 채고 있을까? 아니면 막막한가? 외면하지 말고 이런 질문에 맞서야 한다.

오늘 한국 교회 강단만큼 말씀이 범람하는 곳도 별로 없을 것이다. 설교자는 성서 말씀을 입에 달고 다니면서 청중에게 주입시키려고 애를 쓴다. 과유불급이듯 오히려 이게 문제다. 홍수에 마실 물이 없듯이 말씀을 너무 많이 언급하기에 오히려 말씀이 죽는다. 하나님의 말씀이 설교자의 영혼을 사로잡는 게 아니라 오히려 설교자가 하나님의 말씀을 주관적으로 재단한다.

예를 들겠다. Y 목사는 '부자와 거지 나사로'(눅 16:19-31)를 본문으로 한 설교에서 나사로가 "하나님과 조화를 이룬 사람이었기 때문에 천사들에게 받들려 아브라함의 품에 안길 수 있었습니다"라고 주장했다. 성서는 그런 사실을 언급하지 않는다. 부자와 거지에 대한 이 세상의 판단과 하나님 나라의 판단이 질적으로 완전히 다르다는 비유를 자의적으로 해석함으로써 말씀을 왜곡한 것이다. K 목사는 사무엘상 4장이 보도하는 엘리의 마지막 장면을 이렇게 해석했다. "이스라엘의 목자로서의 그의 섬김은 단지 돈을 버는 세속적인 직업에 지나지 않게 되었습니다. 그야말로 종교적인 삯꾼으로 전락한 것입니다." 엘리의 최후가 비극적이었던 건 맞지만 그의 전체 사역을 부정하는 것은 말씀에 대한 자의적 판단이다. 이렇게 주관적이고 자의적인 해석으로 말씀이 왜곡되는 일은 강단에 흔하다.

오늘 설교자에게 필요한 일은 자의적 성서 해석에서 존재론적이고 성령론적인 성서 해석으로 돌아서는 것이다. 말씀을 주객 도식의 구도에서 대상으로 다루는 게 아니라 존재론적인 차원에서 그 안으로 들어가는 것이다. 기독교 신학이 기본적으로 계시론에 근거한다는 사실이 이것을 의미한다. 비유로 설명해야겠다. 여기 코끼리 한 마리가 있다. 코끼리의 털에 기생하는 세균이 하나 있다. 세균의 세계는 기껏해야 털 하나, 또는 그 주변의 몇 개에 불과하다. 그 세균은 주관적으로는 결코 코끼리 전체를 인식할 수 없다. 코끼리가 자기를 드러내는 때를 기다리는 게 최선이다. 성서 텍스트를 도구적으로, 자의적으로 설교자의 작은 경험에 근거해서 판단하는 게 아니라 성서 텍스트가 자기를 드러내는 때를 소극적으로 기다리는 것이 최선이다. 개인적으로는 이를 기다림의 해석이라고 부른다.

이런 소극적인, 기다림의 해석이 한편으로 추상적으로, 다른 한편으로 무기력하게 보일지 모르겠다. 그렇지 않다. 설교의 근본이 무엇인지를 생각해야 한다. 우리의 설교 행위는 보험 상품이나 자동차를 파는 게 아니라 종말에 완전히 그 모습이 드러날 궁극적인 진리와 연관된 것이다. 궁극적인 진리 앞에서 최선은 기다림이라는 걸 기억하라. 이런 기다림의 해석은 자기 생각을 확대하거나 강요하는 게 아니라 하나님의 말 건넴에 귀 기울인다는 점에서 가장 바른 해석이다. 예술가가 경험하는 영감이 이런 방식과 비슷하다. 참 시인이나 화가나 작곡가는 자기 생각을 기술적으로 표현하기보다는 내면에서 흘러나오는 언어와 형상과 소리를 포착할 뿐이다. 그들의 예술 행위는 자기표현이 아니라 언어의 본질, 형상의 본질, 소리의 본질에서 나오는 힘과 존재론적으로 연결된 것이다. 소리와 언어가 말을 거는 경험이다. 설교자의 말씀 경험도 이와 같아야 한다.

마지막으로, 어떻게 하나님의 말 건넴에 천착할 수 있을까? 왕도는 없다. 일단 하나님 말씀에 대한 자의적 해석에서 벗어나야 한다. 자신의 작은 신앙 경험과 인간 이해와 목회 노하우를 잣대로 하나님 말씀을 이용하던 습관에서 벗어나는 것이다. 쉽지 않을 것이다. 이미 고정된 생각을 바꾸기는 힘들기 때문이다. 과학철학자 토마스 쿤의 설명에 따르면 패러다임 시프트, 즉 사유 틀의 전이는 그 틀에 묶인 사람들이 세상을 뜨거나 혁명이 일어나야만 가능하다고 한다. 설교자 스스로 지금까지의 생각을 바꾸기 힘들 것이다. 우리보다 우리를 더 깊이 아시는 성령의 도우심을 바랄 수밖에 없다. 그래서 교부들이 이렇게 기도드린 게 아닐까. "성령이여, 저희에게 오소서!"

제
11
강

설교와 성령

한국 교회 강단에 자의적 해석이 범람한다는 사실을 앞에서 지적했다. 설교자의 주관과 신앙 경험이 성서 텍스트를 도구화한다는 말이었다. 이를 넘어서는 길은 성령론적 해석이다. 여기서만 성령론적 설교도 가능하다. 설교자라면 누구나 성령의 뜻에 따라 말씀을 전한다고 할 것이다. 문제는 성령론적 성서 해석과 설교를 모르면서 그런 말을 한다는 것이다. 성령에 대해 설명하라고 하면 몇 마디 하고는 곧 말문이 막힐 것이다. 성령에 대한 깊은 이해 없이 어찌 성령의 인도하심으로 설교한다고 할 수 있겠는가. 성령 경험이 단순히 신학적 이론이라는 말은 아니다. 성령은 신학적 진술을 뛰어넘는다. 그러나 성령을 경험한 사람은 지난 2,000년 기독교 신학의 역사로 전달된 성령론에 근거해 설명할 수 있어야 한다. 성령론은 신앙의 고수들에게 일어난 성령 경험의 해명이기 때문이다. 어디 성령만인가. 부활과 종말에 대해 세례문답의 범주 이상으로 설명하는 설교자는 많지 않을 것이다. 오늘 우리의 질문은 이것이다. 성령론적 성서 해석과 성령론적 설교는 무엇인가? 이는 성령은 누구인가 하는 질문이기도 하다.

성령의 조명

구약성서의 '루아흐', 신약성서의 '프뉴마'에는 영이라는 뜻도 있고 바람이라는 뜻도 있다. 고대인들에게 영과 바람은 하나였다. 참으로 놀라운 통찰이다. 바람처럼 생명을 일으키는 힘으로 영을 인식했다는 뜻이다. 그들에게 영은 모든 생명과 생명현상, 진리와 그 인식의 주체다. 인간은 피조물이기에 인식의 주체가 될 수 없다. 피조물인 인간은 창조의 영인 성령의 조명으로만 진리를 인식한다. 성령의 도우심으로만 성서를 바르게 이해할 수 있고, 바르게 전할 수 있다는 말이다.

마르틴 루터와 칼뱅 등 모든 종교개혁자는 성서 해석의 권위를 독점하던 로마 가톨릭교회의 권위에 대항했다. 종교개혁자들의 주장과 로마 가톨릭교회의 주장은 나름대로 설득력이 있다. 성서보다 교회가 역사적으로 먼저 있었으며, 그 교회가 종교회의를 통해 정경화 작업을 펼쳤다는 역사적 사실은 성서 해석의 권위까지 교회에 맡겨야 한다는 로마 가톨릭의 주장을 밑받침한다. 이에 대한 종교개혁자들의 반론은 세 가지다. 첫째, 이미 정경이 결정되었으니 교회도 이 정경의 권위에 지배받아야 한다. 둘째, 정경 이전에도 이미 예수의 말씀이 있었다. 따라서 정경을 결정한 교회를 절대화할 수 없다. 셋째, 교회가 개입한 정경화의 과정도 이미 근원적 사건인 말씀에 의한 것이다. 따라서 종교개혁자들은 성서 해석이 교회에 있다는 로마 가톨릭교회의 주장과 달리 성령에 있다고 주장했다. 칼뱅은 이를 '성령의 조명'이라고 했다. 설득력 있는 주장이다.

칼뱅이 말하는 '성령의 조명'은 한국 교회에서 두 가지로 오용되었다. 하나는 성령의 조명을 이성적이고 학문적인 해석과 대립되는 개념으로 받아들인 것이다. 이로 인해 신앙을 비이성적인 차원으로 돌렸으며, 성서를 이성적으로 비판하고 해석하는 행위를 비신앙적인 것으로 간주하게 되었다. 다른 하나는—이것이 더 심각한 문제인데—성령의 조명 개념을 확대 적용함으로써 설교자가 성서를 자의적으로 해석할 길을 열어 놓았다는 사실이다. 아무런 신학적 바탕도 없이 기도 끝에 성령의 응답을 받았다는 명분을 내세우며 성서를 주관적으로 해석하고 전하게 만들었다. 은혜만 끼칠 수 있다면 무슨 말을 해도 괜찮은 사태로 발전했다. 이로 인해 우리의 인식과 의도를 뛰어넘어 진리와 생명의 영으로 활동하는 성령의 활동이 인간의 주관적 체험으로 축소되고 말았다.

지금 설교자의 주관적 인식과 성령론적 인식의 차이를 설명하고 있는데, 이 차이를 구분하기가 쉽지 않다. 한국 교회 강단에서는 이 둘이 동일시되는 경우가 많다. 성령을 개인의 심리 작용이나 주술적 능력으로 간주하기 때문이다. 이 차이를 들여다보려면 우리의 인식론적 한계를 알아야 한다. 성서만이 아니라 이 세상 사물과 사태도 주관적인 인식 능력만으로는 인식이 불가능하다는 말이다. 그 이유는 사물이나 사태 그 자체가 독립된 것이 아니라 개인적인 인식 능력으로는 따라잡을 수 없는 존재론적 깊이와 크기를 갖는다는 데 있다. 그 존재론적 깊이에서 활동하는 힘이 성령이다. 우리가 파악할 수 있는 것은 표면일 뿐, 한 층만 더 들어

가면 아무것도 잡히는 게 없다.

예를 들어 보자. 여기 병든 얼룩말이 있다. 병들지 않았다면 무리와 함께 풀과 물을 찾아 떠날 수 있지만 그늘에서 쉴 수밖에 없다. 이 병든 얼룩말은 근처를 배회하는 사자의 밥이 되고 만다. 얼룩말 자체만 놓고 본다면 불행이지만 이 병든 얼룩말 때문에 사자 가족이 기근을 면하고 생존하게 되었다. 이런 생태 메커니즘은 우리의 예상을 뛰어넘어 작동하기 때문에 완전한 파악은 불가능하다. 이 세계가 어떻게 변화할지, 어느 방향으로 전개될지 짧은 기간이라면 모를까 긴 기간에서는 아무도 알 수 없다. 45억 년의 나이를 먹은 지구에 오늘 같은 생명현상이 일어나리라는 걸 아무도 예측할 수 없는 것과 같다.

좀더 근본적인 문제인 '존재'를 생각해 보자. 스피노자로부터 하이데거에 이르기까지 철학적 화두였던 "왜 존재자는 존재하고, 무(無)는 도대체 존재하지 않는가?"에 대해 우리는 완전한 대답을 찾지 못했다. 왜 토끼라는 생명체가 이 세계에 등장했을까? 왜 토끼와 민들레 중간쯤 되는 생명체는 존재하지 않을까? 필연적인 이유가 있는가, 우연일 뿐인가? 하나님이 그렇게 창조했다는 말로 이런 질문을 피해 갈 수는 없다. 생물학이나 물리학을 비롯한 모든 자연과학의 방법론 역시, 존재의 신비 앞에서 우리가 겪어야 할 당혹과 아득함, 즉 현묘(玄妙)를 해결할 수 없다.

성서 텍스트는 설교자의 신앙 경험이나 목회 노하우에 치우쳐 접근하는 한 결코 드러나지 않을 것이다. 개인도 감당할 수 없으며, 교회도 근본적으로는 다를 게 없다. 이런 점에서 우리 신학의 선배들이 신학의 토대를 하나님의 계시 사건에 둔 것은 정당하다. 세상을 창조하신 하나님이 자신을 계시하지 않는 한 우리는 이 세상을 모르며, 구원도 모르며, 따라서 성서를 해석할 수도 없다는 말이다. 이와 관련해서 대표적인 현대 신학적 논쟁을 간단히 살펴보면 다음과 같다.

20세기 초에 바르트와 브루너 사이에 전개된 접촉점 논쟁은 인간의 인식에 관한 문제다. 바르트는 하나님을 인식할 수 있는 능력이 타락 이후 완전히 파괴되었다고 본 반면, 브루너는 질료적(material) 하나님 형상은 파괴되었지만 형상적(formal) 하나님 형상은 남아 있다고 보았다. 바르트에 의하면 하나님과 인간 사이의 접촉점은 없는 반면, 브루너에 의하면 남아 있다. 이런 문제는 영적인 인식 능력에 한정된 것이 아니라 자연신학을 어떻게 규정하는가와 연관된다. 하나님의 창조와 은총을 자연신학의 영역이라고 한다면 브루너의 주장은 타당하지만, 인간의 인식 가능성을 자연신학의 대상으로 본다면 그야말로 계시와 이성을 종합하려는 토마스 아퀴나스의 아리스토텔레스 철학과 다르지 않을 것이다. 여기서 핵심은 우리의 하나님 말씀 인식은 인간의 인식론적 근거라기보다 훨씬 근원적인 창조의 능력, 즉 성령의 행위에 의존적이라는 것이다.

은혜의 주체

다시 묻자. 성령에 의존하는 설교라니 무슨 뜻인가? 일단 다음과 같은 대답이 가능하다. 은혜를 경험하게 하는 것이 바로 성령론적 설교라고 말이다. 설교자들은 이 일에 모든 설교 에너지를 쏟는다. 설교 후 반응이 시원치 않으면 일주일 내내 하나님 앞에서 부끄럽기도 하고 청중에게 미안한 마음이 가시지 않는다. 은혜를 끼쳐야겠다는 생각이 너무 강렬해서 무리수를 두기도 한다. 예컨대 "믿습니까?"라거나 "할렐루야" 같은 구호를 반복해서 외치는 것이다. 한두 번이 아니라 기계적으로 반복하는 설교자들도 많다. 신자 입장도 마찬가지다. 뛰어난 설교자에게 은혜를 많이 받는다고 생각한다. 설교 후의 인사도 "목사님, 은혜 많이 받았습니다"이다. 한국 교회 강단은 은혜 과잉이다.

곰곰이 생각해 보자. 은혜를 받는다는 게 무슨 말인가? 은혜를 가리키는 '카리스'는 신적인 현재, 행위, 능력, 영광이 특별한 방식으로 나타나는 것을 가리킨다. 일반적으로는 하나님의 선물이라는 뜻이다. 폭넓게 일어나는 하나님의 행위다. 그런데 교회 강단에서는 아주 협소한 차원에서만 다뤄진다. 교회에 더 열정적으로 매달리게끔 하는 도구로 사용될 때가 많다. 즉 목사의 설교에서 은혜를 받게 되면 예배가 살아나고 목회 성과가 나타난다는 것이다. 설교의 은혜가 넘치는 교회는 수천 명이 모이는 대형 교회로 몇 년 사이에 발전하는 경우도 있다. 이런 현상이 곧 성령이 함께하는 증거라고 주장한다. 그런 주장이 옳은가? 이런 대중적인 현상은 기독교 안에서만 벌어지는 게 아니라 모든 종교 안에서 일반적으로 일어난다. 이슬람교도들의 종교 행위나 성지순례 행위는 참여한 사람들을 가장 감격적이고 열광적인 상태로 몰고 간다. 때로는 종교적 엑스터시로 나타난다. 여호와의 증인이 전도할 때는 자기 몸을 불사르게 내어 주는 수준에 이르며, 문선명 씨가 주도하는 국제 합동결혼식에 전 세계 통일교 신자들이 참여하는 열정은 개신교 신자들이 상상할 수 없을 정도다.

이런 현상은 종교적인 범주에만 한정되지 않는다. 정치나 대중 예술, 연예와 오락에서도 은혜와 비슷한 심리 현상이 일상적으로 벌어진다. 2002년 월드컵 당시 '붉은 악마'를 중심으로 전국 대도시 광장에 수만, 수십만 명이 모여 '대~한민국!'을 외친 장면은 종교적인 현상과 다를 게 없다. 그런 집단적 응원에 몰입함으로써 자기를 초월하는 경험을 한다. 〈겨울연가〉의 배용준을 죽고 못 살듯이 따라다니며 '은혜를 받는' 일본 중년 여성들 역시 비슷하다. 열광적으로 반응하는 현상만 놓고 성령이 주도하는 설교라고 단정하기 어렵다는 말이다.

설교자는 맹목적인 추종자들 위에 군림하는 사이비 이단의 교주, 혹은 팬클럽을 몰고 다니는 스타와 다르다. 설교자는 종교적 엔터테이너가 아니라 성령만 의존하는 사람이다. 따라서 설교 행위에서 설교자는 뒤로 물러나야 한다. 은혜의 주체는 설교자가 아니라 성령이다. 설교자의 역할을 최대한 축소시켜야 한다. 설교자가 아니라 성령이 주도권을 행사해야 한다. 겉으로는 성령에 의존한다면서도 실제로는 주인공 행세하는 설교자가 얼마나 많은가. 자신이 은혜를 베푸는 것처럼 착각하는 설교자가 얼마나 많은가. 청중을 마음먹은 대로 다룰 줄 아는 설교자는 대중 집회 인기 강사로 팔려 다닌다. 대중적인 설득력이 무조건 잘못되었다는 말이 아니다. 대중적인 설득력이 성령 의존적 설교와 일치하지는 않는다는 사실을 강조한 것뿐이다.

은혜의 주체가 성령이라는 관점에서 성령 의존적인 설교자에게 나타나는 특징을 구체적으로 열거하면 다음과 같다. 첫째, 설교 기술에 매달리지 않는다. 한국 교회 강단에 설교 방법론이 각광을 받는다는 것은 성령에 의존하지 않는다는 뜻이다. 성령과의 공명이 이루어진 설교자는 그 영의 가르침만을 좌고우면 없이 따르기 때문에 스피치 기술이나 설교 작성법에 마음을 두지 않는다. 둘째, 청중의 반응에서 자유로워진다. 언어가 말을 건 경험이 있는 시인이 독자의 반응에서 자유롭듯 설교자도 마찬가지다. 물론 설교자가 독단에 빠져도 괜찮다는 말은 아니다. 청중과의 영적 관계에 민감하되 자유로워야 한다. 셋째, 궁극적으로 인간 구원의 부담감에서 자유로워진다. 수고하고 무거운 짐에서 자유로워야 할 이들은 청중만이 아니라 설교의 짐에 눌려 있는 목사도 포함된다. 설교 행위를 소홀히 여겨도 좋다는 뜻이 아니라는 것은 이미 전달되었으리라.

신앙의 강화냐, 신앙의 심화냐

위에서 열거한 성령 의존적인 설교자의 특징이 막연하다고 생각할지 모르겠다. 성령 경험은 뭔가 화끈한 신앙생활의 변화가 따라야 한다거나, 청중을 강력한 설교 카리스마로 사로잡아 뒤집어 놓는 능력이 나타나야 한다고 말이다. 이런 문제는 성령과의 조우로 얻는 기독교 영성의 본질이 무엇이냐는 질문과 연결된다. 영성 문제는 다음 글에서 언급될 터이니 그 영성의 본질이 설교와 신앙에서 나타나는 방식을 설명하겠다. 이는 신앙의 강화냐, 신앙의 심화냐 하는 질문이다. 영성은 신앙을 강화한다기보다는 심화한다는 뜻이다. 따라서 성령론적 설교는 신앙의 심화를 지향한다.

예배 참석, 철야 기도회, 헌금, 봉사, 성서 공부와 성서 쓰기 등등 신앙생활에서 중요하게 취급되는 행위가 신자들의 신앙을 강화하는 수단으로 전락하고 있다. 그런 종교 행위를 익숙하고 세련되게 하는 능력을 신앙이라 생각하고 더 나아가 그런 능력 자체에서 신앙적 만족감을 얻는다는 사실은 교회에서 벌어지는 종교 행위가 신앙의 강화 차원에서 작용한다는 증거다. 장로 선출 문제, 평신도의 위계질서, 헌금 제도 등등 거의 모든 교회 조직과 프로그램이 신앙 강화의 수단으로 제공된다. 어떤 교회는 제직들을 특별 새벽 기도회에 나오도록 독려하려고 출석부를 만든다는데, 이런 기발한 발상은 종교 생활의 외적인 강화만을 강조할 때 나온다.

이런 신앙생활은 바리새인들의 율법주의이다. 세련된 신앙생활을 강화하여 종교적 성취감을 얻으려던 바리새인들이 그런 종교적 강화 요인을 폐기 처분하고 임박한 하나님 나라만을 받아들이라는 예수님의 가르침을 거부한 것은 자연스러운 일이다. '바리새인의 기도와 세리의 기도'(눅 18:9-14)를 보라. 이 본문으로 설교하면 우리가 세리와 같아야 한다고 주장할 것이다. 그러나 실제로는 바리새인처럼 살아간다. 명분은 세리지만 실질은 바리새인이다. 의식은 세리이지만 무의식은 바리새인이다. 겉으로는 세리 같은 죄인이라고 말하지만 깊은 곳에서는 바리새인 같은 모범생이 되고 싶어 한다. 일종의 정신 분열적 현상이다. 이런 분열 증세를 극복하려고 끊임없이 종교적 업적을 만들어 낸다. 신앙생활에 비용이 많이 드는 이유도 여기에 있다. 마치 정신세계가 천박한 졸부들이 과소비에 몰두하는 것과 비슷한 현상이다. 이런 신앙생활은 영성을 풍요롭게 하기보다는 바닥이 드러날 때까지 소진시킬 뿐이다.

이와 달리 신앙의 심화는 한 가지 사실에만 집중하는 것이다. 하나님 나라, 하나님의 영이 삶을 지배함으로써 그 외의 것들은 필요 없는 상태가 그것이다. 신앙의 심화에 주목하는 사람은 심리적 만족감, 목회의 효율성, 목적의식을 가능한 제거하고 성령이 허락하시는 존재론적 기쁨에 참여하는 것에 마음을 쏟는다. 목표를 달성하려고 청중을 자극하거나 그들을 자신의 도덕적 수준까지 끌어올리려 하지 않고 성서 텍스트의 영적인 지평에만 몰두하는 것이야말로 신앙을 심화하는 설교라 할 수 있다.

오늘 우리의 문제는 신앙의 강화와 심화를 분간하지 못하고, 더 나아가 강화가 심화를 밀어낸다는 것이다. 신앙생활을 인간학적으로 강화시켜야 교회가 부흥한다고 확신한다. 기독교 신앙은 근본적으로 어떤 목표를 달성하는 것과 다른 차원의 삶의 방식인데 목회의 효율성이 교회를 지배하는 절대 이념으로 자리 잡고 말았다. 교육가이자 사회운동가인 파커 파머는 백정과 조각가를 언급한 장자의 글에서 위대한 행위의 가치는 효율성으로 측정될 수 없다고 했다.

> 이전에 나는 오랫동안 뉴욕 시의 가난한 사람들을 상대로 선교활동을 펼치는 봉사단 '교회의 일꾼들'에서 일해 온 친구와 이야기했던 적이 있다. 그녀는 날마다 밀려들어 오는 영혼들의 고통을 어루만져 주었지만, 이러한 요청은 파도와 같이 끊임없이 밀려들어 왔다. 그녀가 하는 일의 깊이를 알지 못했던 나는 밑 빠진 독에 물 붓기 같은 일, 나아지기는커녕 날이 갈수록 악화되기만 하는 그 일을 어떻게 해올 수 있었냐고 물었다. 그녀가 그때 한 수수께끼 같은 대답을 나는 평생 잊지 못할 것이다. "파커, 당신이 모르고 있는 사실이 하나 있습니다. 그것은 불가능하다는 것과 하지 말아야 한다는 것이 동의어가 아니라는 사실입니다."(파커 파머, 《예수가 장자를 만날 때》, 한희지 옮김, 다지리, 2001, 80쪽)

앞 단락의 논의를 이렇게 정리할 수 있다. 신앙의 강화는 인간학적 필요에 따라 작동한다는 점에서 인간학적 설교며, 신앙의 심화는 전적으로 영을 향해 열린다는 점에서 성령론적 설교다. 그렇다면 이제 성령론적 설교를 수행해야 할 설교자가 성서 텍스트와 어떤 관계를 맺어야 하는가에 대해 질문해야 한다. 이는 성령론적 해석학의 토대가 무엇인가,

설교자가 성서 텍스트와 영적인 깊이에서 소통한다는 게 무슨 의미인가 하는 질문이다.

성서 해석의 영성

성서 텍스트를 읽고 주석 과정을 거친 다음 신앙적이고 도덕적인 규범을 전하는 것을 설교라고 생각하는 사람들은 그런 작업이 성서 텍스트와의 영적 교감이라고 여기겠지만, 큰 착각이다. 그런 작업은 성서 텍스트의 영적인 지평보다는 정보를 청중에게 전달하는 요령에 불과하다. 이런 요령은 기술에 능한 설교 명망가들에게서 자주 발견된다. 그들은 오랜 목회와 설교 훈련을 통해 성서에 있는 무수한 기독교적 가치와 규범을 체계화하여 어느 상황에서나 요령껏 풀어 내는 역량이 있다. 거기에 더해서 청중의 종교적 욕구를 읽는 내공과 입담만 갖추면 대설교자가 될 수 있을 것이다. 이런 사태가 한국 교회 강단에서 얼마나 심각한지 알 만한 분들은 모두 알 것이다.

개인에 따라 차이가 있긴 하지만 일반적으로 설교 명망가들의 공통점은 무엇을 설교해야 할지 너무나 잘 안다는 것이다. 설교의 주제와 목표를 잘 안다는 건 설교자로서 당연한 기본기라고 생각할지 모르겠으나 오히려 성서의 영적인 지평으로 들어가는 데 결정적인 저해 요소로 작용할 때가 많다. 그 이유는 두 가지다. 첫째, 성서 텍스트를 이미 안다는 선입관은 텍스트의 영적인 지평을 근본적으로 봉쇄한다. 여기서 성서 텍스트의 영적인 지평은 설교자에 의해 파헤쳐질 수 없는 종말론적 생명 사건을 가리킨다. 똑같은 그림을 보면서도 경험에 길들여진 어른들은 모자로 볼 뿐, 코끼리를 삼킨 보아 구렁이로 상상하지 못하는 생텍쥐페리의 《어린 왕자》이야기와 비슷하다. 둘째, 이미 정답을 안다고 확신하는 사람은 기독교의 도그마에만 집착할 뿐 거기에 이르는 영적인 길은 관심이 없다. 기독교 영성은 완료된 대답을 소유하는 게 아니라 종말론적으로 열린 길에 참여하는 것이다. 이것을 모르는 사람은 결국 자신들이 아는 대답을 극대화하기 위해 반복해서 수사학에 치우칠 수밖에 없다.

2005년 종려주일에 K 목사는 누가복음 19장 28−40절을 본문으로 '겸손한 왕'이라는 제목의 설교를 했다. 예수님의 예루살렘 입성에 얽힌 에피소드를 다루는 대목이다. 예수님은 제자들에게 예루살렘 가까운 마을에 들어가서 마을 어귀에 매여 있는 어린 나귀를 끌고 오라고 하셨다. K 목사는 이 본문에서 예수님의 전지전능한 예견 능력을 강조했다. 그는 친절하게도 예수님의 이 예견 능력을 일곱 가지로 세분화한다. 그에 의하면 일곱 가지 예견이 수학적으로 모두 적중될 확률이 0에 가까운데 이것이 곧 예수님의 신적인 능력을 보증한다는 것이다. 일곱 가지 내용은 다음과 같다. 동네 입구, 두 마리, 사람이 탄 적이 없는 나귀, 새끼, 주인이 이유를 물음, 주님께서 쓰시겠다 말하면 해결됨, 주인이 그대로 따름이 그것이다. 청중의 사행심을 조장할 만한 이런 논리로 김 목사는 자신의 운명과 미래를 알고 싶으면 전지전능하신 예수님께 와야 한다고 호소했다. 예수님이 당하신 수난의 구원 사건을 구약에 근거해 해명하는 본문이 종교적 호기심을 처리하는 도구로 전락했다. 전형적인 알레고리 해석이며 주관적인 설교다.

이 설교가 무슨 문제냐고 생각하는 설교자도 있을 것이다. 청중이 은혜를 받으면 충분한 거 아니냐고 말이다. 설교자들이 이런 사태에 문제의식을 느끼지 않는 이유는 영적이지 못한 설교를 통해서도 청중이 곧잘 종교적 열정에 떨어진다는 데 있다. 구약에서 보듯 청중은 오히려 거짓 예언자들의 예언에 솔깃해한다. 거짓일수록 청중의 반응은 더 열광적이었다. 그들은 거짓 예언자와 참 예언자를 구분할 수 없었다. 이유는 두 가지다. 거짓 예언자들의 예언도 무늬가 비슷하고, 그들의 예언에도 나름 진정성이 있기 때문이다. 오늘의 설교자들도 마찬가지다. 거짓 영에 사로잡힌 설교자도 있고, 성령에 사로잡힌 설교자도 있다. 무늬는 비슷하다. 모든 설교자들에게 나름으로 진정성도 있다. 그러나 그 중심과 실질은 분명히 다르다. 설교자는 자신의 설교가 성령에 의존하는지 부단히 성찰해야만 한다.

베드로가 사마리아에서 복음을 전할 때 마술사 시몬이 돈으로 성령의 능력을 사려고 했다. 베드로는 그를 향해 이렇게 말한다. "네가 하나님의 선물을 돈 주고 살 줄로 생각하였으니 네 은과 네가 함께 망할지어다"(행 8:20). 시몬은 이미 예수를 믿었지만 성령이 임하는 특별한 현상을 보고 마음이 혹했던 것이다. 성령을 사도들이 마음대로 이용할 수 있는 대상으로 생각했다. 남의 이야기가 아니다. 설교자들도 의식적으로, 또는 무의식적으로 성령을 이용할 때가 많지 않은지. 영 분별의 중요성에 대한 헨리 나우웬의 설명이다.

성령과 악령을 분별하여 사람들의 영과 몸뿐만 아니라 그들의 모든 인간관계에도 활발한 변화가 일어나도록 사람들을 인도할 수 있는 영 분별자들이 더욱 절실히 필요합니다. 이런 분별의 은사는 성령의 은사 가운데 하나로 오직 끊임없는 기도와 묵상을 통해서만 얻어질 수 있습니다. 따라서 기도훈련을 통해 형성되고 다듬어진 사역자의 영적인 삶이야말로 영적 리더십의 핵심입니다. 우리가 비전을 잃을 때 아무것도 보여 줄 수 없습니다. 우리가 하나님의 말씀을 잊어버렸을 때 아무것도 기억할 수 없습니다. 우리가 우리 삶의 청사진을 묻어 버리면 아무것도 건축할 수 없습니다. 그렇지만 우리 안에서 생명을 주시는 성령과 계속 교제하고 있을 때 우리는 사람들을 사로잡힌 데서 불러낼 수 있으며 희망을 주는 안내자가 될 수 있습니다.(헨리 나우웬,《예수님을 생각나게 하는 사람》, 피현희 옮김, 두란노, 1999, 88쪽)

악령과 성령을 어떻게 구별할 수 있는가? 우리는 그것이 불가능하다. 바울도 갈라디아서에서 성령의 열매를 말했으니 나도 용기를 내어 이 글의 주제와 연관해서 한마디하겠다. 설교를 통해 청중이 진리와 생명의 영이신 성령의 광휘에 휩싸이는지, 또는 심리적 열광에 머무는지를 구분하는 게 중요하다. 성령에 사로잡힌 설교자는 주관적인 신앙 경험으로 청중에게 은혜를 끼칠 생각을 하지 않고 성령의 광휘에 휩싸이는 데 주력한다. 이런 설교자는 성령이 왜 생명의 영이며, 종말의 영이고 부활의 영인지 아는 일에 자신의 운명을 건다. 이런 과정이 바로 설교자의 고유한 영성이 아니고 무엇이겠는가.

설교의 영성

베트남 출신의 승려이자 평화운동가인 틱낫한이 한국을 방문해서 신선한 바람을 일으키자 그의 책이 많이 팔린 적이 있다. 같은 해 〈일요스페셜〉에서는 법정에 대한 이야기가 방영되었다. 그가 젊었을 때 쓴 《무소유》는 지금도 스테디셀러라고 한다. 그 책을 꼼꼼히 읽어 본 분들은 느꼈겠지만 문학적 완성도가 빼어난 것도 아니고, 유별나게 고유한 정신세계를 담고 있는 것도 아니다. 틱낫한의 책이나 법정의 책이 상식적인 수준인데도 불교인만이 아니라 일반 사람들이 즐겨 읽는다는 사실이 신기하게 다가왔다. 반면에 기독교 목사나 신학자가 쓴 글은 일반 사람들에게 별로 읽히지 않는다. 왜 이런 현상이 일어나는 것일까?

기독교 쪽의 설교집이나 신앙 에세이는 주로 신앙 간증이라는 장르로 분류될 수 있는 글들이 대부분이다. 목회를 시작하면서 누구나 했을 법한 고생거리, 두레 공동체의 K 목사처럼 민중 운동에 참여한 목사들의 실존적 체험담, 아니면 장애인들을 돌보는 헌신적인 이야기, 또는 극빈자 복지 운동을 벌이는 다일 공동체의 C 목사가 쓴 자전적 이야기들이 그래도 일반인들에게 다가갈 수 있는 것들이긴 한데, 이런 정도로는 일반 대중에게 특히 지식인에게 영적인 감동을 줄 수 없다. 재미와 감동은 있지만 영적인 심연에 와 닿는 것은 별로 없다. 굳이 종교인이 아니더라도 진지한 사회주의자나 휴머니스트라면 얼마든지 이런 감동을 끼칠 수 있기 때문이다. 일반 사람들이 따라잡을 수 없는 전문적인 영적 세계를 확보한 동시에 삶의 리얼리티가 건강하게 담긴 읽을거리가 우리에게는 별로 없다는 말이 된다. 이 말은 기독교 신앙이 그만큼 건강하지 못하다는 뜻이기도 하고, 현실성이 떨어진다는 뜻이기도 하다.

기독교 신앙은 가능한 한 세상과 다르게 살도록 끌어 주는 것이라고 생각하는 사람도 있을 것이다. 극단적인 경쟁 구조와 신자유주의에 매몰되지 않고 하나님 나라를 향해 바른 자세를 견지하는 삶의 태도는 옳다. 그러나 이런 신앙적인 가르침들이 현실을 정확하게 이해하지 못하거나 왜곡하고 있을 때는 보편성을 놓칠 수 있으며, 심한 경우에는 정신병리적인 차원으로 떨어질 수 있다. 정신과 의사 정혜신은 다음과 같이 말한 적이 있다.

정신과에서는 정상인과 정신질환자를 구분할 때 '현실검증력'이라는 기준을 적용한다. 현실에 대한 왜곡이 있는가 없는가로 둘 사이의 경계를 긋는 것이다. 하지만 정신질환자 수준은 아니더라도 어느 정도의 현실 왜곡은 피할 수 없다. '자기감정, 자기생각이 곧 현실'이라는 명제는 인간이

가진 현실감각의 본능적 한계이기 때문이다. 그 한계를 극복하는 과정을 통해 인간은 나와 다른 사람의 현실감각이 어떻게 다른지를 극명하게 드러낸다.(정혜신, 《사람 vs 사람》, 개마고원, 2005, 64쪽)

여기서 우리 기독교인들이 현실을 바르게 이해하고 있는지는 자세히 설명하지 않겠다. 그 대신 목사들의 저서를 일반 사람들이 별로 찾지 않는다는 사실에서, 설교가 교회 밖의 세계에서 설득력을 확보하지 못한다는 사실에서 우리의 현실 인식이 별로 보편적이지 않다는 것만 짚겠다. 이미 지동설과 진화론이 세계를 설명하는 중심적인 패러다임으로 자리를 잡았는데도 그것을 거부한다는 것은 현실 인식의 왜곡이다. 또한 성서와 기독교는 영과 육의 신비한 결합체로 인간을 보는데도, 많은 신자들은 인간을 볼 때 영육 이원론적 시각으로 접근한다. 교회와 세상에 대한 성속 이원론도 역시 현실에 대한 왜곡이다. 이런 문제를 언급하기 시작하면 끝이 없다. 한국 교회가 여전히 가부장제에 매여 있다거나 반공주의를 기독교 신앙의 토대인 것처럼 생각하는 것도 여기에 포함된다. 이런 왜곡된 현실 인식에 토대한 신앙은 인간과 세계를 구원하기보다는 파괴할 가능성이 높다. 이미 19세기에 니체는 당시 유럽 기독교 신앙을 단지 사육당할 뿐인 '가축 떼' 윤리로 평가하고, 프로이트는 집단적 '노이로제' 현상으로 보았는데, 오늘 우리 한국 교회에 그런 모습이 없다고 말할 자신이 나에게는 없다. 기독교 신앙이 건강한 현실성을 확보하지 못하게 된 이유에는 기독교 신앙의 핵심인 영성에 대한 오해가 놓여 있다. 이 오해를 극복하는 것이 치유의 지름길이다.

영적 골다공증

우선 신학의 책임이 크다. 신학(theology)은 말 그대로 하나님(theos)의 말(logos) 또는 하나님에 관한 이성이다. 그렇다면 신학의 토대는 바로 하나님이라고 할 수 있다. 당연한 말 같지만 실제로는 그렇지 못하다는 데 문제가 있다. 여러 가지 문제가 여기 연루되어 있지만 핵심은 신학이 총체성을 상실했다는 것이다. 성서신학, 조직신학, 역사신학, 윤리학 그리고 실천신학에 이르기까지 지난 2,000년 기독교 역사를 담은 신학의 체계는 이 세상의 어떤 학문보다 세분화되고 전문화되어 있다. 각 분과를 전공하는 신학자들은 전체 신학의 근본 틀을 인식하지 못하고 지엽적인 분야의 이론에 치우침으로써 모든 신학의 분과가 나아가야 할 방향을 놓치는 경우가 흔하다. 즉 신학은 신학 자체를 위해서가 아니라 영적인 실체인 하나님을 인식하고 경험하기 위한 도구인데도 많은 신학자들이 분화된 신학 이론만 알지 영적 세계에 대한 인식과 체험이 결여되어 있다는 것이다. 여기서 말하는 영성은 감정적으로 뜨거운 상태에 몰입된다거나, 도덕적으로나 인격적으로 세련된 사람이 된다는 뜻이 아니다. 판소리에 득음(得音)이라는 경지가 있듯이, 또는 노자와 장자가 도의 세계를 말하듯이 신학 행위가 드러내야 할 전혀 새로운 세계와의 관계를 말한다. 그런 세계가 없는 신학자가 내놓는 모든 학설은 장광설일 뿐이다.

이런 점에서 오늘의 교회 현장에 신학무용론이 득세한다는 건 나름 일리가 있다. 창조론, 칭의론, 종말론, 교회론 같은 신학 이론이 아무런 영적 현실성을 확보하지 못하고 있다면 결국 영적인 현실에 의해 움직이는 교회 공동체에 영향을 끼칠 수 없다. 교회와 신학이 따로 노는 형국이다.

신학과 교회의 신앙생활이 서로 다른 길을 가는 이 현상은 결코 건강한 상태가 아니다. 이를 극복하려면 무엇보다도 신학에 종사하는 사람들이 그 신학의 영적 리얼리티를 확보하고 정확하게 전달해야 할 것이다.

신학적인 차원만 아니라, 영적인 리얼리티가 가장 예민하게 포착되어야 할 교회와 그 신앙생활에서도 기독교 영성은 문제가 있다. 교회가 일종의 영적 골다공증에 걸린 것이다. 입만 열었다 하면 영성을 외치는 목회자 혹은 설교자들에게도 영성 결핍증은 여전하다. 문자적으로 율법을 고수하면서 민중들의 삶을 피곤하게 만들었던 바리새인들을 향해 "소경이 소경을 인도하는 격"이라고 하신 예수님의 말씀은 당시의 유대교가 진정한 의미에서 영성을 확보하지 못했다는 의미이다. 산을 옮길 만한 믿음이나 몸을 불사를 만한 헌신으로 표현되는 종교적 열정이 곧 영성의 기준이 되는 것은 아니다. 요즘도 교회 안에서 기도와 전도와 교회 봉사가 열정적으로 행해지긴 하지만 그런 것들이 기독교인의 영성과 직결되고 있는지는 좀더 심사숙고해야 한다.

영성의 결핍, 영적 골다공증 현상은 일단 설교 행위에서 적나라하게 발견된다. 진정한 의미에서 영성은 황폐화하고, 대신 빈 껍질을 치장하는 작업에 머무는 설교는 천편일률이라는 현상으로 나타난다. 우리 자신과 주변의 설교를 들여다보면 거의 그게 그 소리라는 사실을 알게 될 것이다. 설교의 상투성이라니! 서울을 직접 가보지 못하고 남에게 전해 듣기만 한다면 아무리 상상력이 풍부해도 거짓말을 하지 않는 한 단조로운 말만 되풀이할 수밖에 없다. 성서의 영적 현실을 경험하지 못한 설교자의 모습이 그와 같다. 위대한 화가들은 다른 사람의 그림을 따라 그리지 않고, 위대한 소설가도 남의 이야기를 표절하지 않는다. 소설가로서의 영감, 화가로서의 영감이 있는 참된 예술가들은 고유한 영적 세계가 있기 때문에 늘 새로운 것을 창조한다. 설교에 창조성이 없다는 것은 곧 영성이 없다는 뜻이다. 개중에는 입담이 있어서 그럴듯하게 종교적인 미사여구를 쏟아낼 수 있지만, 실제로 영성이 고갈된 설교의 언어는 교언영색에 불과하다.

교회 현장에서 설교자의 빈곤한 영성은 평신도의 영적인 빈곤과 직결된다. 기도와 전도와 헌금 행위에서는 열정적이나, 영적인 심층까지 들어가는 평신도는 발견하기가 쉽지 않다. 예컨대 주일학교 교사들이 '하나님 나라'를 주제로 심각하게 고민하면서 토의하는 일이 있을까? 당회원들이 '생명과 성령'을 주제로 세미나를 여는 일이 있을까? 이들은 대개 교회를 조직과 관리 차원에서만 꾸려갈 뿐이지 그 본질에 대해서는 거의 무관심하다. 평생 평신도 지도자로 지낸 분들도 자식 교육과 재테크에서는 세상 사람들과 다를 게 하나도 없다는 사실은 결국 그들에게 영성이 없다는 의미이다.

앎에서 깨침으로!

위에서 언급한 대로 신학과 교회 현장에서 나타난 영성의 결핍 현상은 기독교의 가르침이 기독교를 설명하는 정보로서만 기능할 뿐, 삶의 능력으로 나타나지 않는다는 사실로 모아진다. 즉 앎과 삶의 분열이다. 아는 것과 그 아는 것이 자기 삶에 그대로 녹아드는 것은 분명히 다르다. 삶의 리얼리티를 확보하려면 앎에서 깨침의 단계로 올라서야만 한다. 대개의 기독교 신자들이 기독교 교리를 몰라서가 아니라 그 세계 안으로 들어가지 못한 채 주변에서 구경꾼으로 남아 있다는 데 문제가 있다.

　이런 모습은 수영을 배우겠다고 나선 사람이 물 밖에서 구경만 하거나, 물에 들어오기는 했지만 물이 무서워 몸에 힘을 주는 것과 똑같다. 구경꾼도 수영에 대해 할 말은 있다. 직접 수영하는 사람보다도 오히려 말은 더 많이 할 수 있다. 아무리 수영에 관해 말할 거리가 많다 하더라도 직접 물에 들어가서 수영하는 사람의 즐거움에는 도저히 참여할 수 없다. 불교에서는 이렇게 앎과 삶이 통전화하는 순간을 가리켜 큰 깨침, 즉 돈오(頓悟)라고 한다. 이것을 비유적으로 우리 기독교적인 개념과 연결시킨다면 메타노이아(회심)나 성령 충만이다. 사도 바울도 하나님의 나라는 말에 있는 게 아니라 능력에 있다고 했듯이(고전 4:19) 이 능력이 삶에 그대로 드러나는 상태야말로 우리가 영성이라고 부르는 그런 순간이다.

　성서는 이러한 삶의 능력을 여러 모양으로 설명하고 있다. 이 중에 하나를 선택한다면 평화로운 삶이라고 할 수 있다. 우리 기독교인들이 기도나 설교나 말씀에서 하나님의 평화라는 말을 자주 듣지만 이런 평화가 실제로 자신들의 삶에 체화(體化)되는 경우는 그리 흔하지 않다. 말은 그럴듯하게 하지만 늘 자기 욕망에 빠져 버리기 때문에 평화의 영성과는 거리가 먼 분노와 걱정에 사로잡힌다. 교회 안에서 사납게 싸우거나 패거리 집단을 만들어 가면서 평화의 능력을 경험한다고 할 수는 없다. 평화에 대해 무능력하다면 이는 하나님의 영과 무관하다는 뜻이다.

　삶의 능력이라 할 영성을 언급할 때 우리가 조심해야 할 문제는 그것이 방법론적 차원이 아니라 존재론적인 차원에서 주어지는 능력이라는 사실이다. 이런 문제는 몇 가지 삶의 지혜나 기술로 해결되는 게 아니라 영적인 실체인 성령을 분명하게 인식하고 그 영과 하나 되는 데서 시나

브로 새로워진다. 요즘 인기를 끈다는 심신 수련원의 단전호흡이나 명상 훈련을 통해 우리 안에 있는 영성을 계발하는 게 아니라는 말이다. 간혹 교회에서도 '트레스디아스' 같은 영성 개발 프로그램 운운할 때가 있는데 이것은 위험한 발상이다. 그 영은 바람처럼 자기가 불고 싶은 대로 활동할 뿐이지, 인간의 심리학이나 정신 발달 이론에 따라 움직이지 않기 때문이다. 마르틴 루터가 말했듯 우리는 "엑스트라 노스 인 크리스토"(우리 밖, 그리스도 안)에서 그리스도와 신비적으로 일치됨으로써 칭의에 이르게 된다는 사실에 근거해 영성을 얻는다. 이러한 고유한 기독교적 영성 문제가 설교와 목회 현장에서 어떻게 방법론적 차원으로 왜곡되는지 두 가지 관점만 검토해 보자.

영성의 주술화

첫째는 영성의 주술적 접근이다. 대개 교회 안에서 영적이라고 자타가 인정하는 사람들은 방언, 신유, 예언 등 거의 초자연적인 능력을 보이는 사람들을 가리킨다. 물론 이런 은사들은 종말론적 공동체에 일어나야 할 구원론적 징표이기도 하고, 우리 사회가 이런 새로운 언어와 병 고침과 미래를 향한 희망을 배워야 한다는 것은 틀림없는 사실이다. 그러나 이런 요소들은 우리 개인과 사회에서 보편적 차원에서 해석되고 획득되며, 더 정확하게 말해서 은총으로 받아야 할 것들이지 특정인에게만 초자연적으로 주어지는 능력은 아니다. 주술적으로 이해된 영성은 진리에 집중하도록 돕는 게 아니라 종교현상을 이기적으로 사용하도록 만든다. 결국 기복주의나 열광주의로 빠져든다. 극단적인 경우에는 다른 사람의 운명을 점쟁이처럼 예언해 주면서 돈을 받는다거나, 안수기도를 해주고 헌금 명목으로 돈을 받는 일이 있다.

이런 현상은 산상 집회나 부흥회 같은 특별한 모임만이 아니라 일반 교회의 찬양 집회에서도 약간 변형된 형태로 나타난다. 주일 오후나 저녁 예배 때 상당히 요란하게 찬양을 부르는 교회가 많다. 이렇게 격정적으로 찬양을 부른다는 것 자체는 개개인들의 정서적 차이가 있기 때문에 탓할 문제가 아니지만 이런 감정적 엑스터시를 영성으로 착각한다는 데 문제가 있다. 일종의 심리적 대중 치료라 할 이런 열광주의를 기독교의 영성이라고 생각한다면 지난 월드컵 때 수많은 붉은 악마들이 경기장과 대도시 광장에 모여 환호성을 지르고 열광하면서 일종의 카타르시스를 경험한 것과 별 차이가 없다. 그런 열광은 그저 열광으로 잠시 있다가 아침 이슬처럼 사라질 뿐, 우리 삶의 능력으로 자리 잡지 못한다.

영성의 주술화는 한국 교회의 일반적 현상이지만 그중에서도 유별난 경우를 짚어 본다면 K 목사의 귀신론이 그것이다. 그는 이 세상이 인격 존재인 귀신에 의해 지배받고 있다고 전제하고 이런 귀신을 추방하는 것이야말로 기독교 신앙의 가장 중요한 행위라고 주장한다. Y 목사의 '예수천당, 불신지옥' 패러다임도 이런 영성의 주술화에 속한다. 예수님을 믿고 구원받는다는 사실은 기독교 신앙의 가장 근본적인 가르침이기는 하지만 그런 구원이 주술적으로 실행되는 것처럼 생각하면 이 가르침의 희화화에 불과하다. '예수천당, 불신지옥'이라는 피켓을 들거나 어깨띠를 두른 사람들, 그것으로도 부족해서 확성기로 구호를 외치는 사람들의 머릿속에는 1992년 한국 사회를 혼란 가운데 빠뜨렸던 '다미선교회' 사람들이 주장했듯 우주 공간 어딘가에 마련된 천당이 그려져 있을 것이다.

이런 주술화에서 결정적으로 문제가 되는 것은 역사의 실종이다. 귀신론이나 예수천당 구호 모두 인간이 적극적으로 참여해야 할 역사를 폐기한 채 일종의 숙명주의로 흘러든다. 그들도 이 세상에 사는 한 역사 없이 살아갈 수는 없겠지만 역사가 단지 결정론적으로 작동한다는 점에서 결국 역사가 해체된다. 기독교 신앙의 섭리론과 예정론에 대한 문자적 해석도 역사 결정론의 위험성에 노출된다.

경건주의적 영성

둘째는 경건주의적 접근이다. 일명 청교도 영성이라고도 부를 수 있는 이 경건주의 영성은 신자 개인의 실존적 깊이에서 만날 수 있는 종교적 요구에 근거를 두고 있다. 슐라이어마허의 표현을 빌린다면 '절대의존감정'이라는 종교적 경험에 근거를 두고 신자들을 끊임없이 이런 경험으로 몰아가는 영성이라 할 수 있다.

'한이 맺힌다'는 말에서 확인할 수 있듯이 한국 사람들의 정서는 감정적인 탓에 이런 종교적 경험이 매우 중요한 신앙의 형태로 자리하고 있다. K 목사가 바로 이런 청교도적이고 경건주의적인 영성의 대표자다. 나는 최근 그의 설교를 대하면서 충격을 받았다. 지성적인 설교자가 그런 열정에 사로잡힐 수 있다는 사실과 그가 사로잡힌 그 열정이라는 게 인간 삶에서 매우 부분적인 것이라는 사실에서 말이다. 그의 종교적 열정은 예수 그리스도가 우리를 대신해서 십자가를 지신 사건을 생각하면 '흐느끼지' 않을 수 없다는 단 한 가지 사실에 집중되어 있었다. 설교할 때 울먹이는 경우가 자주 있었으며, 설교 후 통성기도 시간에는 거의 통곡하는 일도 잦았다. 자신의 내면적 감동이 아무리 강렬하다 하더라도 그것을 자제하지 않고 마음껏 발산한다는 것은 성령과 자신의 영성을 혼동하고 있다는 증거가 아닐까 생각한다.

이런 경건주의적 영성은 기독교인들의 실제적인 삶에서 상반된 두 현상으로 나타난다. 하나는 죄의식에 사로잡혀 늘 불안하게 사는 모습이다. 자신의 도덕적 결함에 대한 자책감이 그 사람을 매우 소극적으로 만들어버린다. "내 탓이오"라는 말로 정형화할 수 있는 이런 집단적 불안증은 하나님이 창조한 세계와 사회 안에서 떳떳하지 못하고 일종의 자폐증 환자처럼 순수 종교적인 피난처로 숨어들게 만든다. 다른 하나는 자신의 윤리적 성취감에 만족함으로써 오히려 교만하게 사는 모습이다. 예수님 당시의 바리새인들처럼 자신의 도덕적 기준에 따라 세상을 일방적으로 재단하는 모습으로 나타난다. 기독교의 사명이 이 사회의 도덕성 회복에 있다고 보고 사회윤리에서도 엄격한 잣대를 들고 마녀사냥에 나선다. 니코스 카잔차키스의 소설을 영화로 만든 〈그리스도 최후의 유혹〉을 반(反)기독적이라고 생각한 기독교인들이 물리적 방법을 동원해서 이 영화의 상영을 막은 적이 있다. 또한 동성애자나 사회주의자 같은 마이너리티를 부정한 집단으로 매도하기도 한다.

경건주의적 불안감과 도덕적 만족감은 동전의 양면처럼 기독교 신앙을 도덕성과 종교적 경건성에서 찾아보려 한 잘못으로 벌어진 당연한 결과였다. 기독교의 영성이 도덕성이라는 매우 축소된 삶의 영역에서만 선포됨으로써 세상 전체의 보편적 설득력을 상실하고 말았다. 이에 반해 로제 슈츠의 '떼제 공동체'나 틱낫한의 '플럼빌리지'나 대천덕의 '예수원' 또는 임영수 목사의 '모새골' 같은 비교적 건강한 영성 공동체는 인간의 죄성을 공격하거나 그 보상이 아니라 근본적으로 다른 차원에서 영성을 모색하고 있다.

그리스도 일원론적 영성을 넘어서

위에서 언급한 영성의 왜곡 현상을 교의학적인 관점에서 설명한다면 그리스도 일원론적인 영성 이해이다. 대개의 신자들은 기독교 신앙을 "예수 잘 믿고, 교회에 잘 다니고, 윤리적으로 살아감으로써 구원받는 것"이라고 생각한다. 예수를 믿는다는 이 명제의 근본을 정확하게 이해만 한다면 괜찮겠지만 단지 문자적으로만 생각한다는 데 문제가 있다. 예수라는 이름이, 혹은 그런 형식이 기계적으로 또는 주술적으로 우리를 구원할 것으로 생각한다는 말이다. 그리스도 일원론적인 신앙심에 치우쳐 있는 사람들에게는 주변의 모든 세계가 적그리스도다. 한국 기독교가 타 종교에 배타적 입장을 보이는 것도 바로 이런 이유다. 타 종교만이 아니라 같은 기독교인 타 교파에 대해서도 배타적인 실정이다. 예수님을 믿는다는 명분 아래 기독교 이기주의 또는 교파 이기주의, 더 나아가 개교회 이기주의에 함몰되어 있는 실정이다.

마틴 로이드 존스는 매우 뛰어난 복음주의 설교자였다. 한국 교회의 특징이라 할 대중 추수주의, 기복주의, 센티멘털리즘, 예배의 희화화를 거부하고 오직 하나님의 구원 행위에 집중하는 로이드 존스의 설교는 복음주의 설교의 한 전형이라 불릴 만하다. 그런데 그의 설교에는 이 세상에 대한 적대감이 매우 강하게 배어 있었다. 이런 상황에서는 설교가 아무리 복음에 투철하다 하더라도 적지 않은 문제를 불러일으킨다. 그 문제 중에서 탈역사주의는 가장 단적인 경우라 하겠다. 재미있는 사실은 그가 이 세상의 역사에 대해서는 그렇게 부정하면서도 성서의 보도를 역사적 사실이라고 단정한다는 것이다. 물론 그가 성서의 역사를 말할 때는 사실판단이고, 세상의 역사를 말할 때는 가치판단이라는 점에서 약간 다른 관점이긴 하지만 역사에 대한 이중적인 잣대를 갖고 있다는 것만은 분명하다. 결국 로이드 존스에 의하면 이 세상은 악하고, 부패했고, 불결하다. 따라서 기독교인들은 가능한 한 이 세상에서 벗어나야 한다.

성서를 조금만 세밀하게 들여다보면 기독교 신앙이 매우 포괄적이라는 사실을 알 수 있다. 이미 창세기가 온 세계를 하나님의 창조 사건으로 바라보고 있으며, 예수님도 어떤 종교적 형식이 아니라 있는 그대로의 세계를 하나님의 세계로 바라보셨다는 사실이 분명하다. 종교 형식의 압권이라 할 율법을 그것의 완성이라 할 사랑으로 재해석했다는 점에서 우리는 현실에 대한 예수님의 통전적인 관점을 발견할 수 있다. 바울은 로마서에서 하나님이 이미 이방인들에게도 마음에 새겨진 율법, 즉 양심을 주심으로써 하나님을 인식할 수 있게 했다고 주장한다.

여기서 그리스도론적인 구원론이 잘못되었다고 주장하는 건 아니다. 초대 기독교가 선포하는, 예수를 믿음으로 구원받는다는 원칙이 배타적이기보다는 하나님이 창조한 모든 세계를 끌어안고 있다는 사실을 명확히 함으로써 기독교의 영성을 교리적 구도 안으로 고착화시키지 말아야 한다는 점, 즉 예수 그리스도를 통한 구원은 아래에서 설명할 삼위일체론적 구원으로 확장되어야 한다는 사실을 강조하는 것이다. 초기 기독교가 삼위일체론을 정통 교리로 삼았다는 교회사적 사실에서 우리 기독교의 근원이 얼마나 역동적인지를 확인할 수 있다.

삼위일체론적 영성으로!

신약성서 기자들과 교부들은 예수를 그리스도로 믿는 것에서 끝나는
게 아니라 그것을 가능하게 하는, 그 모든 구원 사건을 끌어가는 근원으
로서의 창조주 하나님에 대한 신앙을 토대로 삼았다. 신앙적 형태는 신약
이 기본적으로 구약을 전제하고 있으며, 사도신경에서 볼 수 있듯이 이
세상을 창조한 하나님을 믿는다는 사실에서 확인할 수 있다. 따라서 기
독교 영성은 단지 예수님을 믿고 거듭난다는 사실에, 즉 그리스도 일원
론적 신앙에 머무는 게 아니라 우선 창조주이신 하나님과의 관계로까지
확대되어야 한다. 우리가 창조주 하나님을 믿는다고 한다면 세계 전체는
바로 하나님을 인식할 수 있는 대상이며, 따라서 우리는 그 안에서의 영
성을 확보해야 한다.

더 나아가서 하나님을 아버지와 아들로서만이 아니라 영으로 존재하
는 분으로 믿는 삼위일체론에 따르면 우리의 영성이 어떤 지평으로 확대,
심화되어야 하는지 그 길이 보인다. 어떤 이들은 이 영이 하나님이나 예
수 그리스도보다 좀 낮은 하나님의 존재 양식이 아닌가 생각하지만, 니
케아와 콘스탄티노플 종교회의를 거치면서 정통 기독교는 성령을 하나님
과 동일한 본질로서 세 위격 중 한 분으로 인식하고 고백한다. 이런 성령
이해는 단지 교리사적 인식에 불과한 것이 아니라 근본적으로 성서의 하
나님 이해이기도 하다. 이미 구약성서는 하나님을 영적 존재로 해명하고
있으며, 요한복음도 하나님은 영이라고 명시적으로 진술하고 있다. 이 영

은 인격적인 존재이기 때문에 바람처럼 어디서 와서 어디로 가는지 우리가 예측할 수 없다. 매우 다층적인 차원에서 언급되고 있는 영에 대한 성서의 진술이 일치되고 있는 점은 영은 기본적으로 생명을 살리는 힘이라는 것이다. 성령은 곧 살리는 영이다. 영으로 존재하는 하나님과의 일치와 그 경험과 그것이 삶에서 나타나는 능력을 영성이라고 할 때 결국 영성은 살리는 능력, 생명의 능력이라고 볼 수 있다. 영성이 깊은 사람은 곧 생명을 살리는 능력의 사람이라는 뜻이다.

생명의 영, 부활의 영

하나님의 창조 행위와 예수 그리스도의 구원 행위, 성령의 살리는 능력을 삼위일체론적 시각으로 인식한다는 점에서 "영성이 무엇인가?"라는 질문은 그것 자체로 설명되는 게 아니라 "생명이 무엇인가?"라는 질문과의 관련 가운데 논의되어야 한다. 생명현상 없이 논의되는 영성은 아무리 그럴듯한 경험이 수반된다 하더라도 그야말로 순수 관념에 불과하다. 생명현상이 발생하는 곳은 바로 이 세상이다. 하나님이 창조한 이 세상의 모든 곳에서 생명의 영이 활동하고 있는데도 교회가 이 영을 독점하고 있다고 생각한다면 그야말로 영에 대한 아전인수일 뿐만 아니라 모독이기도 하다. 한국 교회의 강단이 영을 생명과의 연관성이 아니라 도그마로 축소시켜 버림으로써 기독교의 영성이 빈곤해졌을 뿐만 아니라, 생명을 일으켜 세운다는 차원에서 경쟁적인 관계에 있는 타 종교나 이 세계로부터 따돌림 당하는 상황에 내몰리게 되었다. 여기서 우리에게 주어진 대답은 분명하다. 기독교의 영성을 회복하려면 이 세상 안에서 생명에 대한 이해를 확대하고 심화시켜야만 한다는 말이 된다.

영성의 토대인 생명 문제를 깊이 있게 인식하고 접근하기 위해 우리는 두 가지 방향을 확실히 해야 한다. 하나는 이 세상의 보편적 생명 운동과 부지런히 대화해 나가야 한다는 사실이다. 현대 철학이나 유전공학도 이런 생명에 대한 연구를 활발하게 진행시키고 있으며, 시인들이나 화가들 역시 생명을 이해해 보려고 구도 정진하듯 애를 쓴다. 앞으로는 생명의 세계를 열어 가는 물리학과 생물학이 생명의 영에 철저하게 의존하는 신학의 사유를 훨씬 심화시켜 줄 것이다. 전문가들처럼 모든 문제를 소상히 파악할 수는 없지만 그들이 무엇을 어떻게 인식해 가고 있는지 그 방향만은 따라잡아야 하며, 설령 그렇게 못한다 하더라도 그들 역시 생명을 화두로 삼고 있다는 사실을 인정해야 한다. 이렇듯 주변 학문이 생명의 현실로 파악하고 있는 것들을 근거로 해서 기독교의 영성을 인식하고 해명해 나갈 때만 보편적인 설득력을 확보할 수 있다. 이런 작업 없이 단순히 "예수 믿고 구원받으라"고 외치기만 한다면 이건 통역자가 있을 때만 방언을 해야 한다는 바울의 가르침에도 위배된다.

다른 한 가지는, 정말 중요한 핵심적 사안인데, 예수를 죽은 자 가운데서 다시 살리신 영에 대한 깊은 인식이다. 바로 그 영이 생명의 능력이며, 종말에 모든 죽은 자를 다시 살릴 영이다. 이런 부활의 영이 활동하는 영역에 우리가 얼마나 깊숙이 참여하고 있는가 하는 점이 바로 영성의 기준이 된다. 전혀 예상하지 못하는 은폐의 방식으로 생명의 역사를 끌어가는 이 부활의 영과 일치되기만 한다면 우리는 미래의 생명을 미리 앞당겨 경험하는 셈이다. 이런 경험이 기독교의 종말론적 영성이며, 거기서 우리는 살리는 능력에 사로잡힌다.

영성의 현실들

기독교의 영성은 결국 위에서 말한 대로 부활의 보편성과 그 인식 및 해명으로 집중된다. 부활의 영은 틀림없이 우리로 하여금 생명 지향적인 삶으로 나아가도록 한다. 이해를 돕기 위해 오늘날 우리가 경험하는 구체적인 삶에서 이런 생명 지향적 현실들을 몇 가지만 간추려 보면 다음과 같다. 여기서 제시된 것만 생명의 영에 관계된다는 뜻은 아니다. 다만 부활의 영이며 생명의 영인 성령이 우리의 현실에서 어떻게 활동하는가에 대해 예민한 영적 감수성을 유지함으로서 근본적으로 영적 지평을 확대, 심화시켜야 한다는 점에서 몇 가지 전망을 제시하는 것이다.

이라크 전쟁으로 죽거나 가족을 잃는 사람들을 보면서 우리는 이런 전쟁이 결코 생명 지향적이지 못하며, 따라서 거시적으로 이 전쟁이 기독교의 영성에 배치된다는 사실을 알 수 있다. 큰 악을 제거하기 위해 어쩔수 없이 폭력을 행사해야 한다는 논리는 죽은 자를 살리는 부활의 영을 믿지 못하는 태도다. 내 생각에 이라크 전쟁을 일으킨 미국의 부시는 기독교 근본주의자로서 생명의 영보다는 예수를 십자가에 못 박은 로마제국의 정치적 이데올로기에 사로잡힌 인물이다. 무슨 근거로 하나님이 창조한 사람들을 의도적 혹은 비의도적으로 죽이는가? 이런 점에서 반전, 평화운동은 영성에 속한 일이라 할 수 있다.

몇 년 전에 어느 초등학교 교장이 전교조와의 갈등 가운데서 자살했다고 한다. 오죽했으면 그만한 사회적 지위에 있는 사람이 죽었을까 연민이 느껴지기도 하지만, 이러한 일로 생명을 끊을 수밖에 없는 현대인들의 '죽음의 충동'(타나토스)을 이 사건에서 읽을 수 있었다. 교육계에도 생명보다는 인간의 명예와 자존심 또는 경쟁심이 우선적 가치로 자리를 잡았다는 말이 된다. 세상의 정치, 교육, 경제가 생명의 영에 사로잡혀서 작동되는 길이 어디에 있을까?

기독교 신자들은 여기서 한 걸음 더 나아가 지구의 생태학적인 생명과 영성 문제를 연결시켜 생각할 수 있어야 한다. 교회가 생산과 소비의 악순환 가운데서 아무런 반생명적 조짐을 읽지도 못한 채 소비 지향적, 반생태학적 시대의 흐름에 편승해 있다면, 더 나아가 부추기고 있다면 아무리 예수의 부활을 찬송한다 하더라도 역시 부활의 영과 상관없이 사는 것이다. 하나님의 창조 세계가 그 생명력을 잃지 않도록 우리 삶의 구조를 꾸준히 갱신시켜 나가는 일은 본질적으로 영성의 문제다. 2003년 5월 7일 KBS에서는 새만금 갯벌 살리기 삼보일배 고행에 나선 문규현 신부와 수경 스님 이야기가 방영되었다. 자기를 비우고 죽이고 낮추고, 반면에 생명의 영을 채우고 살리고 높이는 영성이 아니라면 그분들이 이런 일에 나설 수 있었을까 하는 생각이 들었다.

대개의 교회들은 교회 현안을 해결하는 데만 힘을 쏟고 있으며, 좀더 노골적으로 말하자면 교회 성장 만능주의에 빠져 있기 때문에 영성의 문제를 진지하게 생각할 겨를이 없다. 이게 한국 교회의 설교와 목회 상황의 비극이다. 거의 모든 교회가 이미 정형화된 목회의 메커니즘 안에서 운영되고 있을 뿐, 설교자와 목회자의 고유한 영성이 자리를 잡지 못한다. 당회로 대표되는 교회의 구조 자체가 이미 교회 공동체를 관리의 차원에서 다루고 있기 때문에 이 문제가 해결될 가능성이 별로 없어 보인다. 그렇다고 상황 탓만 하고 있을 수는 없다. 문제의식이 있는 설교자들이 대오각성의 자세로 자신의 영성을 확보하는 수밖에 없다. 그래야만 목회와 설교와 신앙생활이 생명 지향성을 유지하게 되며, 목회자와 신자와 교회의 구원도 이루어질 것이다(빌 2:12).

28세라는 젊은 시절에 '월든' 숲 속 호숫가에서 오두막을 짓고 2년 동안 생활했던 경험을 매우 민감한 영적 감수성으로 서술한 소로우의 《월든》에 다음과 같은 대목이 나온다. 하나님 앞에서 단독자로 서야 할 설교자들에게 영성의 한 자락을 열어 주는 글이 아닐까 생각해서 소개한다.

> 왜 우리는 성공하려고 그처럼 필사적으로 서두르며, 그처럼 무모하게 일을 추진하는 것일까? 어떤 사람이 자기의 또래들과 보조를 맞추지 않는다면, 그것은 아마 그가 그들과는 다른 고수(鼓手)의 북소리를 듣고 있기 때문일 것이다. 그 사람으로 하여금 자신이 듣는 음악에 맞추어 걸어가도록 내버려 두라. 그 북소리의 음률이 어떻든, 또 그 소리가 얼마나 먼 곳에서 들리든 말이다. 그가 꼭 사과나무나 떡갈나무와 같은 속도로 성숙해야 한다는 법칙은 없다. 그가 남과 보조를 맞추기 위해 자신의 봄을 여름으로 바꾸어야 한단 말인가? 우리의 천성에 맞는 여러 여건이 아직 갖추어지지 않았다면 대신 끌어다 댈 수 있는 현실은 무엇인가? 우리는 헛된 현실이라는 암초에 우리의 배를 난파시켜서는 안 되겠다. 우리가 애를 써서 머리 위에 청색 유리로 된 하늘을 만들어 본들 무슨 소용이 있겠는가? 그것이 완성된다 하더라도 우리는 분명 그런 것은 없다는 듯이 그 훨씬 너머로 정기에 가득 찬 진짜 하늘을 바라볼 것인데.(헨리 데이비드 소로우, 《월든》, 강승영 옮김, 이레, 2004, 368쪽)

제
13
강

구원론적 설교

강단에 올라섰는데 마땅히 있어야 할 설교 원고가 보이지 않아 어쩔 줄 몰라 하는 꿈을 가끔 꾼다. 꿈은 두 가지로 진행된다. 강단에서 계속 힘들어하다가 꿈을 깨는 경우, 두려움을 감춘 채 대충 마무리하고 내려오는 경우다. 꿈에 나타날 정도로 설교 행위에 두려움을 느끼고 있다면 정신과 상담을 받아야 하는 건 아닐는지.

몇 가지 이유가 있겠지만 가장 큰 이유는 청중과의 영적 소통에 한계를 느낀다는 데 있다. 내 설교에 대한 일반적인 반응은 이해하기 어렵다는 것이다. 귀에 잘 들어오지 않는 설교, 졸음이 오는 설교, 어려운 설교 등등이 내 설교의 특징이다. 내심으로는 왜 어렵다는 건지 잘 이해할 수 없고 동의하지도 않지만, 그래도 그런 평가를 나 몰라라 팽개칠 수도 없다. 스스로는 복음의 본질에 천착하는 설교, 메시지가 아주 분명한 설교라고 생각하는데 청중은 왜 반대로 받아들일까? 이게 바로 설교자인 나 자신이 처한 딜레마다.

아무래도 내 설교에 한마디 변명을 하고 지나가야겠다. 나는 성서 텍스트와 청중 사이에 가교를 놓아야 할 설교자의 역할에서 성서 텍스트 쪽에 기울어 있다. 종교적인 욕구를 채워 주거나 종교적으로 계몽하는 것보다는 성서 텍스트에만 의존한다는 말이다. 그러다 보니 내 설교에서 청중은 큰 비중을 차지하지 못한다. 청중 중심의 설교를 주창하는 오늘의 설교학과 정반대의 길을 가니 설교가 어렵다고, 따분하다고 하는 건 당연하지 않겠는가.

청중은 일반적으로 어렵거나 따분한 설교를 싫어한다. 그들의 요구는 정당하다. 끊임없는 경쟁과 스트레스에 포위당한 청중이 하나님 나라의 신학적인 의미와 영성의 깊이에 귀 기울이기는 힘들다. 노동, 자식 교육, 아파트, 주식, 병원, 의식주 문제, 그 안에서 벌어지는 사랑과 미움과 배신, 분노 등등…… 이런 현실은 감각적이고 즉각적이며 치열하다. 청중 중에는 간밤에 부부 싸움을 했거나, 자식들이 말썽을 피워 걱정하거나, 기업이 부도 직전에 몰렸거나, 실연당한 이들이 적지 않을 것이다. 불치병에 걸린 건 아닌지 노심초사하는 사람, 유부남(또는 유부녀)과 부적절한 관계를 맺은 여자(또는 남자), 경쟁 기업체와의 싸움에 지친 사람도 있을 것이다. 골치 아픈 일로 세상에서 시달리다 교회에서도 심각해져야 한다는 건 청중의 입장에서 고문이다. 그래서 그들은 단순하고 강력한 메시지, 깊이 생각하지 않아도 저절로 들리는 설교, 익숙한 설교, 모든 염려와 걱정을 간단히 잊을 수 있는 '쉬운 설교' 또는 '재미있는 설교'를 듣고 싶어 한다. 현실적이고 실용적인 설교 말이다.

한국의 대중 설교자들은 일반적으로 이런 요구에 딱 떨어지는 설교를 할 줄 안다. 내용적으로도 그렇고, 전달 방식에서도 그렇다. 삼박자 축복 이라거나 청부론(淸富論) 같은 용어로 포장된 복음이 잘 팔린다. 이런 설교는 불치병도 기도로 치료된다거나, 부도 일보 직전의 기업도 기도하면 기적으로 살려낼 수 있다는 확신을 주고, 기독교인이 사회에서 고지를 선점해야 하나님의 일을 원활하게 이끌 수 있다는 사명감을 고취시킨다. 청중의 가장 큰 관심인 재산과 건강 문제에 시의적절한 답을 제시하는 설교는 재미와 관심을 동시에 불러일으킨다.

나처럼 청중이 어렵다고 생각하는데도 고집불통으로 말씀을 선포하는 태도는 바르지 않다. 그렇다고 해서 쉬운 설교에 치우치는 것도 늘 옳은 것은 아니지 않을까. 청중의 구체적인 삶을 간과한 채 자신의 영적 경지만을 독백처럼 내세운 설교를 바람직하다고 볼 수 없지만, 청중의 영적인 성장과 상관없이 그들이 듣고 싶은 설교만 전하는 걸 괜찮다고 할 수도 없는 건 아닌는지. 치열한 고민 없이 교회 성장론에 종속된 쉬운 설교, 들리는 설교, 재미있는 설교에만 치우치는 건 아닌는지.

노파심으로 다시 한 번 분명히 밝히겠다. 나는 청중의 세속적이거나 이기적인 관심을 무조건 불온시하는 건 더더욱 아니며, 그들이 감당해야 할 삶의 현장을 간과해도 좋다고 생각하는 건 아니다. 세속적 메커니즘으로 작동되는 세상에서 몸의 욕구를 부둥켜안고 살아가지만, 또한 그 욕구가 이 땅의 문화를 가능하게 하는 열정(에로스)이기는 하지만 그런 요소가 늘 인간을 살리는 게 아니며 훨씬 많은 경우 인간과 사회와 생태계를 파괴한다는 사실도 명백하다. 따라서 오늘의 설교자는 대중 추수주의에 매몰되지 말고 진정한 의미에서 그들과 세계를 살리는 설교에 몰입해야 할 것이다. 그것이 곧 '구원론적 설교'다. 설교자 자신이 구원론적 지평을 분명하게 확보해야 하며, 구원의 현실을 직면하도록 청중에게 도전해야 한다. 구원은 사람이 아니라 하나님이 선물로 주신다는 사실을 전제한다면 어디에 설교의 초점을 두어야 할지 이미 답이 나온 것이다. 곧 하나님의 행위, 그의 계시, 그의 말씀, 즉 하나님이 답이다. 구원론적 설교는 하나님의 사건에 중심을 둔 설교라 할 수 있다.

생명의 영

구원론적인 설교는 당연한 것 같지만 현장에서는 그렇지 않다. 교회에서 선포되는 설교는 개인, 사회, 국가, 지구, 우주의 구원을 담지하지 못한다. 한 사람 또는 공동체를 독단성에 갇히게 하고, 불안감에 사로잡히게 하며, 세상을 향한 적개심에 불타게 한다면 그건 죽이는 설교가 아니겠는가. 이런 현상에 대해 일일이 예를 들지 않겠다. 구원론적인 설교가 무엇인지 한두 마디로 규정할 수는 없지만, 기본적으로 사람과 세상을 살리는 설교라는 사실은 분명하다. 도대체 살린다는 게 무엇인가. '산다, 살아 있다'는 게 무엇인가? 삶 또는 생명은 무엇인가? 이런 질문은 구원론적인 설교와 연관되는데, 결국 구원론적인 설교는 '생명이란 무엇인가?'에 직결된다. 성서와 신학에서 생명은 영의 문제다. 인간을 포함한 모든 생명현상은 영의 활동이며, 그 생명은 하나님으로부터 왔다. 이런 점에서 생명 지향적 설교는 곧 영적인 설교이며, 영적인 설교는 곧 생명 지향적 설교라 할 수 있다.

위의 설명에서 구원, 생명, 영의 관계를 다음과 같이 정리할 수 있다.

구원을 선포하는 설교는 생명을 지향하는 설교이고, 생명 지향적 설교는 곧 영적인 설교다. 이것은 뒤집어도 통하는 논리다. 따라서 영 또는 영적인 것이 무엇인지 설명된다면 생명이 무엇인지 밝혀질 것이며, 거기서 구원이 무엇인지 해명될 수 있다. 영, 생명, 구원은 기독교 신앙과 신학에서 하나의 궁극적인 존재 또는 생기(生起)를 가리키기 때문에 어느 쪽 문으로 들어가든 서로 소통될 수밖에 없다. 영이라는 문을 통해 그리스도교 신앙의 중심으로 천천히 들어가 보자.

우선 이렇게 질문해야겠다. 설교자인 우리는 영에 관심이 있을까? 열광적인 부흥사나 은사주의자의 전유물로 생각하는 건 아닐까? 솔직히 말해서 우리는 영뿐만 아니라 그리스도교의 중요한 신앙적 주제를 별로 생각하지 않는다. 구원, 종말, 칭의, 성만찬, 하나님 나라 같은 주제를 잘 알지 못하면서 아는 것처럼 착각하거나, 안다 하더라도 피상적으로만 아는 것인지 모른다. 영을 신학적으로 진지하게 성찰하지 못할 경우 두 가지 극단적인 태도를 취하게 된다. 첫째는 영의 활동에 대해 침묵하거나 그것을 무시하면서 사람들의 종교적 업적과 윤리, 실천 문제에만 기울어지는 것이다. 둘째는 비현실적이거나 건강하지 못한 영성에 심취하고 마는 것이다. 오늘 우리의 설교는 이런 특징을 그대로 보여 준다. 전자의 설교에서 영은 형해화하고, 후자에서 영은 주술화한다. 전자는 영을 끊임없이 축소하고 후자는 과잉생산한다. 서로 다른 현상처럼 보이지만 양자는 그리스도교 영성을 훼손한다는 점에서 일치한다. 과연 영과 영적인 것은 무엇인가?

영과 영적인 것은 구약성서의 루아흐나 신약성서의 프뉴마와 직접 연관된다. 성서 시대 사람들이 사용한 루아흐 또는 프뉴마는 '영', '바람'이라는 의미가 있다. 고대인들의 관점에서 생각해 보자. 봄에 부는 따뜻한 바람은 죽었던 대지를 살리고, 겨울의 찬 바람은 대지를 죽인다. 살아 있는 사람은 숨을 쉬고, 죽은 사람은 숨이 멎는다. 이런 현상 앞에서 성서 시대는 바람과 숨이 생명을 살리는 영이며, 영이 곧 바람이라고 생각했다. 즉 성서가 말하는 영은 바로 '생명의 영'이다. 영적인 것은 생명에 속한 것이다. 이 영에 인격적인 성격을 부여하면 성령이다. 특히 삼위일체론적인 차원에서 성령은 하나님과 본질적으로 동일한 영이시다.

루아흐

여기서 중요한 것은, 바람과 영을 가리키는 루아흐는 사람이 생산해 내거나 추정할 수 없다는 사실이다. 봄에 불어오는 따뜻한 바람과 겨울에 불어오는 찬 바람은 어디서 오는지 알 수 없다. "바람이 임의로 불매 네가 그 소리는 들어도 어디서 와서 어디로 가는지 알지 못하나니 성령으로 난 사람도 다 그러하니라"(요 3:8). 새 생명이 어머니 몸에서 떨어져 나오면서 시작되는 숨이 어디서 오는지, 사람이 죽을 때 끊어지는 숨이 어디로 가는지 고대인들은 몰랐다. 모르는 것은 비밀이며, 곧 신비다. 그들에게 바람은 비밀이고 신비였다. 그것에 따라 사람이 살기도 하고 죽기도 하며, 그것에 의해 만물이 살기도 하고 죽기도 하니까 신비 아니겠는가. 마찬가지로 영(바람)에 의해 시작되거나 끝장나는 생명 역시 비밀이며 신비다. 그래서 성서 기자들은 이 세상을 하나님의 창조라고 보았다. 그분이 아니면 존재할 수 없고 해명될 수 없는 신비한 사건으로 세상을 보았다는 말이다. 이 세상과 그 안의 모든 것, 하늘, 땅, 나무, 동물 등등 모든 것은 하나님의 것이다. 그 하나님은 창조자이시며, 창조를 유지하는 분이시며, 종말론적으로 완성하실 분이시다. 하나님은 무로부터의 창조를 가능하게 하는 분이시다. 이런 점에서 바람, 숨, 영, 창조, 하나님, 생명이라는 성서 언어는 생명의 비밀과 신비를 가리키는 동일한 어군이다.

이 세상과 생명을 신비한 사건으로 보았던 성서 기자들을 어리석게 보면 큰 잘못이다. 생명현상에 대해 고대인보다 훨씬 많은 정보가 있다 해서 생명의 비밀과 그 신비를 그들보다 더 잘 아는 게 결코 아니다. 과학자들이 유전공학을 아무리 발전시킨다 해도 생명의 실체를 벗겨낼 수 없을 것이며, 우리보다 많은 정보를 얻을 우리 후손들도 마찬가지다. 왜냐하면 철학적으로 인간은 세상에 던져진 존재이며, 신학적으로 인간은 창조자가 아니라 피조물이기 때문이다. 우리가 얼마나 무력한지 생각해 보라. 과학자들이 무기물만으로 모기 한 마리라도 만들 수 있는지 생각해 보라. 좀더 쉬운 문제를 내보자. 코스모스 씨앗으로 꽃을 피워 보라. 흙과 물과 태양에 기대지 말고 순전히 실험실 도구만으로 피워 보라. 코스모스 씨앗에 어떤 물리적, 화학적 힘을 가해도 꽃이 발현되지 않는다. 온 우주가 힘을 합해야만 씨앗은 꽃을 피울 수 있다. 오늘 개인들이 온 우주가 될 수는 없는 노릇 아닌가. 그게 생명의 본질이며, 그것은 곧 신비다.

설명이 안이했는지 모르겠다. 여기서 전하려는 핵심은 이것이다. 성령은 우리의 생각을 뛰어넘어 활동하는 신비로운 영이시며, 그가 일으키는 생명도 예상을 뛰어넘는 신비한 사건이다. 생명을 도구화할 수 없듯이 성령은 우리에게 이용되는 분이 아니다. 따라서 생명의 영인 성령에 의존하는 설교는 청중을 도구로 다루는 게 아니라 생명의 풍요로움과 신비 안으로 들어가게 한다. 귀에 쏙쏙 들어오는 쉬운 설교라 하더라도 생명의 신비를 담지 못하면 죽은 설교이고, 아무리 어려운 설교라 하더라도 생명의 신비를 맛볼 수 있다면 살아 있는 설교가 아니겠는가.

여기서 신비라는 용어를 오해하지 말기 바란다. 그것은 주술이나 마술, 힌두교적 신비주의 또는 인간 무의식에 자리한 신비주의 같은 게 아니라, 아시시의 성 프란시스, 마이스터 에크하르트, 십자가의 성 요한 등이 말하는 창조 영성을 가리킨다. 그리스도교 신앙이 이 세상을 하나님의 창조로 보는 게 분명하다면 신비는 매우 분명하고 본질적인 그리스도교 영성에 속한다. 매튜 폭스의 《우주 그리스도의 도래》에 따르면 현대 문명은 참된 신비주의를 거부하고 사이비 신비주의에 빠져 있다. 그는 오늘의 사이비 신비주의를 지적한다. 국가주의, 군사주의, 파시즘, 기술, 소비주의, 근본주의, 뉴에이지 사상, 금욕주의, 신비 숭배, 심리학 지상주의가 그것이다. 이런 요소들이 알게 모르게 한국 교회 안에도 자리하고 있는 게 아닐까.

생명 지향적 설교

설교자라면 누구나 생명의 영인 성령에 의존한다고 주장할 것이다. 수구적이고 근본주의적인 입장에서 성서 텍스트를 읽고 해석하는 사람일수록, 주술적이고 기복적인 입장에서 설교하는 사람일수록 성령을 강조하는 경향이 강하다. 어떤 설교자는 "성령을 받아라" 하고 외치기도 한다. 성령은 카리스마가 뛰어난 사람의 말에 좌우되는 영이 아니라 자신의 뜻대로 움직이시는 자유의 영이시다. 우리는 그분이 움직이시는 길을 따라갈 뿐이지 우리 뜻대로 그를 움직일 수는 없다.

아무리 자유의 영이라 하더라도 기도로 그의 뜻을 움직일 수 있지 않는가 생각하는 분들이 있을 것이다. 옳다. 우리의 기도로 성령의 뜻을 바꿀 수 있을 것이다. 그러나 그것 역시 성령의 뜻 안에서 기도한다는 것을 전제한다. 여기서 지적하는 것은 많은 경우 성령을 인간의 심리 작용쯤으로 여긴다는 사실이다. 그것도 극단적으로 주관적인 심리 작용으로 여긴다. 예컨대 미움이 없어졌다거나 십일조를 아까워하다가 기쁨으로 드리게 된 것을 성령의 활동과 일치시킨다. 어떤 설교자들은 기도하는 중에 교회당을 건축하라는 성령의 지시를 받았다고 주장하기도 한다. 그것을 계시라고 하는 경우도 있다. 그런 일이 결코 없다고 단정할 수는 없지만, 일반적으로 본다면 그런 경험은 생명의 영인 성령을 주관적인 깨달음과 일치시키는 억측에 가깝다.

과연 성령에 의존하는 설교는 무엇인가? 명시적으로 제시하기는 쉽지 않지만, 이렇게 정리하면 될 것 같다. 개인만이 아니라 사회까지, 더 나아가 글로벌 차원과 우주적 차원에 이르기까지 통전적인 생명을 풍요롭게 하는 설교가 성령에 의존하는 영적인 설교다. 더 구체적으로 제시한다면 다음과 같다. 청중을 죄책감으로 사로잡지 않고 해방시키는 설교, 남북 분단의 분노와 대립이 아니라 남북 평화와 화해와 상생으로 나아가는 설교, 사회적 마이너리티를 소외시키는 게 아니라 하나님 나라의 가족으로 받아들이는 설교, 생산과 소비를 자극함으로 생태계를 허무는 게 아니라 지속가능한 생태 살림으로 나아가는 설교, 신자유주의가 요구하는 극단적인 경쟁력 제고가 아니라 양극화를 극복하고 경제 정의에 근거한 정의로운 사회를 제시하는 설교 말이다. 이런 문제를 더 깊이 숙고하려면 몰트만의 《생명의 영》, 앨리스터 맥그래스의 《기독교 영성 베이직》 같은 저서들을 참고하기 바란다.

한국 교회는 영성이라는 명분 아래 청중을 불안에 빠지게 한다. 이것은 구원 지향적 설교의 자세가 아니다. 판넨베르크는 죄와 회심을 강조하는 영성과 복음은 건강하지 못하다는 사실을 지적한 바 있다. 한국 교회 설교에서 중요한 요소로 작용하는 이런 문제는 기독교 영성의 중심을 신학적으로 바르게 이해하지 못한 데서 연유한다. 판넨베르크의 말을 살펴보자.

> 예수 그리스도에게 참여함으로 자유로워진다는 종교개혁의 중심 사상은 참회적 신앙심을 벗어나야 보장된다. 오직 이럴 때에야 믿는 자는 종교개혁적 교리강습이라는 전제가 소멸되어 기독교인다운 인격적 정체성 형성을 막는 자기 공격의 경험을 피할 수 있다. 소외되었던 생활 방식에서 구원받았다는 기쁨과 해방하는 영의 새로운 표명이 요청된다면—니체는 기독교인 중에서 이런 자를 찾아볼 수 없었다고 조롱한 바 있는데—전통적 참회 신앙심과의 결별이 불가피하듯 기독교적 신앙심과 생활 태도의 새 형식을 찾는 것 역시 불가피하다.(볼프하르트 판넨베르크, 《Christliche Spiritualität》, 국내 미번역)

물론 이런 주제가 생명을 살리는 설교의 모든 것이라거나 그 자체라는 말은 아니다. 생명의 영은 우리의 생각을 뛰어넘기 때문에 가치 있다고 생각하는 몇 가지 일로 그 활동을 대체할 수 없다. 개인과 사회와 생태계 전체의 생명을 풍요롭게 하시는 성령의 구체적인 활동을 든 것뿐이다. 어쨌든 중요한 것은 영적인 설교는 삶의 신비와 연관되지 삶의 요령이 아니라는 사실이다.

이런 주장에 두 가지 반론을 제기할 수 있다. 첫째, 당신이 말하는 생명의 신비는 지나치게 자연신학적이며, 신비주의적이라서 모호하다. 둘째, 당신의 주장에는 전통적 신학이 말하는 기독론적 구원론이 약하다. 일리 있는 반론이다. 생명의 신비는 자연적 생명현상만을 말하는 게 아니라 궁극적으로는 예수 그리스도의 부활에서 선취된 생명의 신비를 가리킨다. 예수의 부활 사건은 모든 죽은 자가 종말에 부활하는 사건이 선취되었다는 점에서 궁극적인 생명이라 할 수 있다. 따라서 삶의 조건을 향상시키는 데 머무는 게 아니라 그 모든 것을 파괴하는 죽음에서 해방되는 것이야말로 궁극적인 영의 활동이므로 예수 그리스도의 부활이야말로 참된 영성과 참된 생명의 토대다. 부활의 영과 하나 된다면 우리의 모든 삶을 파괴시키는 죽음에서 해방될 것이다. 설교자는 예수의 부활이 신비한 생명의 실재와 어떻게 접목되는지 신학적으로 밝히고 증명할 수 있어야 한다. 이 대목을 보충해서 설명하겠다.

하나님의 신비

우리가 믿는 하나님은 예수 그리스도를 통해 세상을 구원하셨을 뿐만 아니라, 세상과 생명을 창조하셨으며, 유지하시고, 종말론적으로 완성하시는 분이다. 내재적(immanent) 삼위일체일 뿐만 아니라 경륜적(okumen-isch) 삼위일체이신 하나님은 이 땅과 역사를 초월하면서 동시에 이 세상을 구체적으로 통치하신다. 우리가 믿는 하나님은 막연한 분이 아니라, 개인적인 차원에서만 생사화복을 주장하는 분이 아니라 세상 전체와 관련된 분이라는 말이다.

이 글을 읽는 사람 중에는 위의 진술을 모르는 사람도, 믿지 않는 사람도 없다. 문제는 그 하나님을 어떻게 경험하며 어떻게 해명하는가에 있다. 몇몇 신학적인 용어나 개념으로, 주관적인 경험으로 하나님의 본질이 해명되는 것은 아니다. 그는 계시하시는 분인 동시에 은폐하시는 하나님이기 때문에 우리는 하나님을 알면서도 모른다. 이런 이중성에서 벗어날 사람은 하나도 없다. 궁극적으로 말하면 우리는 하나님을 모른다. 이건 독백이 아니라 기본적으로 성서와 2,000년 그리스도교 역사가 지켜 온 하나님 존재의 신비다. 영과 생명이 신비이듯이 하나님도 신비이시다. 즉 하나님은 우리의 생각을 뛰어넘어 통치하신다는 말이다. 따라서 그는 세계의 비밀이며 신비다. 오늘 우리는 심층의 생명을 만날 때 하나님의 신비를 만나게 되며, 거꾸로 하나님의 신비를 만날 때 궁극적인 생명의 비밀을 만날 수 있다. 그렇다. 바로 그런 설교를 듣고 싶다. 생명의 신비와 하나님의 신비를 담아내는 설교, 그 신비 앞에서 화들짝 놀랄 수밖에 없는 설교 말이다. 불행히도 이런 설교를 만나기가 쉽지 않다. 나는 브레넌 매닝의 말에 전적으로 동의한다.

나는 예수님 얼굴에 빛나는 하나님의 영광(고후 3:18)에 관한 강론이나 설교를 평생 한 번도 들어보지 못했다. 현대 설교자들이 이 주제의 설교에 인색한 것은 어쩌면 우리가 하나님의 카봇과 한 번도 스친 적이 없다는 사실 때문일 것이다. 아니면 단순히 우리가 개념을 설명할 엄두가 안 날 수도 있다. (중략) 그러나 신비를 피하는 것은 곧 경배와 영광과 찬송 받기에 합당하신 유일하신 하나님을 피하는 것이다. 아울러 그것은 구도자들과 신자들 양쪽 모두의 갈증을 채워주지 못한다. 그들은 일요일 아침 우리의 잡담거리나 되는 점잖고 사무적인 로터리클럽 풍의 하나님을 거부하고, 경외와 말없는 공경과 전폭적 헌신과 전심의 신뢰를 받기에 합당하신 하나님을 찾는 자들이다.(브레넌 매닝, 《신뢰》, 윤종석 옮김, 복있는 사람, 2004, 83쪽)

매닝의 설명에 따르면 히브리어로 영광을 뜻하는 카봇(Kabod)은 구약성서에서 폭넓은 의미로 사용되었는데, 가장 중요한 의미는 빛으로 나타난 하나님의 영광이다. 주의 영광을 보여 달라는 모세의 간청을 들은 여호와 하나님은 "내 모든 선한 것을 네 앞으로 지나가게" 하시겠다고 하면서 이렇게 말씀하셨다. "또 이르시되 네가 내 얼굴을 보지 못하리니 나를 보고 살 자가 없음이니라 여호와께서 또 이르시기를 보라 내 곁에 한 장소가 있으니 너는 그 반석 위에 서라 내 영광이 지나갈 때에 내가 너를 반석 틈에 두고 내가 지나도록 내 손으로 너를 덮었다가 손을 거두리니 네가 내 등을 볼 것이요 얼굴은 보지 못하리라"(출 33:20-23)

아무도 태양을 맨눈으로 쳐다볼 수 없듯이 아무도 하나님을 직면할 수 없다. 맨눈으로 태양을 쳐다보지 못한다 해서 태양이 빛을 낸다는 사실이 부정되지는 않는다. 그 사실 앞에서 우리는 루돌프 오토가 거룩한 두려움으로 표현하는 '누미노제' 경험을 한다. 무엇으로도 범주화하거나 도구화할 수 없는 존재 앞에서 느끼는 누미노제는 성서 기자들의 경험이기도 했다. 그 하나님은 홍수를 내는 분이며, 애굽 바로의 군대를 홍해에 빠뜨리는 분이며, 광야에서 물을 내시고, 마른 뼈에 생명을 불어 넣는 분이며, 토기장이이자, 악어를 장난감처럼 다루는 분이시다. 그 여호와 하나님은 우리에게 어떤 분으로 다가오는가? 이런 거룩한 두려움을 경험하지 못한 사람이 어떻게 설교를 할 수 있단 말인가? 이런 하나님의 신비 외에 우리가 들어야 할 설교가 어디 있다는 말인가? 매닝의 말을 한번 더 들어 보자.

> 칼 라너는 "앞으로 당신은 하나님을 경험한 신비가가 되거나 아니면 아무것도 아닌 존재가 될 것이다" 하고 역설했다. 기독교가 단순히 윤리, 도덕규범, 인생철학이라면 고난의 습격을 감당치 못할 것이다. 하나님의 카봇에 대한 영광스런 체험은 소수의 엘리트 집단을 위해 구별된 비전(秘傳)이 아니다. 이 선물을 받을 자들이 누구냐는 물음에 토머스 머튼은 이렇게 대답했다. "답은 뻔하다. 모든 사람이다."《신뢰》, 90쪽)

그렇다. 단순한 윤리, 도덕규범, 인생철학에 관한 설교가 아니라 내 존재를 화염으로 불사를, 인간의 모든 프로그램과 설계도를 뛰어넘는, 궁극적으로 언어까지 뛰어넘는 하나님의 카봇을 전하는 설교를 듣고 싶다. 그런 설교 앞에서 내 영혼은 충격을 받을 것이며, 겸손하게 무릎 꿇고 진정으로 영광의 찬양을 올리게 될 것이다. 이런 점에서 그리스도교 신앙과 신학은, 더 나아가 예배와 설교는 근본적으로 송영이다.
생명의 신비와 하나님의 신비라는 말이 그럴듯하게 들리지만, 성서 본문에서 어떻게 현실적인 삶에 접목할지 난감하다고 생각할 분들이 있을 것이다. 이 글의 주제가 아니기도 하고, 나에게 어떤 묘책이 있는 것도 아니다. 하나님의 구원과 통치 행위인 생명의 신비가 오늘의 구체적인 노동 현장과 가정생활, 정치·경제 및 국제 정세를 비롯해서 청중이 살아가는 구체적인 삶의 자리에 어떻게 적용되어야 하는지는 훨씬 많은 과정을 통해 각자가 풀어야 할 숙제다. 이를 위해 설교자는 성서의 놀라운 세계를 최대한 정확하게 이해하고, 2,000년 그리스도교 역사인 신학을 공부해야 하며, 오늘의 삶을 해석하는 인문학 공부에 힘을 쏟아야 할 것이다. 은밀한 중에 말씀하시는 하나님께 귀 기울이는 기도는 이 모든 것의 토대다.

현대인은 언어의 홍수 속에 산다 해도 과언이 아니다. 문제는 그 언어가 기술의 차원을 넘어서지 못한다는 것이다. 언어가 존재론적 힘을 보이지 못하고 도구로 전락했다. 텔레비전이나 라디오에서 흘러나오는 말, 청소년들의 말, 심지어 목회자들의 말도 말재주일 뿐이지 존재론적 능력으로 다가오지 못한다.

언어의 존재론적 능력이 무엇이기에 현대인의 언어가 기술로 떨어졌다는 말인가? 이 질문은 성서 언어를 통해 설교의 길을 가는 설교자들에게 엄중하다. 삼위일체라는 신학 언어가 어떻게 교회 공동체 안에 나타났는지 생각해 보라. 로고스라는 헬라어가 신약성서에 어떻게 들어왔는지 생각해 보라. 기독교를 변증하려고 위대한 신학자가 만들어 내거나 차용한 게 아니라 언어 자체가 이미 존재론적으로 그런 세계를 담고 있었다는 게 답이다. 신학자는 주체적으로 그 언어를 창안한 게 아니라 언어가 존재론적으로 열어 가는 세계에 참여한 것뿐이다. 바람이 대금을 통과하여 음악이 되듯 신앙 언어는 신학자들을 통해 신학의 길을 간다. 바람, 또는 소리와 언어는 모두 존재론적인 능력이 있다는 말이다. 하나님이 '말씀'으로 세상을 창조했다지 않은가.

어떤 점에서 언어의 존재론적 능력에 참여한다는 것은 마술 같은 현상이다. 그런 능력은 모든 사물과의 대화를 가능하게 하는 원초적 사건이기도 하다. 코엘료의 소설 《연금술사》는 목동 산티아고가 자기 신화를 찾기 위해 길을 떠나 겪는 사건을 중심으로 전개된다. 산티아고는 이집트 피라미드 부근에 가면 큰 보물을 발견할 거라는 예언자의 신탁을 믿고 자신의 전 재산인 양을 팔아 거상들과 바다를 건너 이집트로 간다. 긴 여행 끝에 그는 오아시스에서 연금술사를 만난다. 연금술사는 산티아고에게 말한다. 모든 물질은 자기 시간이 있다. 금의 시간도 있고, 납의 시간도 있다. 모든 물질은 자기 시간을 채운 다음 다른 물질로 변화한다. 납이 금이 되기도 하고, 금이 납이 되기도 한다. 그래서 진정한 연금술사는 모든 사물을 거룩하게 본다. "한 알의 모래가 곧 우주다!" 산티아고가 연금술사에게 배운 가장 중요한 것은 납으로 금을 만드는 기술이 아니라 모든 사물과 대화하는 보편 언어였다. 그는 사막과도, 바람과도 대화할 수 있게 되었다. 작은 사물도 존재론적으로 우주 같은 무게를 안고 있기 때문에 가능하다는 말이다.

신학자 매튜 폭스는 말씀으로 번역된 구약성서의 '다바르'를 인간 언어를 뛰어넘는 창조 능력으로 새롭게 해석하고 있다.

다바르는 단순히 우리가 지금 사용하는 '말'과 같은 뜻이 아니다. 인쇄술이 발명될 무렵에 일어난 종교개혁은 서양인 가운데 3분의 2가 완전히 문맹이던 당시에 현명하게도 하느님 말씀을 설교하는 신학을 되찾았다. 그러나 오늘의 상황은 다르다. 계몽주의 이래의 좌뇌 주도권이 우리를 말의 홍수에 빠뜨리는 문화를 낳았다. 광고, 신문, 연설, 문고, 전집, 또 이제는 워드프로세서, 이 모두가 '말'의 의미를 함부로 바꾸고 싸구려로 만들기에 바쁘다. 우리 자신의 삶을, 우리가 성장하는 자양이 되는 영성적 뿌리를 다시 얻자면, 말 전의 원래 창조계로 돌아가야 한다. 인쇄 말, 방송 말, 워드프로세서 전으로, 상당한 침묵이 있어야 말도 어떤 중요한 의미가 있던 그런 때로 돌아가야 한다. 발설하는 말, 이야기하는 말, 생명을 낳는 말, 따라서 신적 창조력인 그런 말로 돌아가야 한다.(매튜 폭스, 《원복》, 황종렬 옮김, 분도출판사, 2001, 36쪽)

어떻게 언어의 존재론적 능력으로 들어갈 수 있을까? 이건 배움이 아니라 깨우침의 차원에 가깝다. 수레바퀴를 만드는 능력은 배우는 게 아니라 스스로 느끼는 것이라는 장자의 말이 이에 해당된다. 득음이 필요한 창의 세계도 그렇고, 심지어는 테니스의 세계도 그렇다. 어떤 것의 결정적 순간과 세계는 학습이 아니라 그 진리에 휩싸여야 경험할 수 있는 무엇이다. 진리는 기술이 아니라 존재의 경험이기 때문이다. 이런 점에서 언어의 존재론적 능력에 이르는 최선의 방법은 그 언어의 길목에서 기다리는 것이다. 시인은 바로 그런 기다림을 아는 사람이다. 오인태 시인의 〈시가 내게 왔다〉를 감상해 보자.

한 번도 시를 쓴 일이 없다

시가 내게 왔다 늘

세상의 말은 실없다

하여 다 놓아버리고 토씨 하나

마저 죽여, 마침내

말의 무덤 같이 허망한 적요

위에 파르르 떤 달

빛 같이 내려서

시인의 몸 안에 들어와서

젖어오는 것이다

거부할 수 없이

시가 내게 왔다

일종의 신탁 사건인 '시가 내게 왔다'는 경험처럼 언어와 사유가 사람들에게 올 때만 대화는 즐거운 경험으로 다가온다. 거꾸로 우리에게 대화의 즐거움이 부족한 이유는 언어와 사유가 오는 길을 모르거나 스스로 그 길을 가로막고 있기 때문이다. 이런 상태에서는 말은 많으나 진정한 대화는 없고, 관계는 많으나 참된 사귐은 불가능하다.

설교의 실용주의

즐거운 대화를 경험하기 힘든 것처럼 교회 현장에서 즐거운 설교를 경험하기도 힘들다. 앞에서 말했듯이 성서 언어의 존재론적 세계가 빈곤하기 때문이다. 여기서 설교의 즐거움은 대중 설교자들이 제공하는 즐거움과 다르다. 상당히 많은 설교자들은 종교 엔터테이너에 가깝다. 매일 저녁 개그 쇼 같은 프로그램으로 시간을 때우면 삶이 무미건조해지거나 경박해질 수밖에 없듯, 종교 엔터테인먼트로만 신앙생활을 지속하면 영성이 메말라 버린다.

한국 교회의 신앙 형태가 종교 여흥에 기울어져 있다는 사실은 신앙생활이 이벤트 중심으로 작동된다는 점에서 분명하다. 신년맞이 부흥성회나 '특새'가 유행을 타며, 알파코스나 트레스디아스 등 다양한 종류의 행사가 교회에 가득하다. 이른바 열린예배도 신자들에게 볼거리와 들을 거리를 최대한 보장함으로써 기독교 신앙을 여흥으로 만드는 형태다. 교회 규모에 상관없이 신자들을 뺑뺑이 돌리듯 하는 이런 행사들은 양적으로도 많을 뿐만 아니라 내용적으로도 영적인 깊이보다는 종교적 욕망을 자극한다는 점에서 문제가 심각하다.

종교적 여흥에 기초한 한국 교회의 영성은 외면적으로 풍요로운 듯 보이지만 그 내면은 궁핍하다. 한국 교회의 분열 현상은 그 사실의 반증이다. 레드 콤플렉스와 친미 사대주의를 노골적으로 부추기는 대규모 집회가 기독교의 이름으로 열리는 반면, 지속 가능한 생태 운동이나 미래 지향적 평화 운동에는 아주 소극적이다. 이런 모습에서 교회의 외형이 아무리 거대하다 해도 영성이 살아 있다고 보기는 힘들다.

영성의 빈곤은 설교 도구주의라는 기형적인 설교 형태를 생산했다. 설교가 종교적 여흥거리로, 교회 부흥의 도구로 전락했다는 말이다. 어떤 본문과 어떤 주제가 선택되든 대개의 설교는 영적 각성을 통한 교회 부흥이라는 결론으로 향한다. 영적 각성과 교회 부흥을 강조하는 것 자체는 문제가 아니며, 목회하는 입장에서 필요한 작업이기도 하다. 다만 그것이 기독교 신앙을 완전히 지배함으로써 신앙의 본질과 설교의 근본을 훼손하는 현실이 위험하다는 말이다. 도구적이고 실용적인 설교의 전형은 릭 워렌 목사에게 나타난다. 건전한 인격, 무난한 메시지로 이른바 '목적이 이끄는 삶'이라는 독특한 신앙 트렌드를 만든 그의 설교가 왜 도구적인지, 그 문제점은 무엇인지를 짚기 위해 〈기독교사상〉 2005년 10월 호에 쓴 졸고 '기독교 신앙의 도구화' 마지막 부분을 인용하겠다.

목적이 이끄는 삶

릭 워렌 목사는 준법 시민 되는 것이 하나님의 뜻이라고까지 설교한 적이 있다. 그거 맞는 말 아닌가, 하고 생각하는 사람이 있겠지만, 준법 시민이라는 말이 잘못된 게 아니라 그것을 하나님의 뜻이라고 설교하는 게 잘못이다. 워렌이 미국 중산층의 정서를 그대로 반영하는 사람이니 일종의 시민 종교를 지향하는 게 자연스럽겠지만, 아무리 그렇다 하더라도 예수의 십자가 처형이 유대교의 율법과 로마의 실정법을 위반한 결과였다는 기초적 사실관계마저 모른다는 건 하나님 나라를 전해야 할 설교자로서 함량 미달이다. 하기야 한국에서도 청소년들을 대상으로 '라이즈 업 코리아'라는 행사를 개최하는 마당에 워렌만을 탓할 수는 없다. 복음과 국가 이념을 구별하지 못하기는 그쪽이나 이쪽이나 피장파장이다. 안타까운 사실이지만 목사와 장로를 비롯해서 교회 지도자들 중에서 기독교의 기초를 모르거나 잊어버리는, 또는 잊고 싶어 하는 분들이 꽤나 많은 것 같다. 나는 이렇게 제안드리고 싶다. 초심으로 돌아가라는 말처럼 가능한 한 우리 모두는 기독교의 초석으로 돌아가는 재교육을 정기적으로 받는 게 좋을 것 같다. 워렌 목사의 설교에서 기독교와 성서의 기초가 부실하다는 사실은 곳곳에서 발견된다. 그는 다윗에 관한 바울의 설교를 아래와 같이 인용한 적이 있다.

> 30여 년 전에 나는 사도행전 13장 36절의 짧은 구절을 알게 되었다. 그리고 그 구절은 내 삶의 방향을 영원히 바꾸어 놓았다. 일곱 단어밖에 되지 않는 짧은 구절이지만 물건에 찍는 뜨거운 철 도장처럼 나의 삶에 이 단어들이 새겨졌다. "다윗은 그의 세대에 하나님의 목적을 위해 섬겼다"(NASB). 이제 나는 왜 하나님이 다윗을 '내 마음에 합한 사람'(행 13:22)이라고 부르셨는지 이해할 수 있다. 다윗이 이 땅에서 하나님의 목적을 이루는 데 자신의 삶을 바쳤기 때문이다.(릭 워렌, 《목적이 이끄는 삶》, 고성삼 옮김, 디모데, 2003, 415쪽)

역사는 승자의 기록이라는 사실을 워렌은 조금도 염두에 두지 않는 것 같다. 다윗 왕조 중심의 역사 기록을 금과옥조로 여긴다는 건 어쩔 수 없다 치더라도, 이왕이면 좀 정확하게 이해해야 하지 않을까 모르겠다. 사람의 피를 너무 많이 흘리게 해서 성전 건축의 자격까지 상실한 다윗이 하나님의 목적을 이루는 데 자신의 삶을 바쳤다고 주장하는 것은 어불성설이다. 밧세바의 아들인 솔로몬을 중심으로 일어난 왕자의 난도 결국 다윗의 책임이다. 내가 보기에 사울과의 권력 투쟁에서 승리한 다윗은 하나님의 목적보다는 자기 목적을 이루기 위해 훨씬 많은 노력을 기울인 사람이었다. 다만 그가 보여 준 하나님을 향한 신뢰가, 더 정확하게 말하면 다윗과 솔로몬 시대의 역사가들에 의해 그렇게 해석된 그 신뢰가 그를 하나님의 마음에 합한 사람이라는 평가를 얻게 한 단 하나의 이유다. 그렇지만 사도행전은 분명히 다윗에 대해 워렌이 인용한 바로 그런 내용을 담고 있다는 건 확실한 게 아닌가, 하고 반문할 수 있다. 옳다. 성서에 기록되어 있다. 그러나 성서에 기록되어 있다고 해서 그것이 기록되어 있는 그대로 유효한 건 결코 아니다. 바울은 비시디아 안디옥에서 디아스포라 유대인들에게 예수의 부활을 설명하기 위해 그들에게 익숙한 다윗을 예로 든 것뿐이다.

사도 바울에 대한 워렌의 또 하나의 다른 해석을 보자. 그는 바울이 "그러므로 나는 달음질하기를 향방 없는 것 같이 아니하고 싸우기를 허공을 치는 것 같이 아니"(고전 9:26)했다는 사실을 지적하면서, 바울은 어떤 방법으로든 하나님의 목적을 이룰 것이기 때문에 사는 것이나 죽는 것도 모두 유익하다고 생각했다는 것이다. 결론적으로 워렌은 이렇게 말한다. "그는 절대 실패할 수 없었다." 매우 그럴듯한 주장처럼 들리는가? 이게 성서 해석의 기초를 모르는 사람들의 전형적인 아전인수다. 바울은 살아 있는 동안 사도 중심의 예루살렘 교회로부터 철저하게 왕따 당한 사람이었을 뿐만 아니라 선교 활동에서도 전반적으로는 실패한 사람이었다는 게 성서학자들의 일반적인 견해다. 우리가 잘 알다시피 예수도 실패한 분이시다. 성서가 말하는 승리는 우리가 생각하는 것과는 전혀 다른 차원이다. 역설과 반전이라는 구도로만 우리는 그것을 조금 따라갈 수 있을 뿐이지 워렌이 부심하고 있는 그런 성공과는 거리가 멀다. 이렇게 볼 때 워렌은 성서 텍스트의 실질적인 세계로 들어가지 못한 채 자기 목적을 위해 하나님의 목적을 이용하고 있는 것 같다.

앞에 인용한 부분을 보면 내가 지적 오만에 빠진 채 워렌의 설교에 있는 옥의 티를 부풀려서 트집 잡기에 열을 올리고 있는지도 모르겠다. 그런데 사실 워렌에 대해서는 별 관심이 없다. 우리 코가 석 자인 마당에 잘 먹고 잘 살고 있는 그들을 걱정할 필요가 있겠는가. 형식이나 내용에서 도구적 실용주의라 할 워렌의 설교를 흉내 내고 있는 한국 교회의 많은 설교자들이 내 관심이다. 비록 그런 방식이 일시적으로, 또는 상당히 오랫동안 교회 성장에 도움이 될지 모르지만 근본적으로 매우 위험한 시도다. 왜냐하면 그런 설교에서는 성서의 핵심 주제인 하나님 나라가 인간의 심리 작용으로, 또는 인간 삶에 필요한 일종의 도구와 소품으로 전락할 위험이 매우 높기 때문이다. 그런 방식의 설교가 왜 미국과 한국 교회에서 그렇게 힘을 얻고 있는가, 하고 묻는다면 "글쎄, 그게 나도 궁금하다"고 할 수밖에 없다.

기독교의 중심에 바로 서기 위해 끊임없이 영적으로, 신학적으로 자기를 성찰하는 일을 게을리하지 않았으면 좋겠다. 이런 성찰의 시간을 얻기 위해 설교자에게 불요불급한 일들은 뒤로 접어 두는 지혜가 필요하다. 이참에 나는 동료 설교자들에게 이렇게 제안하고 싶다. 요즘 한국 교회 목회자들의 지대한 관심을 끌고 있는 상담은 정신분석 전문가들에게 맡겨 두라. 윤리와 도덕은 윤리 선생들이, 건전한 인간관계는 대학교 교양과목 선생들이, 그리고 사회복지는 정부나 시민 단체가 알아서 할 일이다. 교회가 나서기보다는 그들을 돕는 정도로 만족하는 게 좋다. 물리학은 그들 전문가들이 맡아서 할 일이지 창조과학회에 속한 사람들의 몫이 아니다. 목사는 모든 일에 나서서 감 놔라 대추 놔라 할 만큼 한가한 사람들이 아니다. 우리에게는 성서 텍스트의 지평으로 들어가는 일조차 버거운 과업이며, 지난 2,000년 동안 교회가 치열하게 투쟁하고 참여해 온 하나님 나라의 역사를 공부하는 일과 그것의 심층적 의미를 오늘의 교회 안에 살려 내는 일만 해도 숨 가쁘다. 이 말이 교회와 세상의 이원론적 분리를 의미하는 게 아니라는 사실을 여기서 굳이 변명할 필요는 없을 것이다.

워렌 목사와 새들백 교회는 우리의 자화상인지도 모른다. 전통 예배의 리터지(예배 의식)를 파기하고 현대 음악의 찬송가로 청중의 정서에 호소하거나, 양복과 넥타이가 아닌 평상복으로 예배를 인도하고, 신자들에게 설교 개요 노트를 제공하거나, '밑줄 좌악'이라는 순발력 있는 멘트 등 아무리 기발한 아이디어로 교회의 활력을 제고했다 하더라도 복음이 개인의 사적인 영역에서 도구적으로 소비될 뿐이라면 결국 초기 기독교 공동체로부터 전승된 종말론적 생명의 신비는 형해화하고 말 것이다. 독자들도 이런 조짐을 오늘의 한국 교회 안에서 눈치 채고 있으리라.

즐거운 설교를 향해

기독교 신앙이 종교 상품처럼 소비되고, 설교가 도구적으로 이용되는 한국 교회에서 신앙과 설교는 위기다. 보기에 따라 위기가 아니라 기회라고 주장하는 이들도 있을 것이다. 그들은 대중의 종교적 욕망에 철저하게 부응하는 설교자들이다. 이런 설교는 이미 구약의 예언자들에게서 볼 수 있다. 예레미야는 그 시대의 예언자들을 이렇게 평가했다. "이는 그들이 가장 작은 자로부터 큰 자까지 다 탐욕을 부리며 선지자로부터 제사장까지 다 거짓을 행함이라. 그들이 내 백성의 상처를 가볍게 여기면서 말하기를 평강하다 평강하다 하나 평강이 없도다"(렘 6:13, 14). 바벨론의 위협 아래 놓였던 예루살렘 사람들에게 대다수의 예언자는 아무 염려가 없다고 예언했지만 예레미야는 포로로 잡혀갈 운명이라고 예언했다. 대중이 어느 말에 환호했을지는 불문가지다. 오늘 우리의 설교, 그리고 목회 현장에서 활동하는 대중 설교자도 진지하게 자신을 성찰해야 한다. 대중성을 확보했다는 사실이 설교의 정당성까지 담보하는 건 결코 아니기 때문이다. 반드시 그런 건 아니지만 요즘 현실에서 볼 때 대중성과 신학적 정당성은 반비례한다. 대중은 자신의 모습을 적나라하게 노출시키는 진리에 직면하기보다 내면에서 솟아나는 욕망 충족에 기울어지는 성향이 강하다.

설교 도구주의, 그것에 근거한 대중 추수주의를 설교의 위기라고 생각하는 사람들은 좌고우면하지 않고 오직 하나님과 그의 통치에 철저하게 의존해야 한다. 거짓 예언자들은 대중의 눈치만 살폈지만 예레미야 같은 참된 예언자는 그들의 요구에 전혀 기울어지지 않고 오직 하나님에게서 내려오는 신탁에 마음을 두었듯 오늘의 설교자들도 이런 영성이 필요하다. 우리는 무엇을 어떻게 해야 하나? '어떻게'라는 건 별로 중요하지 않다. 하나님의 통치와 일치하는 게 관건이다. 무엇을 어떻게 설교하느냐보다 설교자의 존재론적인 변화가 우선한다는 말이다. 바로 여기서 설교의 즐거움이 가능하다. 에크하르트의 말을 들어보자.

사람들은 "무엇을 해야 하나"보다는 "무엇이 되어야 하나"에 더 많은 관심을 가져야 한다. 그들로 하여금 오로지 선하게 되도록 하라. 그러면 그들의 길과 행위는 밝게 빛날 것이다. 그대들이 의롭다면 그대들의 행위도

의로울 것이다. 성스러움이 직업으로부터 오는 것이라 생각하지 말라. 오히려 그것은 그 사람이 어떤 사람이냐에 달려 있다. 일의 종류가 우리를 거룩하게 하는 것이 아니라 우리가 일을 거룩하게 하는 것이다.(레이몬드 블레니크, 《마이스터 에크하르트》, 1·2, 이민재 역, 다산글방, 1994, 36쪽)

지금까지의 논의가 어떤 분들에게는 추상적으로 들릴지 모르겠다. 그런 분들을 위해 성서와 신학 언어의 존재론적 능력을 살리는 설교, 즐겁게 소통될 수 있는 설교의 구체적인 형태를 몇 가지만이라도 제시해야겠다.

첫째, 계몽적인 설교를 피해야 한다. 설교를 통해 신자들을 가르쳐야한다고 생각하는 목사가 많다. 설교 시간만이 아니라 목사는 언제나 가르치고 싶어 한다. 그건 큰 착각이다. 설교는 가르침이 아니라 배움이다. 사람이 사람을 가르친다는 건 근본적으로 불가능하다. 그건 성령의 일이다. 설교자는 청중을 계몽하는 게 아니라 하나님의 통치를 청중과 함께 바라보는 자세를 가져야 한다. 설교자는 많은 것을 알아서가 아니라 하나님의 통치가 여는 신비의 세계를 미리 맛본 사람으로서 그 통치를 바라보게 하는 역할에 머물러야 한다. 그럴 때 성령은 고유한 방식으로 청중을 만나실 것이다.

둘째, 진부한 내용을 피해야 한다. 기독교 교리는 일정한 형식이 있지만 그 변형은 무궁무진하다. 마치 바둑의 정석을 충분히 아는 기사가 매번 창조적이고 새로운 바둑을 구사할 수 있듯 설교자는 청중과 함께 새로운 수를 발견해 나가는 기쁨을 나누어야 한다. 안타깝게도 대개의 청중은 주일 설교에 별로 기대를 갖지 않는다. 목사의 설교가 이미 고정된 형태로 각인되어 있기 때문이다. 무슨 설교를 하든 결국은 교회에 충성해라, 기도해라, 전도해라, 이웃에게 봉사해라, 회개해라, 심지어는 십일조해라, 주일 성수해라만 반복할 뿐이다. 신자들은 목사의 설교를 잔소리로 들을 것이다. 인격적인 목사는 인격적으로 잔소리를 하고, 권위적인 목사는 권위적으로 잔소리를 할 뿐 아무 차이가 없다. 어떻게 진부한 내용을 벗어날 수 있을까? 왕도는 없다. 설교자가 일정한 영적 경지에 올라서는 길밖에는 없다. 그걸 위해서는 평생 구도자의 길을 가야 할 것이다. 그렇지 않으면 어쩌다가 운이 좋아 목회에 성공했다 하더라도 설교의 즐거움을 느끼지는 못할 것이다. 느낀다고 말은 할 수 있을지 몰라도 그건 가짜에 가깝다. 가짜 시인의 시집이 아무리 많이 팔려도 자신은 안다. 자신이 진짜 시인이 아니라는 사실을 말이다.

셋째, 전달 방식의 산만함을 피해야 한다. 설교가 들리지 않는 이유는 내용이 어렵다기보다는 청중과 영적인 대화를 나누지 않는 데 있다. 그런 설교는 아무리 쉬워도 산만한 설교다. 여기서 영적인 대화라는 말을 정확하게 이해해야 한다. 이것은 설교자가 청중과 함께 신학적인 사유로 들어간다는 말이다. 영적인 것이 신학적인 것이며, 신학적인 것이 영적인 것이다. 이런 점에서 로이드 존스의 설교 방식을 추천하고 싶다. 그는 철저하게 조직신학적인 설교를 했던 사람이다. 종교적인 권위로 닦달하지도 않고, 선정적인 예화로 자극하지도 않고 오직 기독교의 가르침인 교리만을 파고든다. 그래도 그가 설득력을 확보할 수 있었던 이유는 청중을 신학적으로 생각하게 만들었기 때문이다.

위에서 제시된 세 가지 요소는 서로 긴밀하게 연관된 것이다. 계몽적인 설교는 내용이 진부할 수밖에 없으며, 진부한 설교는 청중을 계몽시키려는 포즈를 취한다. 삶이 충실하지 못한 부모가 자녀를 권위적으로 대하거나, 잔소리를 많이 하는 것과 같다. 진부한 내용으로 계몽에 치우친 설교는 결국 산만함을 피할 수 없다. 신학적인 깊이가 없다면 아무리 입담으로 보충한다 해도 결국 중언부언하기 마련이다. 물론 일반 청중은 눈치 채지 못한다. 작은 예화 하나만으로 은혜 받았다고 하는 실정이니 청중의 반응만으로 설교자와 설교를 평가하는 건 불가능하다. 그러나 자기 자신은 속일 수 없다.

제
15
강

당신 설교는 어떤데?

　"당신 설교는 어떤데?", "당신은 어떻게, 무엇을 설교하는데?" 하는 질문을 받고 곰곰이 생각해 보았다. 내가 남의 설교를 비평할 자격이 있는지, 그런 비평을 하기 전에 자신의 설교나 똑바로 하는 게 옳지 않은지 하는 것이었다. 문학비평이나 예술비평에서 볼 수 있듯이 창조 행위라 할 설교와 분석 행위인 비평이 다른 장르이기 때문에 반드시 설교를 잘 해야 설교 비평을 하는 건 아니라는 진부한 변명으로 자위한 채 그동안 설교가 무엇인지 아는 척하고 떠들어 댄 책임도 있어서 설교에 대한 내 생각을, 순전히 개인적인 생각을 조금 편안하게 풀어 놓으려 한다. 이는 곧 "당신 설교는 어떤데?"에 대한 대답이다.

존재에 대한 막막함

풀어 놓으려면 우선 내 내면에 무언가가 담겨 있어야 하는데, 초장부터 그게 좀 꺼림칙하다. 물론 몇 가지 정보나 생각의 흔적을 몇 갈래로 정리해 볼 수는 있겠으나 그런 것은 강의실에서나 통용될 뿐, 모든 실존을 담아야 할 이런 글쓰기에서는 쓰레기 같다는 생각이 들어, 시작부터 왠지 막막해지는 것 같다. 이런 기분은 알량한 겸손이 아니라 평소 늘 절대적인 힘 앞에서 느끼는 철저한 무력감의 발로라고 보는 게 옳다.

바로 여기에 대중 설교자들의 설교 앞에서 짜증낼 수밖에 없는 근본적인 이유가 있다. 나는 어떤 절대적인 힘 앞에서 막막해지는데 그들은 왜 그렇게 자신만만한가에 대한 불평이다. 나는 안개가 자욱한 숲에서 길을 헤쳐 나가는 것조차 힘겨워하는데, 그들은 최신형 승용차를 타고 고속도로에 들어선 사람처럼 신바람을 내며 달려가는 것을 시샘하는 건지도 모른다. 나는 모든 게 깜깜하다. 아무리 눈을 비비고 분명한 걸 찾아봐도 그게 잘 되질 않는다.

나에게는 한두 가지가 아니라 모든 게 어둠이다. 모든 게 은폐되어 있다. 이 세상이 내 눈에는 잘 보이지 않는다. 어떤 사람들은 이 세상이 또렷하게 보일지 모르지만, 특히 요즘처럼 어둠이 없는 대도시에 사는 사람들에게는 너무 확실하게 보이겠지만 나는 이 세상이 늘 깜깜하다. 내가 사는 아파트에는 꽃밭이 있다. 이 글을 쓰는 지금 노란색을 분수처럼 뿜어내는 이름 모를 꽃들이 만발했다. 나는 그 꽃의 정체를 도대체 알 수 없다. 흙에서 푸른 줄기가 뻗어 나온 것 하며, 푸른 줄기와 잎에서 또다시 노란 꽃잎이 생성된 근거와 이유가 아무리 머리를 굴려도 잡히지 않는다.

태양과 땅이 어떤 조화를 부렸기에 이런 꽃을 이 시간에 이 공간으로 밀어낼 수 있단 말인가? 밤하늘의 달빛과 별빛은 이 꽃과 어떤 사연을 주고받았단 말인가? 아침 안개와 이 꽃이 나누었을 은밀한 이야기를 나는 알지 못한다. 그들 사이에서 메신저 역할을 했을 요정을 만나 보고 싶은데, 나는 아직 그 요정을 만나 볼 영적 경지에 도달하지 못했다. 그러고 보니 나는 도대체 세상의 근본에 대해 아는 게 하나도 없고, 세상의 표면적인 몇 가지 정보만 의지해서 살아갈 뿐이다. 그러니 이 세상은 나에게 어둠일 수밖에 더 있으랴.

이런 막막함은 존재 차원만이 아니라 이런 글쓰기와 설교에서 중요하게 다루어져야 할 사람 사이의 대화에서도 똑같이 나타난다. 나는 삶의 세월이 쌓일수록 사람이 사람에게 무언가를 전달한다는 것 자체가 부질없이 여겨질 때가 많다. 예컨대 박 아무개가 김 아무개에게 건넨 "오늘 참 날씨가 좋군요"라는 말이 정확하게 전달된다는 보장이 전혀 없는 것과 같다. 박 아무개의 이 말은 삶의 기쁨을 담고 있는데 김 아무개는 반복되는 날씨에서 삶이 지루하다는 생각을 할지 모르기 때문이다. 사람들 사이에 놓인 이런 소통의 부재는 주관적인 생각에 빠지면 빠질수록 심해진다. 특히 기독교인은 주관적이라고 할 수도 없는 어떤 독단에 깊이 뿌리박고 있기 때문에 다른 종교인들과 비해도 이런 소통 부재가 심각한 편이다. 대중 설교자들은 이런 대목에서도 거칠 게 없다는 듯이 그 소통 부재의 벽을 마음대로 뚫어 내고 있으며, 대중적인 설득력을 얻고 있다. 이런 사태 앞에서 무언가를 말해야 하니 막막한 기분이 들지 않을 수 있으랴.

설교의 원 자료라 할 성서 텍스트 앞에 설 때 이런 경험은 훨씬 심각해진다. 창세기 1장 1절은 다음과 같다. "태초에 하나님이 천지를 창조하시니라." 나는 이런 구절을 읽을 때마다 현기증이 난다. 우선 이 문장의 속 내가 나를 두렵게 만든다. '태초'라! 도대체 태초가 언제라는 것인지. 물리학자들이 우주의 나이라고 말하는 120억 년 전이 구약성서의 첫 마디와 일치한다는 것인가? 그 태초 이전은 또 어떻다는 말인가? 그 뒤로 등장하는 하나님, 천지, 창조라는 단어도 사유의 세계를 어지럽게 만들기는 마찬가지다. 신약성서의 마지막인 요한계시록 22장 20-21절은 이렇다. "이것들을 증언하신 이가 이르시되 내가 진실로 속히 오리라 하시거늘 아멘 주 예수여 오시옵소서 주 예수의 은혜가 모든 자들에게 있을지어다 아멘." 도대체 예수가 다시 오겠다는 말이 무슨 뜻일까? 초기 기독교인들은 자신들이 살아 있을 때 예수가 재림한다고 예측했다는데, 그의 재림이 이렇게 연기되는 이유는 무엇인가? 신학자들이 제시하는 대답들이 이런 사태를 얼마나 정확하게 해결해 줄 수 있으며, 무엇보다 근본적으로 타당하기나 한 것일까? 성서 첫 마디부터 마지막 마디까지 그것이 어떤 세계를 담고 있는지 알기 위해 한 걸음만 더 들어가도 나는 어지럽고 막막하고, 그래서 두렵다.

성서 텍스트가 두려운 것은 텍스트 자체보다는 그 텍스트의 전승에 참여한 사람들의 삶이다. 그 사람들은 무슨 이유로 태초를 생각하게 되었을까? 그들의 삶에 어떤 원한이 사무쳐 있기에 여리고 성과 아이 성의 남녀노소를 전멸시키는 게 하나님의 뜻이라고 새겨들었을까? 얼마나 많은 사람이 얼마나 기구한 운명 가운데서, 얼마나 심각한 삶의 절망감과 무의미 가운데서 나름 성서 텍스트의 전승에 참여했는지 따라갈 엄두가 나지 않는다. 한 사람이 우주와 같은 무게를 안고 있는데, 하물며 수백, 수천, 수십만의 사람들이 이 성서 텍스트의 전승에 참여했으니 어찌 그것을 아는 것처럼 말할 수 있겠는가. 꽃과 아침 안개와 요정 사이의 대화에 전혀 끼어들지 못하는 내 소외감이 성서 텍스트와 그 전승에 참여한 사람들 사이의 관계에서도 똑같이 작동되고 있다. 이게 곧 설교자로서 내가 처한 엄정한 실존이다.

　나는 깊은 수렁에 빠진 셈이다. 성서 기자들의 영적 경험을 따라가기도 힘들고, 말씀을 전해야 할 청중의 영혼도 모르며, 그들이 살아가는 이 세상에 대해서도 모르는 게 너무나 많다. 아는 게 별로 없다. 아는 것은 피상적이고 표면적인 것뿐이다. 내 인식에 성서와 인간을 포함한 이 세계는 어두움이다. 동양적 언어로 표현한다면 나는 이 세상의 '현묘' 앞에서 어지럼을 느낀다. 휠덜린의 시 앞에 선 초등학생, 아인슈타인의 상대성 이론 앞에 선 유치원생, 500만 개 조각 퍼즐을 풀어야 할 중학생 같은 심정이다. 피아노 학원에 1년쯤 다니면서 겨우 바이엘을 연습한 사람이 베토벤의 '열정'을 연주하는 꼴이며, 노래를 좋아하는 중학생이 모차르트의 오페라 〈요술피리〉에 나오는 고난도의 아리아 '밤의 여왕'을 흉내 내고 있다니 얼마나 우스운가? 시집 《허공》(창비)에 수록된 고은 시인의 〈선술집〉이라는 시를 소개한다.

　　기원전 2천 년쯤의 수메르 서사시 '길가메쉬'에는

　　주인공께서

　　불사의 비결을 찾아나서서

　　사자를 맨손으로 때려잡고

　　하늘에서 내려온

　　터무니없는 황소도 때려잡고

땅끝까지 가고 갔는데
그 땅끝에
하필이면 선술집 하나 있다니!
그 선술집 주모 씨두리 가라사대

손님 술이나 한잔 드셔라오
비결은 무슨 비결
술이나 한잔 더 드시굴랑은 돌아가셔라오

정작 그 땅끝에서
바다는 아령칙하게 시작하고 있었다

어쩌냐

고은의 마지막 탄식 '어쩌냐', 이게 바로 내 심정이다. 단지 막막하다는 탄식만이 아니라, 한편으로 세상에 대한 큰 긍정이기도 하다. 이런 긍정은 맹신도 아니고 광신도 아니며 자기도취도 아니다. 이런 큰 긍정은 큰 부정을 통해서만 나온다. 우주와 일상의 관계가 우리의 인식을 훨씬 뛰어넘는다는 사실을 뼈저리게 통감할 때만 이 세상에 대한 새로운 긍정이 나올 수 있으니 말이다.

성서 텍스트 속으로!

결국 "당신 설교는 어떤데?" 하는 질문에 자신 있게 대답할 게 하나도 없다. 세상과 인간과 성서와 그 전승에 참여한 사람들의 삶에 대해 조금이라도 알면 알수록 모르는 게 훨씬 많다는 사실만 확인되는 마당에 무얼 설교한다는 말인가? 그렇지만 설교자로 나섰다고 한다면 성서 텍스트를 청중에게 전해야 한다는 이 요청 앞에서 무작정 도망갈 수는 없지 않은가. 이게 곧 설교자로서 내가 처한, 그리고 우리가 처한 숙명이다. 이는 곧 실제로는 사랑의 능력이 없으면서도 그 사랑을 설명하고, 더 나아가 사랑을 실천하도록 요구받는 사람의 처지와 비슷하다.

이런 상황 앞에서 설교자는 둘 중의 하나를 선택하는 수밖에 없다. 첫째는 성서 텍스트의 표면을 아는 것에 만족한 채 적당히 포장해서 전하는 것이며, 둘째는 성서 텍스트 앞에서 자신의 인식론적 무능력을 솔직하게 인정하고 청중과 그 성서 텍스트가 직접 만나도록 돕는 것이다. 앞의 작업은 일반적으로 이해하는 대중 설교자들의 설교 행위다. 그들은 성서에서 종교 규범을, 심한 경우에는 세상살이의 요령을 찾아내고 그것을 강요하거나 판매하는 것을 설교로 생각한다. 이런 작업은 신자들의 종교적 욕망을 자극하며, 설교자 자신들의 목회 업적을 확대하려 성서 텍스트를 도구화하는 것에 불과하다. 그래도 신자들은 그런 방식으로 삶의 의미를 발견하니 대중 설교자들의 입장도 어느 정도 인정해야 하는 게 아닌가 하는 주장이 가능하지만, 그런 식으로 말하면 이단이라고 생각하는 사람들의 행위도 나름 정당하다고 인정해야 한다. 나는 그런 행위가 근본적으로 무의미할 뿐 아니라 그 강도가 강할수록 청중의 영성을 파괴할 뿐이라고 생각한다. 이 글이 설교 비평에 목표를 둔 게 아니니까 이 문제는 접자. 그것보다는 두 번째로 제시한 길, 즉 청중과 성서 텍스트의 만남이라는 게 무슨 의미인지를 설명하는 게 좋을 것 같다. 그것이 설교 자로서 내가 선택한 길이다.

청중을 성서 텍스트와 만나게 한다는 것은 그들을 성서 텍스트 안으로 끌어들인다는 의미인데 이 말에 오해가 없었으면 한다. 성서 텍스트의 놀라운 세계 안으로 들어가도록 만들 용빼는 재주가 내게는 없다. 인식론적 지평을 활짝 열어 줄 만한 능력도 없고, 성서의 세계를 완벽하게 해명할 자신도 없으며, 빠지게 만들 간증거리도 없다. 다만 성서 텍스트의 무게와 깊이를 내 존재 전체로 느끼고 거기에 반응할 뿐이다. 이 말은 곧 내가 청중을 향해 설교한다기보다는 단지 영의 현실을 향해 손가락질을 할 뿐이라는 의미다. 따라서 나는 청중을 설득하거나 은혜를 끼쳐야겠다는 생각도 없으며, 그럴 능력도 없고, 그들을 변화시켜야겠다는 야심은 더더욱 없다. 아무리 생각해 봐도 내가 성서 텍스트에서 인식하고 경험한 세계가 너무 작기 때문에 개인의 생각을 전한다는 건 오히려 그 텍스트의 세계를 막아 버릴 개연성이 훨씬 높다.

어떤 사람들은 설교자가 성서 텍스트를 읽고 해석하고, 감동적으로 설교함으로써 신자들의 삶을 변화시켜야 한다고 주장할 것이다. 모르긴 해도 우리나라 목사들만큼 삶의 변화를 강조하는 목사는 없을 것이다. 미국 청교도들의 영향을 받은 한국의 많은 설교자들은 지금도 변화되어야 한다고 청중을 향해 목청을 높이고 있다. 설교자가 아무리 변화를 외쳐도 사람은 변하지 않는 법이다. 지난 2,000년 동안 교회가 기독교인들의 변화된 삶을 강조했지만 그런 변화는 결코 일어나지 않았으며, 한국 교회가 아무리 외쳐도 실제적인 변화는 없다. 설교를 듣고 변화된 사람이 있다면 설교를 듣지 않아도 이미 변화되었거나 다른 방식으로도 변화되는 사람일 것이다. 더 근본적으로는 그런 변화라는 게 도대체 무엇인지 나는 이해할 수 없다. 교회 생활에 모범이 되고, 도덕적으로 반듯해지며, 사회봉사 잘하는 삶으로 변화된다는 게 과연 가능하며, 그게 성서 텍스트가 요구하는 것일까? 그렇다고 해서 설교와 삶의 변화가 아무 상관이 없다고 말하는 게 아니다. 참된 변화는 그렇게 변화되어야 한다고 강요받는 데서보다는 설교자가 마음먹은 대로 다룰 수 없는 성령의 존재론적 활동에서 가능하다는 점을 지적하려는 것이다. 나는 설교자로서 성령의 역할을 대신할 자신이 없다. 나는 가능한 한 청중의 영혼을 책임지는 자리에서 벗어나려고 한다. 소극적인 태도를 취하겠다는 말이다. 인간 구원이 선포되는 그 자리에서 내 역할을 축소하면 할수록 성령이 훨씬 역동적으로 활동하리라 생각하기 때문이다.

이렇게 소극적인 태도로 설교를 대하는 이유는 성서의 전승에 참여한 수많은 사람들에게 활동했던 생명의 영인 성령만이 오늘 우리에게 성서 텍스트의 내막을 바르게 전달할 수 있다고 확신하기 때문이다. 이는 곧 설교 행위에서 설교자의 주관보다는 생명의 영인 성령이 주도적이라는 뜻이다. 굳이 신학적인 용어로 표현한다면 '성령론적 설교'라고 이름 붙일 수 있다. 성령의 주도권을 인정하는 설교자라면 주관적 경험을 최소화하고 성령의 역사를 부각하는 데만 마음을 둘 것이다.

성령론적 설교라는 게 설교자의 주관적 활동을 해체시키고, 오순절 계통의 설교자들에게서 보이듯 막연한 주술적 차원의 신비주의에 빠져도 좋다는 뜻은 아니다. 아무리 인식론적 칼을 자유자재로 휘두른다 하더라도 설교자는 성서 텍스트 앞에서 절망할 수밖에 없고, 성서 텍스트에 대한 관심보다는 종교 생활을 위해 성서를 도구화하는 청중의 태도 앞에서 설교의 근본적인 한계를 절감하지만, 그래도 성서 텍스트를 가능하게 한 영이 오늘 활동할 수 있는 여건 조성만은 설교자가 빈틈없이 수행해야 한다. 자기 주관에서 벗어나기 위해서라도 설교자는 성서 텍스트의 실체적 진실을 아는 일에, 그 지평을 열고 그 안으로 들어가는 일에 최선을 다해야 한다는 말이다.

그 구체적인 출발은 성서에 대한 역사 비평이다. 설교자로서 성서 텍스트의 전승 과정에서 무슨 일이 있었는지 참으로 궁금하다. 하나님의 구원 사건과 그 전승과 문서 및 편집 과정, 그리고 정경화에 얽히고설킨 역사가 궁금하다. 그 삶의 자리가 궁금하다. 성서 기자들이 표현하는 하나님 경험이 근본적으로 무엇을 담고 있는지 참으로 궁금하다. 설교를 위해서가 아니라 나 스스로 알고 싶다. 이런 궁금증을 풀려면 일단 역사 비평보다 효과적인 방법은 없다. 물론 이런 작업도 한계가 있지만 지금 성서 텍스트의 역사적 실체를 이해하는 데 가장 효과적인 방식이 역사 비평이기 때문에 이 방식을 선택할 수밖에 없다. 이 역사 비평의 중요성도 이번 핵심 주제가 아니니까 더 이상 언급하지 말고, 대신 더 중요하게 생각되는 문제로 들어가는 게 좋겠다.

성령론적 설교는 성서 텍스트에 대한 역사 비평으로 끝나지 않는다. 그 지평은 텍스트 안에 고정된 실체가 아니라 역사를 통해 운동하기 때문이다. 그 지평의 역사적 운동을 따라잡는 게 해석이다. 역사 비평적 주석은 기본적으로 과거의 지평을 여는 작업에 머물지만, 해석은 움직이는 역사적 지평을 여는 작업이라 오늘의 설교자에게 필수적이다. 성서 텍스트의 지평이 역사적으로 열려야 한다는 말은 성서 텍스트가 과거로 끝나는 게 아니라 현재와 미래로 열려 있다는 뜻이다.

오늘과 미래로 소통되어야 살아서 움직이는 힘으로 작용하는 성서 텍스트를 해석하려면 최소한 두 가지 훈련을 철저히 받아야 하지 않을까 한다. 하나는 오늘의 인간이 살아가는 이 삶의 자리를 중층적이고 심층적으로 읽는 준비인 인문학적 소양이며, 다른 하나는 교회가 성서와 시대정신 안에서 자기 정체성을 역사적으로 해명한 조직신학 공부다. 다른 설교자는 어떤지 모르지만, 나는 이런 인문학과 조직신학을 통해 성서 텍스트의 지평 안으로 들어갈 뿐만 아니라 오늘의 자리로 해석할 수 있으며, 더 나아가 이런 방식의 성서 읽기와 해석이야말로 늘 생명의 영으로 작용하는 성령 의존적인 설교의 기초라고 생각한다.

'무엇을'에 대한 문제

가능한 대로 설교자로서 실존적 경험을 말해 보고 싶었지만, 제 버릇 개 못 준다는 말처럼 남을 가르치려는 듯이 자기주장의 정당성을 변명하려는 듯이 글을 쓰게 되어 송구스럽다. 이해를 바란다.

어쨌든 설교란 무엇인가, 무엇을 설교할 것인가에 대해 변죽만 울렸을 뿐 핵심은 건드리지도 않은 것 같다. 말하고 싶지 않아서가 아니라, 붙잡아야 할 또는 내가 붙잡혀야 할 '무엇'이 여전히 확실하지 않기 때문이다. 내가 바로 앞에서는 역사 비평, 인문학, 조직신학이라는 세 구조로 성서 텍스트의 지평에 들어갈 뿐 아니라 그 지평의 새로운 역사적 운동으로 들어간다고 하면서도 지금 또 다시 '무엇'이 확실하지 않다고 한다는 게 모순처럼 보일지 모르지만, 근본적으로는 그렇지 않다. 성서 텍스트의 지평으로 들어갔다 하더라도 거기서 인식하고 경험한 그 생명의 현실들은 완료된 답이 아니라 종말론적으로 열린 질문으로 다가올 뿐이다. 열린 질문으로 다가오는 그 세계를 청중에게 실증적으로 전달할 수는 없는 것 아닌가.

물론 어떤 사람은 예수가 그리스도라는 사실이, 예수 믿으면 구원받는다는 사실이 곧 설교의 내용이며 주제라고 주장할 것이다. 그래서 이런 명제가 얼마나 정확한지를 수사학적 기법을 통해 전달하는 데 온 힘을 쏟는다. 이미 답은 주어졌으니 포장하는 일만 남았다는 듯이 말이다. 나는 이런 주장에 동의하지 않는다. 예수라는 말에 담긴 삶의 무게를 느끼지 못한 채 구원을 말한다는 것은 무의미하며, 구원이라는 언어의 존재론적 함의를 충분히 이해하지 못한 채 믿음을 거론한다는 것도 무의미하다. 더 구체적으로 말한다면 초기 기독교 공동체가 예수와 그의 사건과 운명을 구원론적으로 이해하고 해석한 그 역사적 과정에 들어가는 게 중요하지, 예수 믿으면 구원받는다는 이 명제를 강요하는 건 별로 중요하지 않다.

초기 기독교 공동체가 예수 그리스도 사건을 해석했다는 사실은 오늘 설교자의 위치가 무엇인가 하는 논의에서 중요한 것을 시사한다. 예수에 대한 초기 기독교 공동체의 해석은 여럿으로 갈렸다. 예컨대 팔레스타인 기독교인과 디아스포라 유대 기독교인, 그리고 그리스 이방 기독교인들이 예수를 다르게 이해하고 해석했다. 그들에 의해 예수는 다윗의 후손, 인자, 또는 퀴리오스 등등으로 해석되었다. 그뿐만 아니라 교부들은 헬라 철학과의 긴밀한 대화를 통해 신학을 해석하고 구성해 나갔다. 이런 점에서 볼 때 우리는 예수가 그리스도라는 명제를 기계적으로 반복할 게 아니라 그렇게 이해하고 해석했던 초기 기독교 공동체와 역사적 교회의 신학 활동에 관심을 기울여야 한다. 그들의 정답을 무조건 따르는 게 아니라 답에 이른 과정을 추적하고, 새로운 답을 찾는 게 중요하다는 말이다.

오늘 설교자로서 내가 이런 작업을 수행할 수 있을까? 수많은 사람들의 삶이 농축되어 있는 성서와 기독교 2,000년 역사에서 활동한 진리의 영을 전달할 수 있을까? 세례 문답으로 끝날 수 없는 성서 텍스트의 지평에 들어간 경험이 내게 있을까? 물론 그런 세계를 어렴풋이나마 눈치챘기에 설교에 대해 이러쿵저러쿵 말하긴 하지만, 바람(루아흐)을 소유할 수 없듯이 그 세계를 마음먹은 대로 처리할 수 없다는 게 내가 처한 숙명이다. 내 모든 존재 근거가 포함된 영적 세계를 무슨 수로 청중에게 설명할 수 있단 말인가? 그렇지만 사태가 심각하다는 사실을 확인하기 위해서라도 내가 설교해야 할 성서 텍스트의 그 세계에 대해 한마디하지 않으면 안 될 것 같다.

생명에 대한 질문

내가 설교해야 할 그 세계는 '생명'이다. 이것 말고 내가 설교해야 할 것은 아무것도 없다. 오늘날 생명이라는 말은 성서 시대의 그 풍부했던 영적 차원을 모두 상실한 채 거의 상품과 비슷하게 간주되는 형편이다. 교회 안에 있는 사람이나 밖의 사람이나 다를 게 없다. 기독교인들은 죽음 이후나 종말 이후 지금과 비슷하게 영원히 살아가는 게 생명이라고 생각할 것이며, 밖의 사람들은 생물학적인 차원에서만 생각하고 말 것이다. H 교수의 배아줄기세포 연구 이후 이런 조짐은 훨씬 심해졌다. 이런 유전공학이 충분히 발전하기만 한다면 생명을 무한정 연장시킬 수 있다는 막연한 생각이 한국 사람들의 머릿속에 자리하고 있을 텐데, 이런 기계공학적 생명이 얼마나 초라한지 여기서 왈가왈부할 필요는 없다.

설교 문제에 한정해서 말한다면, 성서 텍스트의 세계를 만난다는 것은 생명과 조우한다는 의미이다. 가장 감동적인 설교라고 한다면 설교를 들은 뒤에 생명에 대한 신비가, 그 다층적 성격이 열리고, 그래서 청중이 놀라고 황홀해하며, 하나님을 찬양하지 않을 수 없는 마음이 드는 것이라 할 수 있다. 생명의 시작을 알리는 창세기의 창조 사건이 곧 생명을 말하는 것이며, 예수의 재림을 기다리는 요한계시록이 생명의 완성을 말하고 있다. 그 중심에는 궁극적 생명의 알짬인 예수의 부활 사건이 놓여 있다. 결국 설교는 생명의 신비 앞에서 하나님을 향해 드리는 송영이다.

설교는 생명을 선포하는 것이라는 명제 자체는 그렇게 어렵지 않다. 예수도 우리에게 생명을 주려고 오셨다고 했으니 대중적인 설교자들도 이 말에는 동의할 것이다. 문제는 역사 전체를 총괄하는 종말론적 차원의 그 생명을 쉽게 포착하거나 규정할 수 없다는 데 있다. 여기서 생물학과 물리학, 인간론이나 사회과학도 관심 대상이지만 종말의 전망에서 세계를 이해하는 설교자라고 한다면 훨씬 근원적인 데 집중해야 한다. 나는 수학 문제를 풀듯이 생명의 근원을 해결할 수 있다고 생각하지 않는다. 오히려 그 생명의 세계가 나에게 다가오기를, 나를 통과하기를 기다릴 뿐이다. 이런 점에서 그런 기다림의 태도를 청중에게 알려 주는 게 곧 나의 설교 행위다.

그렇지만 내가 기다림의 포즈를 취하는 것으로 모든 설교를 끝내는 것은 아니다. 가능한 대로 생명으로서의 하나님을 지시하려고 노력한다. 어느 정도로 일관성을 유지하는가 하는 문제는 접어 두겠지만 일단 방향만은 분명하다. 교회를 말할 때나 사회윤리를 말할 때나, 생태 문제를 말할 경우에도 궁극적으로 생명의 하나님에게 가 닿는 설교여야 한다는 게 내 지론이다. 기도를 어떻게 해야 한다든지, 기도의 응답이 어떻다는 말은 내가 하고 싶어도 할 수가 없다. 그런 부분은 하나님이 아니라 인간의 경험이나 인간의 기대에 속한 것이기 때문이다. 하나님이 기계적인 반응을 보이는 존재가 아니라면 기도로 벌어지는 현상에 대한 규칙을 말할 수는 없을 것이다. 사회문제도 그렇다. 지속 가능한 땅을 목표로 하는 에콜로지가 창조론의 관점에서 설교의 중심에 놓여야 할 때가 있지만 이런 목표와 하나님의 통치 사이에는 차이가 있다는 사실을 염두에 두고 접근해야 한다. 극단적으로 말해서 인간의 소비 지향적 삶의 결과로 이 지구가 완전히 파괴된다고 하더라도 하나님이 창조와 종말의 영이시라고 한다면 예측할 수 없는 방식으로 생명의 세계를 이끌어 가신다고 나는 믿는다.

영적인 쓰나미 앞에서

글머리에서 내 삶의 연조가 깊어질수록 이 세계와 성서 텍스트 앞에서 느끼는 막막함이 심해진다고 했는데, 그것은 곧 설교해야 할 궁극적 생명인 하나님 앞에서 느끼는 막막함과 같다. 그 생명을 해명하고 전달할 길이 분명히 보이지 않는다는 내 실존적 상황을 가리키는 것이기도 하다. 이런 점에서 내가 생각하는 설교는 청중에게 생명이신 하나님 앞에서의 막막함을 맛보이는 것이다. 이 막막함은 막연함이나 두려움이 아니라 생명의 신비 경험 혹은 생명 경외다. 세상에 던져진 인간이 주관적으로 규정해 낼 수 없는 생명 세계의 신비야말로 성서를 통해 경험하는 가장 본질적이고 유일한 하나님 체험이 아닐까 생각한다.

이런 상황 가운데서 그 생명의 신비인 하나님을 체험하도록 청중을 성서 텍스트의 지평으로 끌어들이는 작업이 과연 가능한가? 오늘날 교회에서는 좀처럼 일어나지 않을 것 같다. 여러 가지 이유가 있겠지만 무엇보다도 영적 경험 자체, 즉 생명의 신비인 하나님 경험 자체가 우리의 인식론적 체계로 간단히 들어오는 게 아니라는 사실이 우선적이다. 아무리 설교를 들으면서 아멘과 할렐루야를 외쳐도, 두 손 들고 눈물 흘리면서 복음 찬송을 불러도 생명의 신비 안으로 들어가는 게 아니라는 말이다. 그렇다면 설교자로서 우리는 이런 상황을 어떻게 해결할 것인가? 어떤 왕도가 준비된 건 아니다. 설교자는 나름 자기가 이해하는 영적인 소로(小路)를 향해 발걸음을 옮길 뿐이며, 그것이 전달되는지는 별개의 것이다. 그가 가는 그 소로는 그가 걸어가면 지워지는 것이지 다른 사람이 그대로 따라올 길을 열지 않기 때문에 청중에게 알려 줄 수도 없다. 다만 길을 가고 있다는 사실을 보여 주는 것으로 충분할 것이다. 그 뒤는 생명의 영인 성령의 영역이다.

내가 설교해야 할 결정적인 '무엇'이 실증적인 대상이 아니라면, 그리고 사람이 처리할 수 있는 것이 아니라면 남는 것은 이제 설교의 '어떻게'의 차원이다. 이것은 물론 설교 방법론이 아니며, 삶의 방법론을 말하는 것도 아닌, 오히려 어떤 절대적인 힘에 사로잡히기 위해 취할 수밖에 없는 최소한의 태도를 가리킨다. 예를 들어 보자. 갑작스럽게 쓰나미가 발생했다. 누가 주민을 살릴 수 있을까? 쓰나미의 발생 조건과 결과를 설명하는 것보다 해일에 몸을 완전히 맡기도록 몸과 마음의 힘을 빼게 만드는 게 바른 길이다. 해일을 제어하는 방식이 아니라 그것에 자기를 완전히 맡기는 길 말이다. 어쩌면 성서 기자들은 하나님을 쓰나미처럼 경험한 사람일지 모른다. 생각했던 것과 전혀 다르게, 훨씬 엄청난 방식으로 벌어지는 하나님의 통치 앞에서 허둥대지 말고 자기를 완전히 맡기는 것이 생명에 참여하는 길이라는 가르침을 주고 있다. 이런 점에서 결국 신앙은 태도이다. 절대적인 생명에 직면하라는 명령이다.

그러나 이 '어떻게'의 문제는 '무엇'에 대한 이해가 전제되지 않으면 아예 불가능하다는 점에서 설교자는 여전히 그 하나님, 생명의 영인 성령이 '누구'인가라는 질문을 그만둘 수 없다. 위에서 예를 든 쓰나미 현상 앞에서, 몸과 마음에 힘을 빼고 해일에 완전히 의존하라고 아무리 외쳐도 사람들은 그 말을 듣지 않는다. 왜냐하면 한 번도 쓰나미를 경험하지 못했기 때문이다. 하나님 경험도 그렇다. 사람들은 하나님을 경험하지 못한다. 아니, 더 정확하게 말하면 하나님을 경험하지 않으려고 무던히 애를 쓴다. 하나님이 바람처럼 함께한다고 해도 평소에 바람을 의식하지 않듯 하나님을 의식하지 않으며, 나르시시즘에 걸린 사람처럼 자기에게 도취해 살아갈 뿐이다. 하나님을 경험하지 못하는 삶에서는 결국 생명의 신비로 우리와 함께하는 하나님과 일치하는 데 필요한 삶의 태도를 유지할 수 없다. 설교자의 과업은 바로 이것이다. 청중들이 평소 하나님을 의식할 수 있도록 성서 텍스트로 영성을 자극하는 작업이다. 그게 현실적으로 얼마나 가능한지는 나도 잘 모르겠다.

영적인 신들림

글을 마치면서 피아니스트 한 사람을 소개하겠다. 설교자의 태도와 비슷한 점이 있는 듯 보이기 때문이다. 그의 이름은 미켈란젤리다. 일반적으로 연주자들은 연주가 끝난 다음 청중이 보내는 열광적인 환호에서 만족감을 느끼는 데 반해 그는 그런 환호에 화가 난다고 했다. 그 환호는 자기가 아니라 그 곡을 작곡한 베토벤이나 쇼팽에게 돌아가야 한다고 생각했기 때문이다. 그는 음악을 구도의 차원에서 접근한 피아니스트의 전형이다. 여기서 한 걸음 더 나아가 음악의 존재론적 차원에서 말한다면, 연주회장 안에서는 피아니스트도 없고, 쇼팽도 없고 오직 음악 자체만 지배해야 할 것이다. 설교 행위도 이런 연주와 비슷한 게 아닐까 생각한다. 설교자는 온데간데없고, 성서 텍스트와 그것이 열어 가는 생명의 능력만 지배하는 설교가 성령론적 설교라는 말이다. 이처럼 생명의 존재론적 능력만이 온전히 지배하는 설교를 함으로써 그 결과에서 자유로워지는 게 내 바람이다.

이런 자유는 일종의 몰아적 경험으로 가능할 것이다. 신들림의 경험이라고도 할 수 있다. 술 취함과 성령 충만이 비슷한 현상으로 나타나듯이 하나님의 언어를 인간의 언어로 번역, 통역해 내야 할 설교자에게는 날이 시퍼렇게 선 작두를 타는 무당과 비슷한 신들림의 영적 경험이 필요하다는 말이다. 그런 신들림은 이성을 망각시키는 게 아니라 이성이 또렷이 살아 움직이는 방식으로 설교를 사로잡게 될 것이다. 생명과 성령은 이렇듯 전혀 새로운 세계의 경험으로 우리 설교자의 영혼을 사로잡을 것이다.

제
16
강

나의 설교 준비

설교가 어떠해야 한다는 것을 말로 설명하는 건 어렵지 않지만 자기가 말한 대로 설교를 준비하고 행하기는 쉽지 않다. 앞에서 여러 편의 글로 언급한 '설교란 무엇이다'라는 주장을 평가받는다는 자세로 내 설교 준비에 대해 말하겠다. 설교 준비의 왕도가 따로 있는 건 아니다. 모든 사람들이 각자 자신의 독자적인 길을 걸으며 살아야 하듯이 독자들이 내 설교 준비를 그대로 따라 할 수 없으며, 그렇게 할 필요도 없다. 그저 참고삼아 읽어주기 바란다.

교회력에 따른 성서일과

나는 설교 주제를 먼저 정하지 않고 설교와 관련된 성서 본문을 먼저

정한다. 내가 정하는 게 아니라 이미 나와 있는 자료를 따라간다. 자료는 '반더빌트 디비니티 라이브러리'(Vanderbilt Divinity Library)에서 제공하는 'the Revised Common LECTIONARY'에서 나온 것이다(http://lectionary.library.vanderbilt.edu). 세계의 유수한 교파는 각각 교회력에 따른 성서일과를 제공하고 있으니까 설교자는 본인이 속한 교파의 성서일과를 선택하면 될 것이다.

안타깝지만 한국 교회에는 성서일과에 따라 설교 본문을 선택하는 설교자들이 많지 않다. 대중적인 설교자들일수록 그런 경향이 심하다. 그이유는 두 가지다. 하나는 교회력과 성서일과가 2,000년 기독교 역사에서 얼마나 중요한 전통인지를 잘 모른다는 것이다. 교회력은 대림절부터 시작해서 성탄절, 주현절, 사순절, 부활절, 성령강림절로 이어진다. 기독교 신앙의 토대가 무엇인지는 교회력만 보아도 분명하게 알 수 있다. 한국 교회는 기껏해야 성탄절, 부활절, 그리고 맥추감사절과 추수감사절만 지킨다. 더구나 이런 절기는 헌금과 깊이 연관되어 있다. 기독교가 교회력을 지킨 이유는 그리스도인의 신앙이 이런 총체적인 틀에서 건강하게 유지될 수 있다고 보았기 때문이다. 성서일과도 이런 교회력에 따라 정해진다. 주로 3년 주기로 성서 전체를 포괄하는 방식으로 성서 구절이 정해진다. 내가 참고하는 반더빌트 디비니티 라이브러리는 해당 주일에 제1독서, 시편, 제2독서, 복음서 본문을 제공한다. 제1독서는 구약이고, 제2독서는 서신이다. 시편은 예배의 성시교독으로 사용되고, 나머지 세 본문 중의 하나가 설교의 본문이 된다. 교회력과 성서일과를 따른다는 것은 역사의 한 순간에 머물고 있는 오늘의 교회가 지난 2,000년 역사와 종말에 이르는 전체 역사와 영적으로 소통한다는 의미이다. 이는 개별 그리스도인이 혼자 집에서 경건 훈련에만 만족하지 않고 교회 공동체에 참여해야만 신앙의 건강성을 유지할 수 있는 것과 같다. 더구나 교회력과 성서일과는 교회의 본질인 교회 일치에서도 빼놓을 수 없는 요소다.

한국 교회 설교자들이 교회력과 성서일과를 소홀하게 대하는 두 번째 이유는 기독교 신앙을 협의로 받아들이고 있기 때문이다. 이들이 생각하는 기독교 신앙은 한편으로는 너무 뜨겁고 다른 한편으로는 너무 단순하다. 설교자들은 청중이 예수를 잘 믿고 은혜를 받아서 신앙생활을 열정적으로 하게 하는 것이 설교의 목표라고 생각한다. 주일 설교 때마다 마치 청중이 다음 주일에는 교회에 나오지 못할지도 모른다는 절박한 심적으로 구원의 확신을 심어 주려고 애를 쓴다. 그런 설교의 열정은 본받을 만하지만 매주일 전도 설교에만 머문다면 신앙의 성숙은 요원하다는 점을 말하고 싶다. 신앙의 성숙을 위해서는 가능한 대로 설교의 본문을 편중되게 택하지 않는 게 좋다. 여기에 교회력과 성서일과는 큰 도움을 준다.

성서일과에 충실한 설교는 청중의 신앙을 성숙하게 이끌 뿐만 아니라 매주일 설교의 본문과 주제를 선택해야 하는 설교자의 수고를 덜어 준다. 물론 한국 교회의 특별한 절기나 사회적 이슈를 놓칠 염려도 없지 않다. 추수감사절이나 8·15 해방, 그 외에 국가적인 큰 재난이 일어났을 경우에는 설교 본문을 교회력과 상관없이 정할 수 있다. 이런 경우는 흔하지 않으니까 세계 교회의 성서일과를 따르는 것을 걱정할 필요는 없다.

나는 성서일과에 나온 세 본문, 즉 구약과 서신서와 복음서를 한 편의 설교에서 다 다루지 않고 그중의 한 본문만을 본문으로 삼는다. 어떤 설교자는 세 본문을 한 편의 설교에 다 담기도 한다. 여기에는 장단점이 있다. 한 본문만으로 설교를 하면 그 본문에 깊이 들어갈 수 있다는 장점이 있고, 세 본문을 함께 다루면 성서 전체를 포괄적으로 담아낸다는 장점이 있다. 어느 쪽이 더 옳다고 말하기는 힘들지만 나는 한 본문만을 선택한다. 그 이유는 세 본문을 다룰 때의 단점이 한 본문만을 다룰 때의 단점보다 크다고 보기 때문이다. 설교는 한 주제에 집중해야 하는데, 세 본문을 다루다 보면 주제가 분산될 염려도 있고, 한 주제로 일치시키려다 보면 세 본문이 기계적으로 다뤄질 염려도 있다. 이것이 극단화하면 알레고리 해석의 위험성에도 노출된다. 내가 구약, 서신서, 복음서 중에서 설교 본문으로 선택하는 비율은 대체로 다음과 같다. 복음서 2, 서신서 1, 구약 1이다. 전체적으로 신약과 구약이 3대 1 정도 된다.

본문 읽기와 주석 읽기

실제 설교 작업은 본문을 읽는 것으로 시작된다. 경우에 따라 조금씩 다르지만 일주일 전부터 읽는다. 눈으로 읽을 뿐만 아니라 소리 내서 읽는 것도 좋을 것이다. 성서는 원래 글씨가 아니라 소리로 전승 즉 구전되었으니까 소리로 읽는 것은 아무리 강조해도 지나치지 않다. 참고로, 사도신경과 주기도를 청중이 함께 소리 내서 암송하는 것은 단지 예배 순서를 따른다는 의미만이 아니라 소리의 존재론적 세계로 들어간다는 의미도 있다. 로마 가톨릭교회의 미사에는 이런 소리 경험이 중요한 요소로 자리 잡는다. 성서 언어를 공부한 설교자라고 한다면 히브리어 성서와 헬라어 성서를 읽는 것이 좋다. 나는 신학교 때 배운 히브리어를 모두 잊었고, 헬라어만 사전을 참고하며 읽을 수 있을 정도이다. 평생 설교자로 살아가야 할 사람의 직무 유기이다. 독일어는 친숙해서 루터 역본으로 본문을 읽곤 한다.

본문을 읽을 때 나는 두 가지 점을 중요하게 생각한다. 하나는 아무리 잘 아는 본문이라 하더라도 처음 읽는 것처럼 대하는 것이다. 이런 방식의 읽기가 쉽지는 않다. 설교자의 경륜이 어느 정도 쌓이면 본문의 첫 단어만 읽어도 무슨 내용인지 알 뿐만 아니라 거기서 어떤 설교를 해야 할지도 어느 정도 방향을 잡을 수 있다. 좋게 말하면 성서에 익숙한 것이고, 나쁘게 말하면 매너리즘에 빠진 것이다. 오늘 한국 교회 강단에서 선포되는 설교의 상투성을 알 만한 분들은 모두 알 것이다. 마치 20~30년 함께 산 아내가 무엇을 좋아하고 싫어하는지 잘 알고 있다고 생각하는 남편들처럼 성서 본문을 변죽 울리듯이 읽고, 대신 전달 방법에 매진한다. 이런 방식으로 설교자의 영성은 확보되지 않는다. 아내와 단 둘이서 경치 좋고 호젓한 곳에 놀러가 본 사람들은 알 것이다. 아내가 새롭게 느껴질 것이다. 사람과 사물에 대한 새로운 경험이다. 성서 본문을 처음 본 것처럼 읽으려면 성서를 알고 있다는 선입관을 버려야 한다. 좋은 뜻으로의 전(前) 이해는 필요하지만 고정된 시각이라는 점에서의 선입관은 성서의 종말론적 세계로 들어가는 데 치명적인 약점이다.

다른 하나는 설교에 해당하는 본문만이 아니라 본문 앞뒤에 나오는 내용도 함께 읽는다는 것이다. 성서에 나오는 각각의 내용은 단절되지 않고 앞뒤로 자연스럽게 연결되어 있다. 설교의 본문만으로 이해가 충분하지 않거나 오해될 수 있는 것도 앞뒤 전체 문맥과 연결해서 읽으면 해결될 때가 많다. 누가복음 16:1-9절은 '불의한 청지기의 비유'다. 불의의 재물로 친구를 사귀라고 한다. 그 친구들이 결정적인 순간에 도움을 준다는 것이다. 비유 자체만으로 그 내용을 파악하기가 쉽지 않다. 그러나 뒤에 나오는 세 가지 본문을 함께 읽으면 그 문제가 해결된다. 눅 16:10-13절은 '충성된 청지기'의 이야기이고, 눅 16:14-18절은 돈을 좋아하는 바리새인들에게 대한 이야기이며, 눅 16:19-31절은 거지 나사로와 부자에 대한 비유다. 모두 재물과 돈, 즉 물질적인 탐욕에 대한 이야기이다. 하나님을 믿는 사람들이 물질적인 탐욕으로 물든 세상에서 어떻게 하나님께 충성된 자로 살 수 있는가에 대한 가르침이다. 설교의 본문을 문맥적으로 읽는 게 중요하다.

본문을 충분히 읽으면 주제가 어느 정도 정리된다. 그 주제를 마음에 새기면서 성서 주석을 읽는다. 신학교를 졸업한 지 얼마 안 된 젊은 시절에는 바클레이 주석을 주로 읽었다. 신약은 바클레이가 쓴 것이고, 구약은 다른 여러 신학자들이 나눠 쓴 것인데, 신학적인 경향이나 깊이는 전체적으로 바클레이와 비슷하다. 이 주석은 설교자들이 설교를 준비하는 데 실용적인 지침서다. 그 책만 소화해도 얼마든지 설교가 가능하다. 그러나 30대 중반 이후 거기서 손을 뗐다. 내용이 지나치게 무난해서 어떤 영적 자극을 주지 못하기 때문이다. 지금은 주로 한국신학연구소에서 나온 〈국제성서주석〉을 읽는다. 주로 독일어권과 영어권의 성서학자들이 쓴 주석서다. 이 주석서는 역사 비평을 전제한다. 바클레이 주석은 역사 비평을 다루지 않거나 다룬다고 하더라도 소극적이다. 성서 텍스트의 세계를 이해하기 위해 역사 비평은 아무리 강조해도 지나치지 않다. 성서 텍스트가 역사를 배경으로 형성되었기 때문에 역사 비평을 거치지 않을 수 없다. 예를 들어 창세기의 창조에 대한 보도를 읽었다고 하자. 짧은 보도지만 여기에 서로 다른 신학적 배경에서 살았던 사람들의 신앙고백이 결합되어 있다. 그것을 J 문서, E 문서, P 문서라고 한다. 그들의 신학적인 특징이 어떤 것인지를 역사 비평적으로 분석해야만 창세기의 보도를 정확하게 알 수 있다. 이 말은 곧 창세기의 창조 보도가 역사적으로 훨씬 후대에 일어났던 바벨로 포로기의 역사 경험으로부터 영향을 받았다는 뜻이다. 설교 시간에 성서의 역사 비평을 강의하라는 말이 아니다. 하나님의 말씀을 바르게 전하기 위해 설교자는 텍스트의 역사적 깊이를 분명하게 알고 있어야 한다는 뜻이다.

역사 비평을 부정하는 신학자들과 설교자들도 있긴 하다. 이것은 설교에서만이 아니라 한국 교회 신앙 전반에서 가장 크게 다투는 문제다. L 목사는 나의 설교 비평에 문제를 제기하면서 신화를 언급했다. 내가 성서를 신화로 본다는 문제 제기다. 그의 지적은 옳다. 성서에는 신화도 있고, 수필도 있고, 역사적 사실도 있고, 역사 해석도 있다. 성서는 그것이 기록되던 시대의 사상과 문학의 영향을 절대적으로 받고 있었다는 뜻이다. 구약의 시편, 잠언, 욥기 등은 모두 이스라엘 백성들의 문학작품이다. 신화를 신화라고 말하지 않고 객관적 사실이라고 보는 것이 오히려 하나님의 말씀에 대한 왜곡으로 흐를 위험성이 있다는 사실을 그분은 인정하지 않는 것 같았다. 예를 들어 노아 홍수를 역사적 사실로 보느냐, 아니면 신화로 보느냐에 따라서 설교의 방향이 달라진다. 노아 시대에 모든 사람들이 악을 행했다 하더라도 사랑의 하나님이 노아 가족을 제외한 모든 사람들을 물로 멸망시켰다는 이야기는 자체적으로 모순에 빠진다. 새로 태어난 아이나 지적인 능력이 없는 장애인들도 모두 악을 행했다는 말이 된다. 이런 방식으로 설교한다면 오늘의 지식인 중에서 교회에 남아 있을 사람은 몇 안 될 것이다. 노아의 대홍수 사건은 주변의 다른 문명권에서도 비슷한 사례를 찾아볼 수 있던 신화 중의 하나다. 창세기 기자는 그런 신화를 채용해서 악을 징벌하시는, 그래서 새롭게 창조하시는 하나님을 전하려고 했다.

신화라는 단어를 오해하지 말아야 한다. 별로 근거가 없거나 믿음이 안 가는 이야기라는 뜻이 아니다. 성서 시대의 사람들에게 신화는 곧 진리를 전하는 통로였다. 그것이 그들의 세계관에서는 상식적인 이야기였다. 생각해 보라. 그들은 태양과 달과 별을 중심으로 하는 우주 물리의 세계에 대해 아는 게 거의 없었다. 자연재해의 원인도 몰랐다. 우주와 자연은 저들이 어떤 방식으로도 대항할 수 없는 두려움의 대상이었다. 모든 것이 비밀이며, 신비였다. 그들은 이 세상이 하늘과 땅과 지하라는 세 차원으로 구성되었다고 생각했다. 그들은 신화를 말하지 않을 수 없었다. 성서에 신화가 있다는 말을 두려워할 필요가 없다. 성서의 사람들도 세상 사람들처럼 우주와 자연에 대해 모르기는 마찬가지였다. 성서 기자들이 신화적인 방식으로 말하기는 하지만 신화 자체가 중요한 게 아니라 하나님의 창조, 구원, 통치가 중요했다. 우리는 바로 그것을 성서에서 읽어 내야 한다. 신화라는 말의 뉘앙스가 성서를 하나님의 말씀으로 믿는 사람들에게는 별로 좋게 들리지 않는 것은 당연하다. 설교자가 설교 시간에 굳이 신화라는 말을 할 필요는 없지만 설교자 자신은 일단 알고 있어야 한다. 구약만이 아니라 신약도 마찬가지다. 요한계시록과 복음서에 나오는 몇몇 대목도 이스라엘의 묵시문학에 영향을 받은 문서들이다. 이스라엘 사람들이 왜 묵시적 방식으로 하나님 경험을 전했는지를 알아야만 이런 본문을 정확하게 해석할 수 있다. 이런 공부가 역사 비평 작업이다. 가능하면 역사 비평을 기초로 하는 주석서를 읽는 게 좋을 것이다.

본문 읽기와 주석 읽기가 그대로 설교에 접목되는 것은 아니다. 본문은 많은 것을 생략하는 방식으로 기록되었기 때문에 읽기만 하면 저절로 이해되는 문서가 아니다. 예컨대 바울은 여자가 머리를 수건으로 가리지 않고 기도하는 것은 잘못이라고 말한다(고전 11:2-16). 믿는 자들에게 따르는 표적으로 뱀을 집어 올리고 독을 마셔도 아무런 해를 받지 않는다는 이야기도 마가복음에 나온다(막 16:18). 당시의 세계관을 전제하지 않으면 말이 안 되는 이야기다. 성서 주석은 이런 문제를 나름으로 해결해 준다. 그렇지만 주석이 설교는 아니다. 주석은 말 그대로 성서를 객관적으로 공부하는 것이다. 그것이 오늘의 청중에게 신앙의 내용으로 전달되려면 오늘의 관점으로 그것을 재해석해 낼 수 있어야 한다. 그것이 설교다. 조직신학은 이런 작업에서 결정적인 역할을 한다. 이에 관해서는 5강 '설교와 조직신학'을 참조하라.

설교 원고 쓰기

다음 단계는 설교 쓰기다. 나는 일반적으로 200자 원고지 30매 분량의 원고를 쓴다. 설교 시간에 다른 말을 하지 않고 그것만 읽으면 20분에 소화할 수 있지만 보통은 30분이 걸린다. 어떤 설교자는 설교 전체를 쓰지 않고 요약 원고를 쓴다. 그것도 좋은 방법이긴 하다. 내 경험에 따르면 요약문만 들고 강단에 서면 원고에서 자유로워지기 때문에 일단 말이 자연스러워진다. 당연히 청중도 듣기에 편하다. 나도 나이가 더 들거나 게을러지면 요약문만 작성하게 될지 모르지만, 아직은 원고를 충실하게 준비한다. 요약문 설교에 단점이 더 많다고 보기 때문이다. 두 가지만 보자. 첫째, 요약문만 작성하면 결국 설교의 미세한 부분을 놓칠 수 있다. 이것은 경험해 본 분만 알 것이다. 설교를 일일이 작성하면 문자 자체가 글 쓰는 사람에게 어떤 영감을 준다. 글 자체의 힘이다. 요약문으로는 그것이 불가능하다. 둘째, 요약문만 들고 강단에 서면 경우에 따라 설교의 진도가 나가지 않는 일이 벌어진다. 강단 아래서는 할 말이 많은 것 같았는데, 강단에 올라서니 깜깜해지는 것이다. 결국 중언부언하다가 내려오게 될 것이다. 이런 일이 흔하지는 않겠지만 없는 것도 아니니 조심해야 한다.

설교 원고를 쓰는 단계가 실제 설교 준비에서 중심이다. 무엇을 어떻게 써야 하는가? 어떻게 창조적인 설교 원고를 쓸 수 있을까? 앞에서 말한 성서 본문 읽기와 주석 읽기는 이를 위한 사전 준비 작업이다. 문제는 이런 준비만으로 괜찮은 설교 원고를 쓸 수 없다는 것이다. 오히려 도식적인 설교에 머물 때가 많다. 이 순간 기도가 부족했기 때문이라고 말할 분도 있을 것이다. 기도로 준비한다는 말은 기본적으로 옳다. 기도는 하나님의 말씀에 귀를 기울이겠다는 우리의 고백이기 때문에 설교 준비에서 기도는 필수다. 성서 읽기와 주석 읽기를 비롯해서 설교 원고 쓰기 등, 모든 것이 실은 기도 행위다. 그러나 설교는 우리의 인격 전체가, 즉 우리의 영혼이 언어 사건으로 들어가는 것이기 때문에 기도만으로 해결되는 것은 아니다. 주술적 차원에서 기도로 설교를 준비하겠다고 생각하는 것은 기도하지 않는 것보다 설교자의 영혼에 더 나쁜 영향을 끼친다. 그런 부분만 조심한다면 기도가 우리를 하나님의 언어 사건으로 이끌어주는 계기가 되는 것은 분명하다. 기도를 통해 영적인 언어가 말을 거는 경험을 하게 되는 것이다.

이론적인 이야기는 다른 글에서 어느 정도 했으니 여기서는 이만 줄이고, 설교 준비의 실천적인 이야기에 집중해야겠다. 나는 설교 원고를 작성할 때 미묘한 경험을 한다. 위에서 언급한 것처럼 언어가 말을 걸어오는 경험이 그것이다. 본문을 읽거나 주석을 읽을 때 나타나지 않았던 영적인 세계가 글쓰기 과정에서 새롭게 펼쳐지는 것이다. 이런 것은 글을 직업적으로 쓰는 사람들의 일반적인 경험이다. 그리고 바로 이것이 창조성의 근원이다. 어떻게 보면 설교자는 만들어지는 것이 아니라 태어난다는 말이 옳은지도 모른다. 시인도 억지로 만들어지는 것이 아니라 태어나는 것 아닌가? 내가 타고난 설교자라는 말이 아니며, 성서 해석 훈련과 설교 원고를 쓰는 훈련이 의미 없다는 말도 아니다. 천재는 1%의 천성과 99%의 노력이라는 말도 있듯이 선천적으로 타고나는 것과 후천적으로 노력해서 어떤 세계에 들어가는 것이 서로 연결되어 있는 게 아닐까. 지금 나는 설교 작성 과정에서 언어가 말을 거는 경험이 신비하다는 사실을 전하는 것뿐이다. 이런 경험이 바로 설교의 영성이다. 이것 없이 설교 과업을 창조적으로 행하기는 어렵다.

나는 디모데전서 1:12-17절을 본문으로 '존귀와 영광을 받으실 분'이라는 설교를 한 적이 있는데, 설교 제목은 17절에 나오는 문장을 그대로 따온 것이다. 그 구절은 초기 그리스도교에서 잘 알려진 송영이다. 설교의 시작은 초기 그리스도교 공동체가 송영을 부른 이유에 대한 설명이다. 그들은 그런 신앙고백을 반복하면서 신앙의 근본을 유지했다. 송영은 하늘에서 뚝 떨어진 게 아니라 그들이 처한 삶의 자리에서 나온 것이다. 그들이 처한 삶의 자리는 종교적으로는 유대교이고, 정치적으로는 로마이다. 나는 이런 질문을 했다. 초기 그리스도인들은 이런 송영을 노래하면서 무엇을 생각했을까? 그들은 자신들이 직면한 세계를 어떻게 경험한 것일까? 여러 가지 생각이 오가는 중에 갑자기 어떤 생각이 파고들었다. 그들의 송영은 로마 황제 숭배라는 배경에서 고백된 것이라는 생각이 그 것이다. 이제 설교 내용에 살이 붙기 시작했다. 팍스 로마나(로마의 평화)를 강요하는 당시의 시대정신 앞에서 초기 그리스도인들은 하나님의 평화를 외친 것이다. 로마 황제에게 존귀와 영광을 돌리라는 시대의 요구와 투쟁한 것이 바로 저 송영이었다. 그렇다면 오늘 돈을 숭배하라는 시대의 요구 앞에서 그리스도인들은 어떤 송영을 불러야 하는가? 이러한 관점들이 설교 원고를 작성하면서 나의 생각에 비집고 들어오고, 그 생각이 다시 해석되면서 성서 텍스트와의 대화가 진행된다. 이런 대화를 통해 설교의 창조성은 확보된다.

성서 텍스트와의 대화, 또는 텍스트 안으로 들어가기에서 핵심은 질문이다. 나는 처음부터 끝까지 질문을 한다. 원고의 글쓰기 형식은 질문이 아니지만 근본은 질문이다. 실은 아는 게 있어야 질문도 가능하다. 질문은 두 가지 방식으로 진행된다. 하나는 성서 텍스트 내용에 대해 질문하는 것이다. 설교자가 질문하면서 청중을 그 안으로 끌어들여야 한다. 청중이 궁금한 것을 내가 질문하는 것이기도 하고, 더 적극적으로는 청중으로 하여금 성서 텍스트에 문제의식을 품게 하는 것이다. 거의 모든 설교에서 나는 질문을 한다. 위 설교도 질문으로 이어졌다. 초기 그리스도인들은 왜 송영을 불렀는가? 그 송영이 말하는 존귀와 영광은 구체적으로 무엇인가? 설교자는 청중이 미처 생각하지 못했던 부분까지 질문할 수 있어야 한다. 설교자가 질문하는 깊이에 따라 성서도 우리에게 대답하며, 그런 과정에서 청중의 영성도 심화한다. 설교 행위에서 질문을 중요하게 생각하는 이유는 성서가 이런 질문으로부터 시작되었다고 보기 때문이다. 하나님의 백성이 왜 바벨론 포로로 잡혀갔는지, 이 세상에는 왜 무죄한 자들이 고난을 당하는지, 인간은 왜 악을 행하는지, 예수님이 왜 그리스도인지 등등, 모든 성서는 근본에 대해 질문한다. 이런 질문의 깊이를 모르는 사람은 약장사가 될 뿐, 설교자가 될 수 없다.

다른 하나는 내가 청중에게 질문하는 것이다. 이 질문은 청중을 닦달하려는 게 아니라 성서 텍스트와의 대화로 끌어들이는 것이다. 첫 번째 질문 방식에서도 청중이 성서 텍스트와 대화하지만 여기서는 그 대화가 청중이 살아가는 실존의 차원에서 진행된다. 말하자면 성서 기자의 관심을 청중 자신의 관심으로 받아들이게 하는 것이다. 이 질문은 큰 틀에서 볼 때 변증법적 구도로 전개된다. 일단 성서가 말하는 명제를 충분히 설명한다. 그것이 정(正)의 순간이다. 그것이 간단한 문제가 아니라는, 또는 이 세상에서 부정된다는 사실을 전한다. 이것이 반(反)의 순간이다. 청중의 실존이 여기서 중요한 역할을 한다. 그들과 그런 문제의식을 나눈다. 그리고 그것이 어떻게 극복될 수 있는지를 말한다. 이것이 합(合)의 순간이다.

내가 전한 또 다른 설교를 예로 들겠다. 눅 16:1-13절을 본문으로 한 '우리의 주인은 한 분이다!'라는 설교다. 이 본문의 배경은 위에서 잠깐 언급한 불의한 청지기 비유다. 설명은 생략하겠다. 누가복음 기자는 이 비유의 결론을 "하나님과 재물을 겸하여 섬길 수 없느니라"라고 했다. 설교자가 무조건 재물을 섬기지 말아야 한다고 청중을 몰아붙일 수도 있다. 재물을 섬기다가 망한 이야기도 곁들이면 청중이 겁을 먹기도 할 것이다. 그러나 정신적으로 어린아이가 아니라면 그런 방식의 설교에 귀를 기울이지 않는다. 현실을 정확하게 인식할 수 있어야 한다. 청중이 사는 세속의 원리를 이해해야 한다. 세속의 시장 바닥에서 사는 그리스도인들은 수도승처럼 재물을 완전히 포기하고 살 수는 없다. 실제로 돈이 우리 삶을 철저하게 지배하고 있다. 이 충돌 사이에서 그리스도인은 구체적으로 어떻게 살아야 하는가? 이런 질문은 청중에게 실존적이다. 내 대답은 돈이 지배하지 않는 삶의 영역을 확대하고, 돈이 지배하는 영역을 축소해 나가는 것이다. 그 영역이 무엇인지를 구체적인 삶에서 예를 들어 설명했다. 이런 노력이 경우에 따라서는 사회제도로, 때로는 개인의 영성으로 추구되어야 한다.

앞의 내용을 정리하면 이렇다. 내 설교를 견인해 가는 두 축이 있다. 하나는 소크라테스의 산파법이고 다른 하나는 헤겔의 변증법이다. 아기를 출산하는 이는 산모이지 산파가 아니다. 산파는 산모를 도와줄 뿐이다. 설교자도 청중이 성서의 영적인 세계로 들어갈 수 있도록 돕는 사람이다. 설교자의 영성을 청중에게 직접 주입할 수는 없다. 나는 이런 작업을 위해 질문을 한다. 이것은 실제로 성서의 세계에 대한 나의 질문이기도 하다. 산파술로서의 내 설교는 위에서 설명한 변증법적인 해석학으로 전개된다. 이 두 요소가 내 설교에 기계적으로 적용되는 것은 아니다. 본문이나 주제에 따라 달라지지만 기본적으로는 이런 틀을 크게 벗어나지 않는다.

설교하기

설교 본문은 일주일 전에 읽지만 실제적인 설교 구상은 주로 목요일에 한다. 목요일에 주보를 만들기 때문에 주보에 실을 설교 요약문을 같은 날 만들 수밖에 없다. 설교 요약문에는 설교의 뼈대가 실린다. 실제 설교 원고는 토요일에 쓴다. 오전과 오후에 집중해서 쓰면 저녁 먹기 전에 끝난다. 설교 원고 쓰기만 대략 7~8시간 정도 걸린다. 약간 옆으로 나가는 말이지만, 개신교 목사들에게 설교의 짐이 과도한 것 같다. 준비부터 원고 쓰기와 교정까지 끝내는 데 이틀은 족히 걸린다. 이런 작업을 평생 지속한다는 게 가능한 일인지 모르겠다. 오죽했으면 표절 설교를 하는 이들이 있겠는가.

주일 공동예배 1시간 전에 설교 원고를 다시 읽는다. 이 순간에도 오자가 나오는 것은 물론, 논리의 비약도 발견된다. 마지막으로 교정하는 순간이다. 설교 원고를 읽으면서 전체적인 구도를 다시 정리한다. 설교 시간에 원고를 그대로 읽을 수는 없다. 그렇다고 해서 원고를 모두 암기할 수도 없다. 그대로 읽자니 청중의 집중력이 떨어지는 게 눈에 보이고, 안보고 하자니 자신도 없다. 그래서 전체적인 구도만 머리에 넣고 세부적인 부분은 원고를 따라간다. 설교 시간을 대략 30분이라고 하면 10분 정도는 원고를 보고, 20분은 청중을 보면서 설교한다. 전자는 문어체가 되고, 후자는 구어체가 된다. 원고 설교를 하는 사람은 한쪽으로 완전히 몰아갈 수가 없다. 청중의 입장에서는 구어체가 듣기에 좋지만, 문어체인 원고를 완전히 구어체로 말하는 것도 쉽지 않다. 이 문제는 그냥 해결되지 않는다. 한 편의 설교에서 문어체와 구어체가 너무 크게 차이가 나지 않도록 말하기 훈련이 필요할 것이다.

참고로 내 설교의 작은 특징 몇 가지만 말하겠다. 그것도 모두 설교 준비에 속하는 것들이다. 나는 가능한 한 예화를 사용하지 않고 설교한다. 예화 사용을 절대적으로 부정하는 것은 아니고, 원칙적으로 그렇다는 말이다. 이유는 두 가지다. 하나는 청중에게 끼치는 영향력이라는 점에서 볼 때 성서 본문이나 신앙의 내용보다 예화가 더 크게 작용할 위험성이 많다는 것이다. 다른 하나는, 사실이 이것이 핵심인데, 성서 텍스트의 세계를 전하는 것만으로도 30분이라는 설교 시간이 모자란다는 것이다. 더구나 성서의 세계는 예화로 보충할 만한 내용도 많지 않다. 예화가 성서의 세계를 가릴 염려가 높다.

또 한 가지 특징은 설교 현장에서 청중에게 별로 신경을 안 쓴다는 것이다. 앞에서 내 설교의 특징을 질문으로 전개되는 산파술과 변증법이라고 설명했다. 청중과 영적인 대화를 나누는 것이다. 서로 모순되는 말처럼 들릴지 모르겠으나, 그렇지 않다. 청중을 어떻게 바꿔야겠다는 생각을 하지 않는다는 말이다. 청중의 변화는 설교자의 몫이 아니라 성령의 몫이다. 설교자의 역할은 청중을 영적인 세계로 인도하는 것뿐이다. 소를 물가로 데리고 갈 뿐이지 물을 어떻게 마시는지는 소가 알아서 해야 한다. 오늘 설교자들은 오히려 물을 먹이는 일에 관심이 많다. 청중을 어린아이처럼 다룬다. 모든 것을 일일이 가르쳐 주려고 한다. 일종의 계몽 설교가 주를 이룬다. 나는 청중을 계몽하려 하지 않고 함께 영적인 세계로 들어가자고 권면할 뿐이다. 손가락으로 달을 가리키듯이 성서의 세계에 존재론적으로 담지된 하나님의 구원 통치를 전할 뿐이다.

끝으로, 설교 작성과 실행에서 가장 중요한 점은 집중력이다. 집중력은 설교만이 아니라 모든 전문적인 작업에서 필수다. 예배를 드릴 때도 집중력이 필요하다. 테니스를 할 때도 그렇다. 볼이 라켓에 맞아서 튀어 나갈 때까지 볼에 집중해야 한다. 전업주부의 칼질에도 집중력이 필수다. 집중력이 떨어지면 칼에 손을 벤다. 다른 설교자들도 마찬가지겠지만 나는 설교 도중에 간혹 집중력을 잃는다. 그 이유는 여러 가지다. 설교를 듣는 청중의 태도도 영향을 미친다. 듣는 태도가 시큰둥하거나 수긍이 안 된다는 표정을 보면 뭔가 잘못된 게 아닌가 생각하다가 설교의 흐름을 놓친다. 더 큰 문제는 설교자 스스로 한눈을 파는 경우다. 가족, 목회, 교단 정치 등의 문제로 신경 써야 할 일이 많으면 설교에 집중할 수가 없다. 이런 점에서 설교자는 예배와 설교 외의 일을 가급적 줄여 나가야 한다. 여기서 가장 중요한 문제는 역시 설교자의 영성이다. 성서 세계와 오늘의 삶에 대한 치열한 영적 문제의식에서만 설교자의 영성은 확보될 수 있다. 이를 위해 꾸준히 책 읽기를 해야 하고, 경건 훈련을 게을리하지 말아야 한다. 나의 설교를 이실직고한다는 마음으로 이 책의 마지막 장을 쓰기 시작했는데 다시 강의 조가 된 것 같다. 용서를 구한다.

해설

이 책은, 2006년부터 매년 한 권씩 발간된 설교 비평서 세 권(《속 빈 설교 꽉찬 설교—정용섭의 설교 비평 1》, 《설교와 선동 사이에서—정용섭의 설교 비평 2》, 《설교의 절망과 희망 —정용섭의 설교 비평 3》)의 완결편이다. 설교 비평 장르를 본격적으로 개척한 선구자로 인정받는 저자는 앞서 발간된 책들의 설교 비평 기준이 된 신학, 설교관, 목회관을 이 책에서 집약하여 보여 준다. 저자는 설교의 본질은 하나님의 존재 신비를 드러내며, 예수 그리스도를 통한 하나님의 구원 통치를 매개하고, 만물을 새롭게 하시는 성령의 사역을 중개하는 사역이라고 본다. 그에 따르면, 설교의 역할은 도덕 감화, 윤리 교정, 민중 교화와 계몽, 역사적 대의명분에 참여할 것을 호소하는 강론이 아니다. 하나님의 존재 신비를 묵상하도록 유도하고, 하나님의 구원 통치를 매개하며, 그러기 위해 성령에 의존하는 설교가 이상적인 설교다. 그것은 하나님의 존재 신비와 구원 통치에 회중을 노출시키고, 설교자 자신은 물론이며 회중까지도 창조의 영이신 성령에 의해 존재 변화를 경험하도록 유인하는 구원론적 설교다. 새 생명을 창조하시는 삼위일체 하나님의 사역을 위해 설교자 자신이 아주 작게 축소되는 자기 부인적 예전(禮典)이다.

따라서 설교자는 하나님의 신탁을 전하는 중개자로서 자기 정체성을 가져야 하며, 가능하면 소극적인 위치에 머물러야 한다는 것이다. 즉, 설교는 하나님의 존재 신비와 구원 통치를 회중에게 전달하려는 성령의 의지와 열심에 자신을 맡기는 경험이기에 설교자는 소극적인 역할에 머물러야 한다. 회중에게 하나님의 존재 신비와 구원 통치를 전달하려는 성령의 열망에 공감하는 것이 설교자의 최고 덕목이기에 교회 성장학적인 기획으로 대중의 비위를 맞추려는 대중 추수주의적 설교나 기독교 신앙을 성공과 행복의 도구로 사용하려는 설교에 부단한 경고를 발한다. 저자에 따르면 이런 이상적인 설교 사역을 감당하려면 설교자가 무엇보다 먼저 성서의 낯설고 신비한 세계로 들어가야 한다. 그런데 성서의 세계 속으로 들어가기 위해 설교자는 말씀의 역사적 맥락을 되살려주는 데 유익한 역사비평으로 훈련되어야 하고, 메시지와 삶의 현장의 필요를 연결시키는 조직신학적 교양을 갖춰야 하며, 인간이 안고 있는 근본적인 곤경, 즉 하나님과 인간의 단절과 분리를 보편적인 언어로 매개할 수 있게 돕는 인문학적 소양을 갖추어야 한다.

전체적으로 책을 읽는 내내 한국 교회의 강단과 설교 현장에 대한 저자의 분석과 진단에 무리 없이 공감할 수 있었다. 이 책의 논조는 계도적, 계몽적이지만 한 수 가르쳐주겠다는 우월감이나 단호한 자기 확신은 극히 절제되어 있다. 먼저 이 책의 구체적인 특장을 말한 후 몇 가지 문제 제기와 제언을 덧붙이고자 한다.

첫째, 중심 논지가 변증법적인 긴장을 유발하면서 아주 정연하게 제시되어 있다. 설교는 불가능한 과업인 동시에 즐거운 과업이다. 설교는 은폐되어 있는 성서의 계시에 접근하는 일이면서도, 인간 구원을 위해 밝히 드러난 하나님의 구원 통치를 선포하는 행위다. 각 장은 논리적인 구조에 따라 독자의 궁금증을 유발하며 전개되고, 적실한 사례들이 논지를 뒷받침한다. 성서에 있는 낯선 세계, 하나님의 존재 신비, 하나님의 구원 통치, 존재론적인 변화 등은 이 책 전체의 주조음을 이루며, 저자의 철저한 삼위일체 하나님 중심적 설교관을 여실하게 드러내고 있다.

둘째, 이 책은 한국 교회의 목회 현장과 강단 현실에 대한 객관적인 관찰과 분석에 입각한 설교 비평 총론서이자, 한국 교회의 설교가 극복해야 할 장애물들을 생동감 있게 지적하는 진단서다. 저자의 비평은 파괴적인 조롱이나 야유가 아니라 대안 제시적이며, 자기 성찰적인 제안이다. 하나님의 존재 신비 앞에서 저자가 느끼는 막막한 좌절감은 대부분의 설교자들이 어렵지 않게 공감할 것이다.

마지막으로 이 책은 설교 사역이 얼마나 장중하고 아름답고 의미심장한 과업인가를 역설적인 방식으로 강조한다. 저자는 성서 본문으로 들어가지 못하는 설교, 예화 과잉이고 대중 추수적인 설교, 피상적인 논리에 덧댄 도덕주의적 설교, 성서와 신앙을 도구화하는 실용주의적 설교를 부단히 비판하고 경계한다. 그 이유는, 설교 사역이 하나님의 존재 신비를 열어주는 사역이며, 회중을 하나님의 구원 통치 안으로 초청하는 신탁 중개 사역이라고 믿기 때문이다.

위에서 언급한 특장에도 불구하고, 이 책은 몇 가지 점에서 질문을 불러일으킨다. 첫째, 빈번히 이분법이 구사되고 있다. 대중적인 설교와 성령 의존적 설교, 도덕적 설교와 하나님의 존재 신비를 천착하는 설교, 청중 중심과 성령 중심, 성서 도구주의와 성서의 낯선 세계에 직면하는 경험 등 빈번한 이분법적 도식은 한국 교회 설교 현실의 비판적 분석에는 유효할 수 있어도, 원천적으로 대립될 필요는 없는 이항(二項) 관계가 아닐까? 성령 의존적이면서 대중적인 호소력도 있는 설교가 원천적으로 불가능한 것은 아니기 때문이다.

둘째, 성서 내용-비판(Sachkritik)에 가까울 정도로 성서 본문의 관점과 평가를 교정하려는 듯한 시도가 보인다. 다윗에 대한 저자의 평가는 지나치게 현대주의적인 읽기처럼 보인다. 다윗을 칭찬하는 본문을 승자의 관점을 기록한 역사라고 보는 것은 납득하기 힘들다. 사도행전 13장 36절에 대한 릭 워렌 목사의 설교 비판에서, 다윗의 생애에서 목적이 이끄는 삶의 원리를 터득한 릭 워렌의 설교는 적어도 그 맥락에서 무리가 없어 보인다. 열왕기서와 역대기가 다윗을 이상적인 군주로 보는 사실을 외면하고, 다윗을 하나님의 목적보다 자신의 목적을 위해 훨씬 많은 노력을 기울인 사람이라고 하는 것은 이사야를 비롯한 예언자들이나 열왕기서, 역대기서의 관점을 교정하려는 시도처럼 들린다. 특히 "(다윗의 행적에 대한 평가가) 옳다. 그러나 성서에 기록되어 있다고 해서 그것이 기록되어 있는 그대로 유효한 건 결코 아니다"라는 저자의 논평은 반론을 야기할 수 있는 부분이다. 저자가 여러 차례 밝힌 것처럼 성서의 세계는 낯선 세계다. 현대 윤리학이나 실증주의 역사관이 작동하지 않은 고대사회의 세계관이 투영된 책이다. 따라서 성서의 낯선 세계로 들어간다는 말은, 이런 성서의 역사 기록과 평가가 갖는 당혹스러움을 소화하고 이해하려는 일이 아닐까? 그런 점에서 저자가 야만과 생경의 원시성으로 넘치는 성서의 세계 속으로 한 단계 더 진입해야 하지 않을까? 또 다른 예는 아브라함, 입다, 바울 이야기의 해석이다. 여호수아, 사사기 시대는 모든 땅 정복과 상실이 신의 뜻에 따라 일어나는 유신론적 시대였다. 열왕기하 3장의 모압 왕 메사가 남긴 메사 비문은 신명기·여호수아와 거의 같은 땅 신학을 보여준다. 신의 은총을 통해(결국 전쟁을 통해) 땅을 획득하고, 신의 노여움으로 패전해서 땅을 잃는다는 내용이 이 비문에 나온다. 따라서 여호수아의 여리고 정복 전쟁 명령을, 하나님이 아니라 여호수아에서 찾으려고 하는 것은, 고대 구약의 본문 세계에 첨단 국제 정의감이나 윤리감을 투사하려는 시도처럼 보인다. 성서의 하나님 언어는 인간의 인지 발달과 도덕 수준에 조건 지워진 채 우리에게 전달되었다. 인간의 조건에 제한된 채 하나님의 성품이 묘사되고 규정되기에 성서는 고대적인 야만과 원시성을 고스란히 간직하고 있다. 따라서 성서의 낯선 세계로 들어가는 일은 이런 당혹스러운 상황에서 하나님의 명예를 보호하려는 것이 아니라 그것을 수용하고 다른 방식으로 해석하는 일일 것이다.

셋째, 역사 비평학에 대한 과잉 존중 문제다. 역사적 맥락이 해명되지 않아도 석명되고 해석되는 많은 성서 본문들이 있다. 시편 23편과 1편은 역사적 지평이 사상되어도 심원한 해석이 가능한 본문들이다. 2,000년이 넘는 성서 해석사 전통에 비추어 볼 때, 역사 비평적인 해석학은 매우 최근의 현상이다. 유대인들의 미드라시 해석 방법이나 사도들의 랍비적 해석, 교부들의 영해와 우의적 해석 등이 오히려 긴 시간 동안 신자들을 돕던 해석이다. 그런 점에서 역사적 맥락에서 비교적 자유로운 해석도 나름의 정당성이 있을 수 있는 것이다. 본문이 역사 비평학보다 다른 해석학적인 접근을 요청할 때는 그 길을 따르는 것이 더 낫지 않을까?

이런 질문 제기가 저자의 치밀하고 적확한 설교 비평과 이상적인 설교를 위한 대안을 제시하려는 노작의 가치를 훼손하지는 못한다. 저자의 설교 비평은 한국 교회의 자정 작용과 강단 갱신을 위한 건강한 시금석이다. 샬롬이 깨어진 현실에서도 샬롬을 외쳤던 거짓 예언자들, 하나님의 영적 추동이 없는데 하나님이 말씀하셨다고 주장했던 거짓 예언자들 같은 설교자들에게 보내는 예언자적인 경고이면서 자신을 채찍질하는 자경적인 권고문이다. 하나님의 어전회의에 참여해 여호와의 영의 드센 격려를 받아 동시대의 왕들과 지주들과 고관대작들에게 하나님의 말씀을 전했던 참 선지자들이 나타나기를 앙망하는 기도문이다. 끝으로, 만일 저자가 성서의 세계 속으로 들어간, 성령 의존적 구원 설교를 한두 편 예문으로 제시하는 용기를 발했더라면, 책 전체가 좀더 따뜻한 공감을 불러일으키지 않았을까 하는 생각을 해본다.

참으로 이 책은 한국 교회의 설교가 드러내는 모든 문제에 대한 가장 심층적이고 포괄적인 진단서다. 한국에서 이뤄지는 설교 행위에 대한 이론적, 신학적 비판서로서 모든 설교자들이 읽어 보아야 할 책이다. 아울러 한국 교회의 강단 때문에 말씀에 대한 기갈이 심화된 평신도 교우들도 읽어 보아야 한다. 회중의 피상적인 문제의식에 호응하고 비위를 맞추는 설교와 하나님의 구원 통치를 매개하는 설교를 분별하는 안목을 갖출때 한국 교회 설교자들의 갱신도 기대할 수 있을 것이다.

김회권 (목사, 숭실대 교수)